EXPOSITION PUBLIQUE

DES PRODUITS

DE L'INDUSTRIE FRANÇAISE.

1844.

(CATALOGUE OFFICIEL.)

DEUXIÈME ÉDITION.

8° Z Le Senne 12.485

AVIS.

◎ signifie médaille d'or.

Ⓐ médaille d'argent.

Ⓑ médaille de bronze.

M, H, mention honorable.

C. F. citation favorable.

R. rapport de médaille.

ORDONNANCE DU ROI.

—

LOUIS-PHILIPPE, ROI DES FRANÇAIS,

A tous présents et à venir, SALUT.

Sur le rapport de notre ministre secrétaire d'État au département de l'agriculture et du commerce ;

Vu notre ordonnance du 4 octobre 1833, qui statue que l'exposition publique des produits de l'industrie aura lieu tous les cinq ans ;

Vu la loi du 24 juillet 1843, portant fixation du budget des dépenses de l'exercice 1844,

Nous AVONS ORDONNÉ et ORDONNONS ce qui suit :

ARTICLE PREMIER.

Une exposition publique des produits de l'industrie française aura lieu à Paris, en 1844, dans le grand carré des jeux des Champs-Élysées.

Elle s'ouvrira le 1er mai et sera close le 30 juin suivant.

ART. 2.

Un jury nommé dans chaque département par le préfet déterminera les produits qui seront admis à l'exposition.

ART. 3.

Les frais du transport des produits, du chef-lieu de

chaque département à Paris, et de Paris au chef-lieu de chaque département, seront à la charge de l'État.

ART. 4.

Un jury central, dont les membres seront désignés par notre
ministre secrétaire d'État au département de l'agriculture et
du commerce, appréciera le mérite des produits exposés, et
nous nous réservons, après son rapport, de décerner, à titre
de récompense, des médailles d'or, d'argent et de bronze aux
fabricants qui en auront été jugés dignes.

ART. 5.

Les jurys départementaux, en prononçant l'admission des
produits présentés pour l'exposition, signaleront au gouvernement les industriels qui, par la fondation d'établissements
ou par des inventions ou des procédés nouveaux non suscep-
tibles d'être exposés, auraient contribué aux progrès des arts
et manufactures depuis l'exposition de 1839 ; ces industriels
pourront avoir part aux récompenses.

ART. 6.

Notre ministre secrétaire d'État au département de l'agriculture et du commerce est chargé de l'exécution de la pré-
sente ordonnance.

Fait au château d'Eu, le 3 septembre 1843.

LOUIS-PHILIPPE.

Par le roi :

Le ministre secrétaire d'État au département de
l'agriculture et du commerce,

L. CUNIN-GRIDAINE.

ARRÊTÉ.

Le ministre secrétaire d'État au département de l'agriculture et du commerce;

Vu l'article 4 de l'ordonnance du roi du 3 septembre 1843, relative à l'exposition des produits de l'industrie française

Arrête ce qui suit:

Sont nommés membres du jury central de l'exposition :

MM.

ARLÈS-DUFOUR, négociant à Lyon.

BARBET, manufacturier à Rouen.

BERTHIER, de l'Académie des sciences, professeur à l'École royale des mines.

BEUDIN, négociant, ancien député.

BLANQUI, de l'Académie des sciences morales et politiques, professeur au Conservatoire royal des arts et métiers.

BRONGNIART, de l'Académie des sciences, directeur de la manufacture royale de Sèvres.

CHEVALIER (Michel), ingénieur en chef des mines.

CHEVREUL, de l'Académie des sciences.

COMBES, ingénieur en chef, professeur à l'École royale des mines.

DARCET, de l'Académie des sciences.

DELABORDE, membre du comité des monuments historiques.

DELAMORINIÈRE, membre du comité consultatif des arts et manufactures.

[illegible]

[illegible]

[illegible] [illegible] [illegible]

[illegible] [illegible]

[illegible]

[illegible]

[illegible]

[illegible] [illegible]

[illegible]

[illegible]

[illegible]

[illegible]

[illegible]

[illegible]

[illegible]

[illegible]

[illegible]

[illegible]

[illegible]

[illegible]

Sortie.

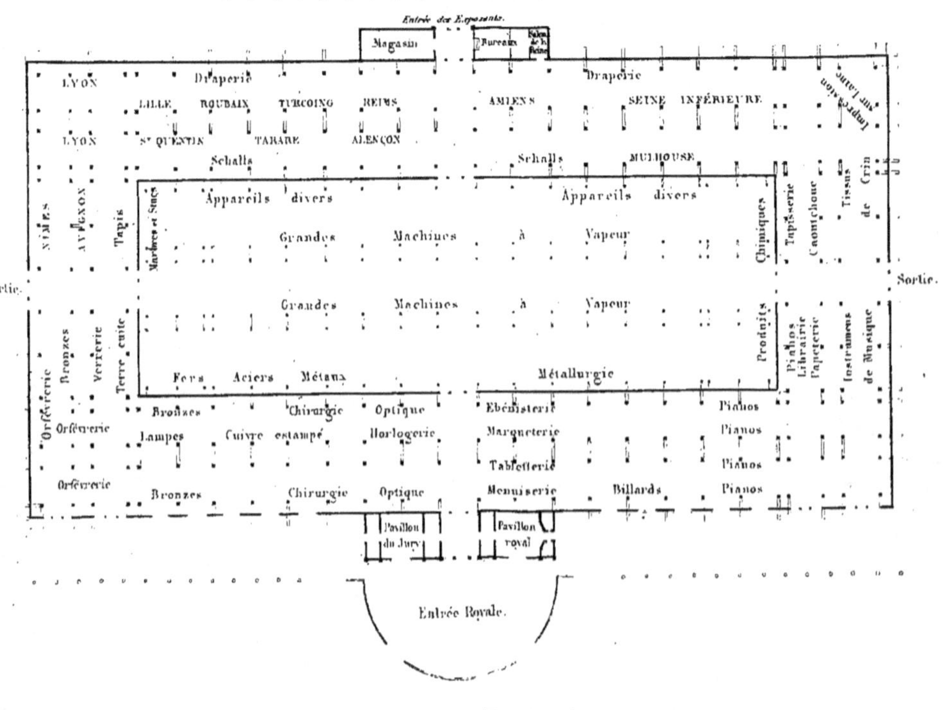
PLAN DU PALAIS DE L'INDUSTRIE.
Entrée des Exposants.
Magasin
Bureaux
Salon de la Reine
Draperie
Draperie
LYON
LILLE ROUBAIX TOURCOING REIMS
AMIENS
SEINE INFÉRIEURE
LYON
St QUENTIN TARARE ALENÇON
Schalls
Schalls MULHOUSE
Impression sur Laine
NOIRS
AVIGNON
Tapis
Marbres et Sucs
Appareils divers
Appareils divers
Chimiques
Tapisserie
Caoutchouc
Tissus
de Crin
Grandes Machines à Vapeur
Sortie.
Terre cuite
Grandes Machines à Vapeur
Produits
Pianos
Librairie
Tapisserie
Instruments
de Musique
Sortie.
Orfèvrerie
Bronzes
Verrerie
Fers Aciers Métaux
Métallurgie
Orfèvrerie
Bronzes
Chirurgie Optique
Ébénisterie
Pianos
Lampes Cuivre estampé
Horlogerie
Marqueterie
Pianos
Tabletterie
Pianos
Orfèvrerie
Bronzes
Chirurgie Optique
Menuiserie
Billards
Pianos
Pavillon du Jury
Pavillon royal
Entrée Royale.
Avenue de Neuilly.

EXPOSITION DES PRODUITS
DE L'INDUSTRIE FRANÇAISE.
1844.

Catalogue officiel.

N° d'ord.	NOMS ET DEMEURES DES EXPOSANTS.	NATURE DES OBJETS EXPOSÉS.
1	*Blanchon* (Louis), à Saint-Julien en Saint-Alban (Ardèche).	Soie grège jaune, mateaux organsin pour satin, peluche et rubans satinés, soie teinte en bleu à la bassine, cocons.
2	*Dumaine* (Xavier), à Tournon (Ardèche).	Soie grège, soie organsin. Ⓑ 1839.
3	*F. M. Montgolfier et Cⁱᵉ*, à Davezieux (Ardèche).	Papiers à lettres, papier sans colle pour gravures, papier mécanique pour dessin, cartons blancs et de couleur, papier mince, papier parchemin, papiers marbrés, parchemin, Ⓐ 1823 Ⓐ 1834.
4	*Canson frères*, à Annonay (Ardèche).	Papiers grand aigle à calquer, papiers sans colle pour lithographie et taille-douce, collé pour dessin et lavis, papiers pour registres, pour lettres, papiers divers, Ⓞ 1801, Ⓞ 1806, 1819, rappel en 1834.
5	*Tracol* (Henri), à Annonay (Ardèche).	Peaux de chevreaux mégissées pour gants.
6	*Robert* (Alexandre), à Privas (Ardèche).	Métier à doubler la soie, appareil pour le désengrenage des transmissions de mouvement des usines.
7	*Painchaut et Le Tessier*, à Brest (Finistère).	Limes, M. H. 1834 Ⓑ 1839.

N° d'ord.	NOMS ET DEMEURES DES EXPOSANTS.	NATURE DES OBJETS EXPOSÉS.
8	*Belhommet*, à Landerneau (Finistère).	Bougies stéariques dites bougies bretonnes.
9	*Cerf-Mayer*, à Brest (Finistère).	Toiles cirées, Ⓑ 1834.
10	*Tousseux*, à Brest (Finistère).	Cadres dorés.
11	*Kermarec*, à Brest (Finistère).	Trousse du pompier avec la lance élastique, Ⓑ 1823, Ⓐ 1827, rappel en 1834 et 1839.
12	*Belhommet*, à Landerneau (Finistère).	Savon d'Oléine.
13	*Anner*, à Brest (Finistère).	Imprimerie, tables de Mendoza.
14	*Ch. Homon et Desloge*, à Morlaix (Finistère).	Toiles à voiles, toiles blanches pour chemises et pantalons.
15	*Andrieux, Vallée père et fils*, à Morlaix (Finistère).	Papiers jésus-fin sans colle, écu fin vergé, couronne fine vergée, florette fine vergée.
16	*Le Roux* (Guillaume), à Landivisiau (Finistère).	Toile à voile, toile blanche.
17	*Duval* (Augustin), à Morlaix (Finistère).	Pipes de formes différentes.
18	*Le Marié* (Nicolas), à Ergué-Gabéric près Quimper (Finistère).	Papiers de tenture.
19	*J. et A. Delahubœudière*, à Quimper (Finistère).	Grés et poteries.
20	*Eloury et Porqu'er*, à Quimper (Finistère).	Grès et poteries
21	*Le Bléis et Paisant fils*, à Pont-Labbé (Finistère).	Divers produits de féculerie.
22	*Michel*, à Quimper (Finistère).	Cuir fort, M. H. 1839.
23	*Déléguic* (Jean-Guillaume), à Douarnenez près Quimper (Finistère).	Charrues, nouveau modèle.
24	*Jardin* (Charles-Samson), à Quimper (Finistère).	Une croisée faite pour empêcher l'infiltration de l'air et de la pluie.
25	*De Mauduit aîné et Cᵉ*, à Quimperlé (Finistère).	Papeterie, papiers divers.
26	*Chicoineau aîné*, à Quimperlé (Finistère).	Cuirs de natures et de qualités différentes.
27	*Chicoineau jeune*, à Quimperlé (Finistère).	Cuir baudrier lissé
28	*Méro*, à Grasse et Saint-Laurent (Var).	Échantillons d'essences indigène

N° d'ord.	NOMS ET DEMEURE DES EXPOSANTS.	NATURE DES OBJETS EXPOSÉS.
		pures et mélangées, Ⓑ 1839 sous la raison sociale Méro et Curault.
29	*P. Marie et C*ᵉ à Laval (Mayenne).	Tissus écossais côtelés et ombrés, coutil velours.
30	*Chauvin-Georget*, à Laval (Mayenne).	Tissus à côtes façonnés, tissus damiers façonnés, écossais imprimés.
31	*Henry* (Mᵐᵉ Vᵉ), à Laval (Mayenne).	Cheminée en marbre, marbres divers. C. F. 1834 à Henry jeune, Ⓑ 1839 à Henry fils aîné.
32	*Jolyot* (François, Alexis, Emmanuel), à Vesoul (Haute-Saône).	Pompe foulante et aspirante, à soupapes sphériques.
33	*Ogier* (Auguste), à Luxeuil (Haute-Saône).	Fourneau économique en fonte de fer.
34	*Poulot* (Jean-Baptiste), à Gray (Haute-Saône).	Clous à radouber, clous à roues, à cheval, à bœuf; happes à coudre les bateaux.
35	*Girardot*, à Fougerolles (Haute-Saône).	Fers ronds, carrés et plats fabriqués au bois et au marteau.
36	*Falatieu jeune* (Joseph-Louis), au Pont-du-Bois (Haute-Saône).	Fers fins et aciers. Ⓑ 1827.
37	*De Buyer* (Rodolphe), à la Chandeau commune d'Aillevilliers (Haute-Saône).	Tôles et fers blancs. M. H. et Ⓞ 1827, rappel en 1834 et 1839.
38	*Ferguson* (Pierc), à Ronchamp (Haute-Saône).	Tissus de coton, madapolam, croisé calicot, cretonne. Ⓐ en 1839 à Ferguson et Bornèque.
39	*Myet* (Jean-Toussaint), à Fahy-les-Autrey (Haute-Saône).	Linge de table damassé en fil de lin, service soleil, nappe des auges, service genre chinois, médaillons.
40	*Thévenard, Thiébaud et Germain*, à Gray (Haute-Saône).	Bleu et carmin d'indigo pour la teinture de la soie et l'azurage du linge.
41	*Troupel, Favre et Gide*, à Embrun (Hautes-Alpes).	Draperie commune, ratine, cadis, serge, velours divers, tissus de soie, fantaisies en rame, tissus bourrette, toiles de ménage en fil. Ⓑ 1839, sous la raison Troupel-Tur et Favre,

N° d'ord.	NOMS ET DEMEURES DES EXPOSANTS.	NATURE DES OBJETS EXPOSÉS.
42	*Ferrary, Florimond et Albert*, à Saint-Sauveur (Hautes-Alpes).	Castorine bleu de roi.
43	*Callandre* (Jean-Jacques), à Gap (Hautes-Alpes).	Laines peignées.
44	*Allier* (Édouard), à Gap (Hautes-Alpes).	Charrue Dombasle à sac tournant et à deux versoirs. Ⓑ 1839.
45	*Du Taya* (baron), à l'Hermitage (Côtes-du-Nord).	Toiles de lin, tissus de fil à la main. Ⓑ 1834.
46	*Tropel* (Ange), à Guingamp (Cotes-du-Nord).	Cuirs tannés en croûte.
47	*Rouxel* (Frédéric), à Saint-Brieuc (Côtes-du-Nord).	Lin peigné et teillé, filasse, chanvre de Bretagne teillé.
48	*Limon Duparemeur*, à Quintin (Côtes-du-Nord).	Toiles et fils, nappes, serviettes, etc.
49	*Dujet et Josselin*, à Dinan (Côtes-du-Nord).	Machine à filer le lin à la main.
50	*Duchemin aîné*, à Dinan (Côtes-du-Nord).	Toiles à voiles.
51	*Péan et Leconte*, à Dinan (Côtes-du-Nord).	Cuirs forts.
52	*Douillet*, à Dinan (Côtes-du-Nord).	Clous.
53	*Théry*, à Lamballe (Côtes-du-Nord).	Peaux de mouton en croûte, tannées au sumac.
54	*Falcon* (Jean-Baptiste-Théodore), au Puy (Haute-Loire).	Dentelles de lin. M. H. 1834. Ⓐ 1839.
55	*Richard* (Alphonse), au Puy (Haute-Loire).	Blondes, dentelles de velours, de laine et de coton.
56	*Seguin* (Georges), au Puy (Haute-Loire).	Dentelles et blondes.
57	*Desprat* (Jean), au Puy (Haute-Loire).	Pattes de bretelles.
58	*Second Fortoul et Cⁱᵉ*, à Mende (Lozère).	Tissus de laine, escots noirs, blancs, façonnés.
59	*Charpal* (Jules), à Mende (Lozère).	Tissus de laine, flanelle, escots façonnés.
60	*Vincent* (Pierre), à Meyrueis (Lozère).	Laines peignées.
61	*Cotton frères*, à la Rochelle (Charente-Inférieure).	Louve pour soulever et mettre en place les pierres d'appareil, Cric à déclic, asple pour dévider la soie.

Nº d'ord.	NOMS ET DEMEURES DES EXPOSANTS.	NATURE DES OBJETS EXPOSÉS.
62	*Bonniot*, à la Rochelle (Charente-Inférieure).	Machine pour enlever les déblais des excavations.
63	*Bouchet et Marchand*, à Montendre (Charente-Inférieure).	Vannerie indienne, chapeaux de latanier. M. H. 1834, sous la raison Bouchet.
64	*Rodanet*, à Rochefort (Charente-inférieure).	Mouvements de montres.
65	*Martin*, à Rochefort (Charente-Inférieure).	Serrures à double pêne.
66	*Devic* père et fils, à la Rochelle (Charente-Inférieure).	Plateaux, tasses, thé complet en coquillages,
67	*Barré-Russin*, à Orchamps (Jura).	Porcelaine higiocérame. Ⓑ 1839.
68	*Bailly-Comte* père et fils aîné, à Morez (Jura).	Horloge, roue d'horlogerie.
69	*Chavin frères*, à Morez (Jura).	Horloges ordinaires, tournebroches, régulateur balançant.
70	*Cretin*, à Morez (Jura).	Balance à équilibre sans poids.
71	*Commoy*, à Saint-Claude (Jura).	Tabatières en corne.
72	*Guyon frères*, à Dôle et à Fourcherans (Jura).	Fourneaux en fonte, C. F. 1834.
73	*Fumey*, à Morez (Jura).	Tournebroches, miroir pour la chasse aux alouettes.
74	*Jacquemin père et fils*, à Morez (Jura).	Cadrans divers, mètres en cuivre et en maillechort, autres mesures métriques.
75	*Jacquemin frères et Baud*, à Morez (Jura).	Montures de lunettes.
76	*Lamy et Lacroix*, à Morez (Jura).	Montures, verres de lunettes, mesures métriques en cuivre et maillechort, pendules portatives, tournebroches à ressort.
77	*Lamy-Joz*, à Morez (Jura).	Tournebroches, ressorts.
78	*Ménétrier*, à Dôle (Jura).	Fourneaux en fonte.
79	*Poirier, Chappuis et Cⁱᵉ*, à Saint-Claude (Jura).	Papeterie.
80	*Prency et Ballard*, à Perrigny (Jura).	Fourneau en fonte, cafetières en cuivre.
81	*Regad*, à Saint-Claude (Jura).	Planchettes pour miroirs, pour

N° d'ord.	NOMS ET DEMEURES DES EXPOSANTS.	NATURE DES OBJETS EXPOSÉS.
		plier les étoffes, placage pour brosses.
82	*Turquois*, à Lons-le-Saulnier (Jura).	Pompe aspirante et élévatoire.
83	*Vuaillat*, à Dôle (Jura).	Coupe-feuille, instrument à l'usage des éleveurs de vers à soie.
84	*Vuillier*, à Dôle (Jura).	Cheminée aérifère fumivore. Ⓑ 1834.
85	*Chevallier-Vuillier* (Mme), à Dôle (Jura).	Bleus indigos, couleurs superfines.
86	*Cabarrus et Gradit*, à Engomer, arrondissement de Saint-Girons (Ariège).	Chambranles, consoles, secrétaires, tabernacle, table ronde et autres objets en marbre.
87	*Desserres et Cie.*, à Saverdun (Ariège).	Aciers, faux, ressorts de voitures.
88	*Ruffié*, à Foix (Ariège).	Aciers et faux, Ⓐ 1819, Ⓞ 1823, R. Ⓞ 1827, 1834.
89	*Lamarque et Cie.*, à Saint-Paul-de-Jarrat (Ariège).	Fers et aciers au laminoir et au marteau, Ⓐ 1839, à *Garrigou*, prédécesseur.
90	*Grenouillet, Luzarches, Desvoyes*, à Vierzon-Villages (Cher).	Fers en barres, essieux, fontes, Ⓐ 1823, 1827, sous la raison Aubertot.
91	*Pascal*, à Bourges (Cher).	Échelle-équerre (instrument de mathématiques).
92	*Barbazan*, à Salons (Corrèze).	Fer, minerai.
93	*Escure*, à Sérandou (Corrèze).	Machine pour l'irrigation des prés.
94	*Vitalis frères*, à Lodève (Hérault).	Draps divers, molleton. Ⓑ 1823, à Vitalis père et fils.
95	*Fourcade frères*, à Saint-Chinian (Hérault).	Draps divers.
96	*Vernazobres jeune et Cie*, à Bédarieux (Hérault).	Draps divers.
97	*Barthés* (Sylvestre), à Saint-Pons (Hérault).	Draps divers. Ⓑ 1834, R. Ⓑ 1839.
98	*Galmier*, à Montpellier (Hérault).	Tables rondes en marbre.
99	*Gaussinel*, à Clermont-l'Hérault (Hérault).	Tapis divers, descentes de lits.
100	*Mellet frères et Sarrus*, à Lodève (Hérault).	Modèle de turbine hydraulique.

N° d'ord.	NOMS ET DEMEURES DES EXPOSANTS.	NATURE DES OBJETS EXPOSÉS.
101	*Sagnier* (Louis) *et C*ie, à Montpellier (Hérault).	Bascules romaines pour le pesage. Ⓑ 1839.
102	*André* (Justin), à Lodève (Hérault).	Foulon prismatique.
103	*Benoît frères*, à Montpellier (Hérault).	Foulon à percussion modérable.
104	*Troupel et Baragnon*, à Montpellier (Hérault).	Bas, bonnets, mitaines, manchettes, tissus divers.
105	*Apolis*, à Montpellier (Hérault).	Lampes à alcool.
106	*Balard*, à Montpellier (Hérault).	Produits chimiques.
107	*Figuier*, à Montpellier (Hérault).	Hélicine, produit chimique.
108	*Sehet*, à Soubès (Hérault).	Cardes.
109	*Roques*, à Montpellier (Hérault).	Cuirs et peaux. M. H. 1839.
110	*Pequet* (Louis), à Lodève (Hérault).	Sabots-guêtres, sabots-brodequins.
111	*Roussy* (Casimir), à Ganges (Hérault).	Soies blanches et jaunes.
112	*Aigoin-Delarbre*, à Ganges (Hérault).	Soies grèges et ouvrées. Ⓐ 1839.
113	*Lauret frères*, à Ganges (Hérault).	Soies, bas de soie à jour et brodés, M. H. 1849. Ⓐ 1839.
114	*Bourdeaux aîné*, à Montpellier (Hérault).	Instruments de chirurgie, couteaux, ciseaux, rasoirs, etc.
115	*Larguèze aîné*, à Montpellier (Hérault).	Cuirs et peaux. M. H. 1834 et 1839.
116	*Vimort-Maux*, à Perpignan (Pyrénées-Orientales).	Ouates, couvertures en fil et coton, cotons retors pour bas, fils retors, rubans de coton, toile à voile.
117	*Izarn frères*, à Perpignan (Pyrénées-Orientales).	Cuir tanné.
118	*Robert aîné*, à Perpignan (Pyrénées-Orientales).	Cuir tanné.
119	*Aduy*, à Perpignan (Pyrénées-Orientales).	Cuir tanné.
120	*Sales*, à Perpignan (Pyrénées-Orientales).	Cuir tanné.
121	*Vidal*, à Perpignan (Pyrénées-Orientales).	Cuir tanné.
122	*Ferrer*, à Perpignan (Pyrénées-Orientales).	Manches de fouets, cravaches.
123	*Augé*, à Perpignan (Pyrénées-Oriental.).	Soie. C. F. 1839.

N° d'ord.	NOMS ET DEMEURES DES EXPOSANTS.	NATURE DES OBJETS EXPOSÉS.
124	*Tignères-Géraud*, à Perpignan (Pyrénées-Orientales).	Fusil.
125	*Villesèque*, à Perpignan (Pyrénées-Orientales).	Machine à égrapper et fouler le raisin.
126	*Fraisse*, à Perpignan (Pyrénées-Orientales).	Marbres de diverses couleurs. Ⓐ 1839.
127	*Philipot*, à Perpignan (Pyrénées-Orientales),	Marbres divers. M. H. 1839.
128	*Fabre-Abdon*, à Prats-de-Mollo (Pyrénées-Orientales).	Bonnets catalans en laine rouge. M. H. 1827.
129	*Llanta-Saturnin*, à Perpignan (Pyrénées-Orientales).	Extirpateur et araire-buttoir. Ⓑ 1839.
130	*Barallon*, à Saint-Étienne (Loire).	Rubans tissés.
131	*Balay*, à Saint-Etienne (Loire).	Rubans façonnés. Ⓐ 1839.
132	*Canel-Chapelon et C*, à Saint-Etienne (Loire).	Rubans façonnés.
133	*Carrière-Vignat*, à Saint-Etienne (Loire).	Rubans façonnés.
134	*Faure* (Etienne), à Saint-Etienne (Loire).	Rubans façonnés, Ⓑ 1834, à Faure frères ; Ⓞ en 1839, aux mêmes.
135	*Jamet et Charrat aîné*, à Saint-Etienne (Loire).	Rubans façonnés, M. H. 1839.
136	*Martin et C*, à Saint-Etienne (Loire).	Rubans façonnés. Ⓐ 1839.
137	*Passerat*, à Saint-Etienne (Loire).	Rubans façonnés.
138	*Richond et C*, à Saint-Etienne (Loire).	Rubans de soie variés.
139	*Robichon et C*, à Saint-Etienne (Loire).	Rubans de soie façonnés. Ⓑ 1834, Ⓐ 1839.
140	*Roche*, à Saint-Etienne (Loire).	Rubans de soie.
141	*Teyter aîné et C*, à Saint-Etienne (Loire).	Rubans de soie.
142	*Renodier père et fils*, à Saint-Etienne (Loire).	Rubans unis et velours.
143	*Vignat-Chovet*, à Saint-Etienne (Loire),	Rubans façonnés, Ⓐ 1834, Ⓞ 1839.
144	*Grangier frères*, à Saint-Chamond (Loire).	Rubans façonnés, gaze brodée et velours, écharpes frangées, Ⓑ 1839.

N° d'ord.	NOMS ET DEMEURES DES EXPOSANTS.	NATURE DES OBJETS EXPOSÉS.
145	*Mesnager frères*, à Saint-Étienne (Loire).	Rubans de soie et soie à coudre, Ⓑ 1839.
146	*Jackson frères*, à Assailly, près Saint-Étienne (Loire).	Aciers, Ⓞ 1823. R. *id.*, 1834 et 1839.
147	*Massenet-Gerin et Jackson frères*, à Saint-Étienne (Loire).	Faux en acier fondu, Ⓞ 1827, raison Garrigou, Massenet et Cⁱᵉ.
148	*Simon Vernay et Cⁱʳ*, à Bérard-lès-Saint-Étienne (Loire).	Essieux, rails, fers laminés.
149	*Chauffriat et Barou*, à Saint-Étienne (Loire).	Enclumes, étaux, pelles, etc., M. H. 1839, à Chauffriat.
150	*Malespine*, à Saint-Étienne (Loire).	Enclumes, étaux, essieux, etc. Ⓑ 1834.
151	*Granger* (Auguste), à Saint-Étienne (Loire).	Fers, compas, vrilles, tarières, outils divers.
152	*Renodier*, à Saint-Étienne (Loire).	Rubans unis et velours. **M. H.** 1839.
153	*Chavanne, Descos et Cⁱᵉ*, à Saint-Étienne (Loire).	Coutellerie commune.
154	*Delermoy fils et Lamouroux*, à Saint-Étienne (Loire).	Fusils de chasse.
155	*Flachat*, à Saint-Étienne (Loire).	Fusils de chasse.
156	*Jalabert-Lamotte aîné*, à Saint-Étienne (Loire).	Fusils de chasse, canons de fusils.
157	*Mercier* (Joseph) *et Cⁱᵉ*, à Saint-Étienne (Loire).	Galons de passementerie pour voitures et livrées.
158	*Richard* (Benoît) *et Cⁱᵉ*, à Saint-Étienne (Loire).	Bretelles et tissus de bretelles.
159	*Masson aîné*, à Roanne (Loire).	Fils de coton.
160	*Raffin père et fils*, à Roanne (Loire).	Tissus de coton.
161	*Dechelette frères et Lapoire*, à Roanne (Loire).	Tissus de coton.
162	*Massé* (Édouard) *et fils*, à Saint-Symphorien-de-Lay (Loire).	Mousselines unies et brodées.
163	*Duval* (Achille), à Bourg-Argental (Loire).	Soie grège jaune et blanche.
164	*David et Milliant*, à Valbenoîte, près Saint-Étienne (Loire).	Soies teintes.

1*

N° d'ord.	NOMS ET DEMEURES DES EXPOSANTS.	NATURE DES OBJETS EXPOSÉS.
165	*Gaillard et Simon*, à Saint-Chamond (Loire).	Lacets.
166	*Joly*, à Saint-Étienne (Loire).	Peigne pour la fabrication des rubans de soie.
167	*Hutter et Cie*, à Rive-de-Gier (Loire).	Glaces minces, étamées et non étamées, bouteilles ; tuyaux en verre. Ⓑ 1834. Ⓐ 1839.
168	*Marsais*, à Saint-Étienne (Loire).	Menus des houillères agglomérés.
169	*Piaud* (Edmond) *et Cie*, à Rive-de-Gier (Loire).	Cirages pour chaussures et pour harnais.
170	*Fond aîné*, à Valbenoîte, près Saint-Étienne (Loire).	Rouge végétal ou carmin safranum.
171	*Buisson, Juglar et Eugène Robert*, à Manosque (Basses-Alpes).	Soies filées.
172	*Geoffroy* (Bertrand), à Saint-Paul-les-Dax (Landes).	Fers, carrosserie en fer, chaînes.
173	*Geoffroy* (Bertrand), à Saint-Paul-les-Dax (Landes).	Modèle de chemin à rails de bois.
174	*Perris* (Edouard), au nom de la Société pour la filature centrale de la soie, à Mont-de-Marsan (Landes).	Soie blanche et jaune, filoselle.
175	*Gabarr n et ses fils*, à Limoux (Aude)	Draps divers.
176	*Portal de Moux*, à Conques (Aude).	Toisons mérinos et laines.
177	*Barbe père*, à Carcassonne (Aude).	Draps.
178	*Daydé-Gary*, à Cenne-Monestiés (Aude).	Draps, M. H. 1839.
179	*Granad fils*, à Trèbes (Aude).	Croiseur mécanique pour la filature de la soie.
180	*Mouisse et Cie*, à Limoux (Aude).	Draps, Ⓑ 1834, Ⓐ 1839.
181	*Sompairac aîné*, à Cenne-Monestiés (Aude).	Draps, Ⓑ 1827, Ⓑ 1834, Ⓐ 1839.
182	*Urbain Roch*, à Carcassonne (Aude).	Draps.
183	*Roger* (Bernard) *aîné*, à Lastours (Aude).	Draps.
184	*Doux jeune*, à Villalier, près Carcassonne (Aude).	Draps.
185	*Lignières* (Pascal), à Carcassonne (Aude).	Draps.
186	*Pochet-Deroche*, à Le Plessis-Dorin (Loir-et-Cher).	Cornues, ballon, capsules, récipient, M. H. en 1806 à Le Pésant

N° d'ord.	NOMS ET DEMEURES DES EXPOSANTS.	NATURE DES OBJETS EXPOSÉS.
		et Méteil. (B) 1839 à Pochet-Deroche.
187	*Chevallier Asselineau*, à Saint-Aignan (Loir-et-Cher).	Cuir tanné.
188	*De Buzonnières*, à Nouan-sur-Loire (Loir-et-Cher).	Machine dite *calibreuse*, pour le rebattage des tuiles.
189	*Dezairs et Mirault*, le 1er à Blois, le 2e à Saint-Aignan (Loir-et-Cher).	Une machine dite *toucheur mécanique*, pour encrer les formes d'imprimerie.
190	*Maublanc*, à Blois (Loir-et-Cher).	Sous-pieds *agrafiques*.
191	*Chabrolle*, à Maray (Loir-et-Cher).	Charrue.
192	*Boutet*, à Maray (Loir-et-Cher).	Charrue.
193	*Duffour-Bazin*, à Bazin, commune de Lectoure (Gers).	Laine brute, laine mérinos.
194	*Falatieu et Cie*, à Bains (Vosges).	Ferblanc. (B) 1819, (A) 1823, (O) 1827, R. (O) 1834, *Id.* 1839, à Falatieu.
195	*Falatieu jeune*, près de Bains (Vosges).	Fer, fil de fer.
196	*Falatieu et Chavane*, à Mailleroncourt St-Pancras (Haute-Saône).	Feuilles de tôle.
197	*Framont* (Cie des forges de), à Framont (Vosges).	Tôle, essieux, canons de fusils, (B) 1834 à Champy, (A) 1839, à la société.
198	*Lallemand*, à Uzemain (Vosges).	Fer pour baïonnettes, lames, culasses.
199	*Hildebrand*, à Semouse (Vosges).	Ferblanc.
200	*Mathey-Humbert*, à Darney (Vosges).	Cuillers, couverts ordinaires. Cit. F., 1834.
201	*Claude-Aulon*, à Darney (Vosges).	Couverts étamés.
202	*Bergaire, aîné*, à Darney (Vosges).	Couverts étamés, M. H., 1834, sous la raison Bergaire et Langlois.
203	*Ducret*, à Épinal (Vosges).	Mouvements de pendules.
204	*Forel frères*, à Rupt (Vosges).	Coton filé, calicot et toile peinte.
205	*Scillière* (Ernest) *et Cie*, à Senones (Vosges).	Coton filé, toile de coton, (B) 1823, à Scillière, (A) 1834.

N° d'ord.	NOMS ET DEMEURES DES EXPOSANTS.	NATURE DES OBJETS EXPOSÉS.
206	*Provensal*, à Moussey (Vosges).	sous la raison Seillière, et Provensal, R. Ⓐ 1839. *Id.*, *id.* Calicots et tissus de coton, dits *brillantés*.
207	*Antoine Collin et Cie*, à Saulx (Vosges).	Toile de coton.
208	*Lecomte*, à Rupt (Vosges).	Calicot.
209	*Société du Souche*, commune d'Anould (Vosges).	Papiers divers.
210	*Aubry frères*, à Mirecourt (Vosges).	Dentelles.
211	*Dupas-Koël*, à Mirecourt (Vosges).	Dentelles.
212	*Aubry-Febvrel*, à Mirecourt (Vosges).	Dentelles.
213	*Poirson*, à Mirecourt (Vosges).	Tuiles.
214	*Maudru*, à Adompt (Vosges).	Tuiles.
215	*Jean-Pierre*, à Nompatelize (Vosges).	Un *Métroton.*
216	*Derazey*, à Mirecourt (Vosges).	Violons, M. H. 1839.
217	*Commune de St-Jean-du-Marché* (Vosges).	Couteaux.
218	*Lequin (F.) et Laurent (Benj.)* au Châtelet (Vosges).	Machine à battre les grains.
219	*Lequin (Frédérick)*, à Boinville (Vosges).	Laine.
220	*Lequin (Frédérick)*, à Boinville (Vosges).	Fécule de pommes de terre, amidon.
221	*Saint-Marc (Mme V^e), Porteu et Tetiot aîné*, à Rennes (Ille-et-Vilaine).	Toiles à voiles. M. H. 1801; Ⓑ 1823; R. Ⓑ 1827; Ⓐ 1834; R. Ⓐ 1839.
222	*Beaulieux*, à Fougères (Ille-et-Vilaine).	Toiles de ménage en chanvre et en lin.
223	*Machard*, à Fougères (Ille-et-Vilaine).	Coutils, mouchoirs en fil.
224	*Dubois*, à Fougères (Ille-et-Vilaine).	Tissus de flanelle. M. H. 1839.
225	*Motai, Gapais et Cochet*, à Paimpont (Ille-et-Vilaine).	Fils blanchis à différents degrés.
226	*Les forges de Paimpont*, à Paimpont (Ille-et-Vilaine).	Fers de toute espèce.
227	*Descottes et Cie*, à Saint-Malo (Ille-et-Vilaine).	Instrument pour couper l'ajonc, instrument pour hacher les pommes de terre.
228	*Brisou fils aîné*, à Rennes (Ille-et-Vilaine).	Marmites, chaudrons, casseroles en fonte.

Nᵒ d'ord	NOMS ET DEMEURES DES EXPOSANTS.	NATURE DES OBJETS EXPOSÉS.
229	*École d'agriculture de Rennes* (Ille-et-Vilaine).	Herse, charrues.
230	*Godart*, à Rennes (Ille-et-Vilaine).	Crible-batteur pour nettoyer les grains.
231	*Brisou fils aîné*, à Rennes (Ille-et-Vilaine).	Cuirs et peaux. Ⓐ1834 ; R. Ⓐ 1839.
232	*Leroux*, à Rennes (Ille-et-Vilaine).	Cuirs et peaux.
233	*Delys*, à Rennes (Ille-et-Vilaine).	Peaux de veaux et de moutons.
234	*Lecorgne*, à Saint-Méen (Ille-et-Vilaine).	Cuirs et peaux.
235	*Joly aîné*, à Saint-Malo (Ille-et-Vilaine).	Cordes et ustensiles pour la pêche. M. H. 1834 ; Ⓑ 1839.
236	*Brisou*, à Saint-Servan (Ille-et-Vilaine).	Engrais animalisé.
237	*Jourjon*, à Rennes (Ille-et-Vilaine).	Fusil avec ses accessoires. M. H. 1823.
238	*Le Frotter Dangecour* (Mᵐᵉ), à Rennes (Ille-et-Vilaine).	Broderies en paille, bonnets, écrans, pantoufles, dossiers et fonds de chaises.
239	*Stot* (Mᵐᵉ), à St-Malo (Ille-et-Vilaine).	Fleurs en coquillages.
240	*Dénisot* (Mᵐᵉ), à Saint-Malo (Ille-et-Vilaine).	Fleurs en coquillages.
241	*Porteu, fils aîné*, à Rennes (Ille-et-Vilaine).	Toiles diverses.
242	*De Lamolère*, à Sours (Eure-et-Loir).	Moteur hydraulique, dit roue à piston.
243	*Lébert*, à Pont, commune de Bailleau-sous-Gallardon (Eure-et-Loir).	Charrues-fourches ; herse dite extirpateur.
244	*Maugin*, à Chartres (Eure-et-Loir).	Baignoire avec appareils pour chauffer l'eau et le linge.
245	*Pavie*, à Vernouillet (Eure-et-Loir).	Rouets.
246	*Fontaine*, à Chartres (Eure-et-Loir).	Turbine de la force de 18 chevaux.
247	*Charrier – Barbette frères*, à Niort (Deux-Sèvres).	Angélique sous diverses formes. M. H. 1839.
248	*Lasseron et Legrand*, à Niort (Deux-Sèvres).	Grue dynamométrique en fonte et en fer.
249	*Demy-Doineau et Cⁱᵉ*, à Aubusson (Creuse).	Tapis.
250	*Bellat aîné*, à Aubusson (Creuse).	Tapis, Ⓐ1839.

N° d'ord	NOMS ET DEMEURES DES EXPOSANTS.	NATURE DES OBJETS EXPOSÉS.
251	*Sallandrouze* (Alexis), à Aubusson (Creuse).	Tapis. Ⓑ 1839.
252	*Sallandrouze* (Jean-Jacques), à Aubusson (Creuse).	Tapis.
253	*Langlade*, à Aubusson (Creuse).	Dessins pour tapis.
254	*Fénéon et Chevolot*, à Dijon (Côte-d'Or).	Rosaces, chambranles, corniches, colonnettes en pierres taillées à la mécanique.
255	*Gottlob et Douillard*, à Dijon (Côte-d'Or).	Pressoirs-locomobiles.
256	*Blanchon et Boisbertrand*, à la Chapelle Saint-Robert (Dordogne).	Fers et fontes.
257	*Bourdeaud*, à Excideuil (Dordogne).	Appareil à battre les faux.
258	*Bonnet*, à Cubzac (Dordogne).	Cotons filés.
259	*Boudou jeune*, à Bergerac (Dordogne).	Bas, guêtres, vêtements divers, tuyaux de pompes, en drap feutre.
260	*Carré*, à Bergerac (Dordogne).	Moules-filtres.
261	*Courtey frères et Baret*, à Périgueux (Dordogne).	Étoffes de laines, cadis de diverses sortes.
262	*Dupont* (Auguste), à Périgueux (Dordogne).	Pierres lithographiques, clichés-pierre, etc. Ⓑ 1834. Ⓐ 1839, sous la raison Auguste et Paul.
263	*Festugières frères*, aux Eyzies (Dordogne).	Fils de fer, fer laminé, etc. Ⓑ 1834 Ⓒ 1839.
264	*De Lentilhac aîné*, à Salegourde, commune de Marsac (Dordogne).	Herse roulante, charrues.
265	*Petit*, à Montron (Dordogne).	Couteaux dits *de Montron*.
266	*Prévot aîné*, à Jumilhac (Dordogne).	Fer en barres.
267	*Ribeyrol*, à Javerlhac (Dordogne).	Fer en barres.
268	*Administration des mines de Bouxwiller*, (Bas-Rhin).	Alun, vitriol, bleu de Prusse, muriate d'ammoniaque, et autres produits chimiques. Ⓐ en 1823, 1827 et 1834. Ⓒ 1839.
269	*Maire*, à Strasbourg (Bas-Rhin).	Acétates. C F. 1839.
270	*Société de constructions mécaniques*, à Strasbourg (Bas-Rhin).	Tours, scies, découpoirs, pompes, crics, roues de wagon, etc. Ⓐ 1834 ; R. Ⓐ 1839, à MM. Rollé et Schwilgué.

N° d'ord.	NOMS ET DEMEURES DES EXPOSANTS.	NATURE DES OBJETS EXPOSÉS.
271	*De Dietrich (V°) et fils*, à Niederbronn (Bas-Rhin).	Fourneaux, essieux, ornements, meubles, roues en fonte et en fer forgé. Ⓑ 1827, Ⓐ 1834.
272	*Coulaux aîné et Cⁱᵉ*, à Molsheim (Bas-Rhin).	Ciseaux, rabots, scies, marteaux, pinces, villebrequins, outils divers. Ⓞ 1806, à Coulaux frères. M.H. 1819. Ⓞ 1823, à Coulaux et cⁱᵉ., M.H. 1827, R. Ⓞ 1834 et 1839.
273	*Goldenberg et Cⁱᵉ*, à Zornhoff (Bas-Rhin).	Tenailles, haches, faulx et autres outils. Ⓑ 1827. Ⓐ 1834, à de Guaita et cⁱᵉ. R. Ⓐ 1839, à Goldenberg et cⁱᵉ.
274	*Hey*, à Strasbourg (Bas-Rhin).	Foyer de cuisine en fonte et en tôle.
275	*Roswag (Augustin) et fils*, à Schlestadt (Bas-Rhin).	Tissus métalliques. Ⓐ 1806. M. H. 1819. Ⓞ 1823. R. Ⓞ 1827, 1834 et 1839.
276	*Stammler*, à Strasbourg (Bas-Rhin).	Ouvrages divers en tissus métalliques.
277	*Roth*, à Strasbourg (Bas-Rhin).	Bombardon à cylindres garni en maillechort, cor russe à cylindres.
278	*Kretzschmann*, à Strasbourg (Bas-Rhin).	Bombardon, bugle-basse, bugles à cylindres.
279	*Finck*, à Strasbourg (Bas-Rhin).	Ophicléide basse, trompette basse, cornet à cylindres.
280	*Silbermann*, à Strasbourg (Bas-Rhin).	Impressions diverses, album typographique, planche de vitraux en couleur.
281	*Simon fils*, à Strasbourg (Bas-Rhin).	Lithographies, chromo-lithographies Ⓐ 1839.
282	*Seib*, à Strasbourg (Bas-Rhin).	Tapis et toiles cirés Ⓑ 1834. Ⓐ 1839.
283	*Lanzenberg et Cⁱᵉ*, à Strasbourg (Bas-Rhin).	Maroquins, peaux de veaux, peaux de moutons, de chevreaux et d'agneaux Ⓐ 1839.
284	*Emmerich et Georger fils*, à Strasbourg (Bas-Rhin).	Maroquins. Ⓐ 1823 et 1827, à Georger, R. Ⓐ en 1834 et 1839, à Emmerich et Georger fils.
285	*Mohler*, à Obernai (Bas-Rhin).	Tapis, couvertures en coton, madras, cravates, châles tartaus Ⓑ 1839.

N° d'ord.	NOMS ET DEMEURES DES EXPOSANTS.	NATURE DES OBJETS EXPOSÉS.
286	Ehrmann et Cie, à Bischwiller (Bas-Rhin).	Laines peignées.
287	Goulden et Cie, à Bischwiller (Bas-Rhin).	Draps divers.
288	Kunzer, à Bischwiller (Bas-Rhin).	Draps divers. 1839, M. H. sous la raison Greiner et Kunzer.
289	Ruef et Bicard, à Bischwiller (Bas-Rhin).	Draps divers. M. H. 1839.
290	Bourguignon, Schmidt et Schwebel, à Bischwiller (Bas-Rhin).	Drap écarlate, drap noir. M. H. 1834, et rappel en 1839 à Bourguignon et Schmidt.
291	Heiligenthal et Ce, à Strasbourg.	Objets en mastic et carton pierre.
292	Trésel, à Saint-Quentin (Aisne).	Appareil applicable aux machines à vapeur, mesures linéaires métriques.
293	Mittelette, à Soissons (Aisne).	Machine à battre le grain.
294	Godin Lemaire, à Esquéhéries (Aisne).	Poêles cuisinières en fonte.
295	Prévost fils, à Vervins (Aisne).	Serrure.
296	Laporte-Lequeux, à Laon (Aisne).	Serrures, espagnolette.
297	Souliac-Boileau, à Nogentel (Aisne).	Appareil contre le feu de cheminée ; cheminée en bois.
298	Denis, à Crécy-sur-Serre (Aisne).	Charrues à 4 fers.
299	Poquet, à Laon (Aisne).	Pantomètre.
300	Dezaux-Lacour, à Guise (Aisne).	Cuirs.
301	Carlier, à Montreuil-sous-Laon (Aisne).	Tissus de coton. (Carte d'échantillons.)
302	Daudville, à Saint-Quentin (Aisne).	Tissus.
303	Lehoult et Ce, à Saint-Quentin (Aisne).	Tissus de coton, de tulle, de gaze, etc. A 1819 et 1823.
304	Daudré, à Saint-Quentin (Aisne).	Tissus de fil et de coton, linge de table. A 1823.
305	Marlière, à Saint-Quentin (Aisne).	Tissus divers.
306	Jacquemin et Huet jeune, à Saint-Quentin (Aisne).	Tissus et broderies.
307	Lesur frères, à Saint-Quentin (Aisne).	Tissus brodés.
308	Fievet-Mahieux, à Boué (Aisne).	Fils de lin, fil à dentelle. M. H. 1839.
309	Monnot-Leroy, à Pontru (Aisne).	Laines. A 1834 et 1839.
310	Graux, à Juvincourt et Damary (Aisne).	Laines. M. H. 1834, A 1839.

N° d'ord.	NOMS ET DEMEURES DES EXPOSANTS.	NATURE DES OBJETS EXPOSÉS.
311	*Pognart*, à Chermizy (Aisne).	Machine à scier la pierre ; pierres sciées.
312	*Papillon frères*, à Vervins (Aisne).	Typolithographie, impression de musique.
313	*Williot-Lheureux*, à Landouzy-la-Ville (Aisne).	Flacons de verre garnis en osier.
314	*Leger*, à Laval (Aisne).	Formes à sucre, briques, pierres, poteries.
315	*Manufacture royale des glaces* de Saint-Gobain (Aisne).	Glaces, produits chimiques, Ⓞ 1806, 1819, 1823, 1827, 1834 et 1839.
316	*Robert de Massy*, à Saint-Quentin (Aisne).	Potasse, alcool, produits chimiques.
317	*De Poilly*, à Folembray (Aisne).	Bouteilles, cloches à jardin. Ⓑ 1839.
318	*Van Leempœl, de Colnet et Ce*, à Quiquengrogne, près La Capelle (Aisne).	Bouteilles. M. H. 1834 et 1839.
319	*De Violaine frères*, à Vauxrot, près Soissons (Aisne).	Bouteilles, cloches à jardin. Ⓑ 1827, R. Ⓑ 1834, Ⓐ 1839.
320	*De Sinceny et Guyon*, à Sinceny, près Chauny (Aisne).	Assiettes, soupières, vases divers en faïence.
321	*Coudcrc (Antoine) et Soucaret fils*, à Montauban (Tarn-et-Garonne).	Soie grége, toiles et gaze de soie pour bluter. Ⓐ 1839 pour toiles à bluter.
322	*Bonnal et Cie.*, à Montauban (Tarn-et-Garonne).	Soie grége, toiles de soie, gazes à bluter.
323	*Portal père et fils*, à Montauban (Tarn-et-Garonne).	Ratines, étoffes de laine. C. F. 1834.
324	*Garrisson oncle et neveu*, à Montauban (Tarn-et-Garonne).	Ratines, molletons, draperies. Ⓑ 1819, R. Ⓑ 1834, Ⓐ 1839.
325	*Pinart frères.*, à Marquise (Pas-de-Calais).	Fonte de moulage et fonte d'affinage.
326	*Briche-Vanbavinchove*, à Saint-Omer (Pas-de-Calais).	Draps communs.
327	*Godard*, à Bapaume (Pas-de-Calais).	Batiste écrue.
328	*Lemaire*, à Fresnes-lès-Montauban, (Pas-de-Calais).	Charrues, instruments d'agriculture.
329	*Boulet*, à Oisy-le-Verger (Pas-de-Calais).	Machines à battre le blé.

N° d'ord.	NOMS ET DEMEURES DES EXPOSANTS.	NATURE DES OBJETS EXPOSÉS.
330	*Delétoille-Cocquel*, à Arras (Pas-de-Calais).	Bonneterie. Ⓑ 1834.
331	*Fiolet*, à Saint-Omer (Pas-de-Calais).	Pipes, briques réfractaires.
332	*Martel*, à Fressin (Pas-de-Calais).	Balance micrométrique ou romaine de précision.
333	*Marescaux*, à Salperwick (Pas-de-Calais).	Laines.
334	*Pallas*, à Saint-Omer (Pas-de-Calais).	Produits agricoles et industriels du maïs, sucre, papier et carton.
335	*Herbelot fils et Genet-Dufay*, à Calais (Pas-de-Calais).	Tulle ouvragé.
336	*Leplant*, à Arras (Pas-de-Calais).	Cheminée prussienne calorifère. M. H. 1839.
337	*Kent-Pécron*, à Boulogne (Pas-de-Calais).	Cafetières, théières, couverts et autres objets en alliage dit *Britannia*.
338	*Champailler fils aîné*, à Saint-Pierre-lès-Calais (Pas-de-Calais).	Tulles, dentelles, voilette, écharpe.
339	*Dubout et Cie.*, à Calais (Pas-de-Calais).	Voilettes, écharpes, volants en dentelles.
340	*Pearson*, à Saint-Pierre-lès-Calais (Pas-de-Calais).	Tulles, imitation de dentelles.
341	*Martel*, à Fressin (Pas-de-Calais).	Serrures incrochetables.
342	*Gérard*, à Breuvannes (Haute-Marne).	Limes et râpes. M. H. 1823 à Dessoye et Cie, prédécesseur; Ⓐ 1827, id.; R. Ⓐ 1834, à Gérard et Miélot; R. Ⓐ 1839, id.
343	*Miélot aîné*, à Breuvannes (Haute-Marne).	Limes et râpes.
344	*Rivot de Bazeuil*, à Laferté-sur-Amance (Haute-Marne).	Ronds de table en toile cirée.
345	*Guerre*, à Langres (Haute-Marne).	Coutellerie. Ⓑ 1823.
346	*Guillemin*, à Charmes-en-l'Angle (Haute-Marne).	Fourneau avec marmites, bouilloire et rôtissoir.
347	*Bouchu*, à Longuay (Haute-Marne).	Laines.
348	*André*, au Val-d'Osne (Haute-Marne).	Statues, ornements, balcons, balustrades et autres objets en fonte moulée. Ⓐ 1839.

N° d'ord.	NOMS ET DEMEURES DES EXPOSANTS.	NATURE DES OBJETS EXPOSÉS.
349	*Féquant*, à Chaumont (Haute-Marne).	Pompe à incendie.
350	*Ménétrel*, à Joinville (Haute-Marne).	Brides de sabots.
351	*Gérusel*, à Bagnères-de-Bigorre (Hautes-Pyrénées).	Cheminées, tables, objets divers en marbre. Ⓐ 1834 ; Ⓞ 1839.
352	*Sidney de Meynard*, à Orleix, près Tarbes (Hautes-Pyrénées).	Soies gréges.
353	*Sibille et Cⁱᵉ*, à Liancourt (Oise).	Limes. M. H. 1839, sous la raison Cluguy.
354	*Perot et Poitevin*, à Liancourt (Oise).	Cardes. Ⓑ an 10 ; M. H. 1834, sous la raison Poitevin.
355	*Roger frères*, à Trie-Château (Oise),	Laines filées et peignées.
356	*Vendran*, à Crépy (Oise).	Laines peignées, peigne.
357	*Lecomte*, à Ourscamp (Oise).	Cotons filés, calicots.
358	*Caron-Langlois*, à Beauvais (Oise).	Tapis, châles et diverses étoffes imprimées. Ⓐ 1827, 1834. Ⓞ 1839.
359	*Caron* (Charles-Louis), à Beauvais (Oise).	Toiles blanches. Ⓐ 1819, 1823, 1827.
360	*Mary*, à Saint-Rimault (Oise).	Toiles demi-hollande. Ⓑ 1839.
361	*Torne*, à Puiseux-le-Haut-Berger (Oise).	Soies moulinées, retordues et teintes.
362	*Malivoire et Cⁱᵉ*, à Liancourt (Oise).	Fils de lin pour cordonniers.
363	*Bertonnet*, à Senlis (Oise),	Pistolets, fusils, nécessaire.
364	*Dekemel*, à Cires-les-Mello (Oise).	Étuis à lunettes, encrier, porte-plumes, étuis divers en cuivre repoussé et verni.
365	*Laumailler et Froidot*, à Coye (Oise).	Cotons retors. Ⓑ 1839.
366	*Lebœuf et Milliet*, à Creil (Oise).	Porcelaines opaques. Ⓞ 1834, à Lebœuf et Thibault ; R. Ⓞ 1839, à Lebœuf.
367	*Leduc*, à Breteuil (Oise).	Échappement pour montre.
368	*Mansard*, à Voisinlieu (Oise).	Coupes, bénitier, vases divers, poterie en grès émaillé.
369	*Monborgne fils et Leroy*, à Mouy (Oise)s	Draps et diverses étoffes de laine.
370	*Coeffet*, à Chaumont (Oise).	Instrument à vent avec des clés pistons.

N° d'ord.	NOMS ET DEMEURES DES EXPOSANTS.	NATURE DES OBJETS EXPOSÉS.
371	*Gratien – Desavoye*, à Rieux-Hamel (Oise).	Extirpateur tétracycle.
372	*Charpentier*, à Ormoyvillers (Oise).	Herse à quatre roues.
373	*Godin*, à Grandvilliers (Oise).	Extirpateur.
374	*Paillard*, à Breteuil (Oise).	Serrure de sûreté.
375	*Cavrel-Bourgeois*, à Beauvais (Oise).	Draps, couvertures en laine.
376	*Vérité*, à Beauvais (Oise).	Contrôleur-pendulé, horloge. Ⓑ 1839.
377	*Fieux fils aîné*, à Toulouse (Haute-Garonne).	Cuirs.
378	*Biscomte*, à Toulouse (Haute-Garonne).	Soie grége.
379	*Mather et Cⁱᵉ*, à Toulouse (Haute-Garonne).	Fonds de chaudière, planches et feuilles de cuivre. M. H. 1819, à Mazarin père et fils; Ⓑ 1827, à Mazarin.
380	*Deprats*, à Gaud (Haute-Garonne).	Pelles en fer.
381	*Tarride fils et Cⁱᵉ*, à Toulouse (Haute-Garonne).	Consoles, colonnes, tablettes et foyers de cheminée, et autres objets en marbre.
382	*Layerle-Capel*, à Toulouse (Haute-Garonne).	Marbres divers. Ⓐ 1827; R. Ⓐ 1839.
383	*Fouque-Arnoux et Cⁱᵉ*, à Saint-Gaudens (Haute-Garonne).	Porcelaines, poteries, asphalte des Pyrénées. Ⓑ 1823; Ⓐ 1834; R. Ⓐ 1839.
384	*Virebent frères*, à Toulouse (Haute-Garonne).	Vases, ornements d'architecture et objets divers en grès et argile. Ⓑ 1834 et 1839.
385	*Decomps, Galli et Petit*, à Bouloc (Haute-Garonne).	Consoles, chapiteaux, rosaces et autres ornements en grès.
386	*Estampes*, à Toulouse (Haute-Garonne).	Charrue en fer.
387	*Espinasse*, à Toulouse (Haute-Garonne).	Cardes pour la laine.
388	*Montet*, à Toulouse (Haute-Garonne).	Modèle d'un plan incliné appliqué aux canaux pour remplacer les écluses ordinaires.
389	*Borrel*, à Toulouse (Haute-Garonne).	Modèle d'une machine à curer les passes navigables de la Garonne; modèle de portes d'écluses en barres de fer laminé.
390	*Callier-Dervaux*, à Gien (Loiret).	Voiture parachute.

N° d'ord.	NOMS ET DEMEURES DES EXPOSANTS.	NATURE DES OBJETS EXPOSÉS.
391	*Callier-Dervaux*, à Gien (Loiret).	Clef de montre.
392	*Martin-Perret et Delacroix-Duvoisin*, à Jargeau (Loiret).	Pressoir mobile.
393	*Bailly*, à Château-Renard (Loiret).	Houe.
394	*Landron frères*, à Meung (Loiret).	Cuirs et peaux.
395	*Gaspard-Gilbert*, à Orléans (Loiret).	Creusets et formes à sucre.
396	*Guyon de Boulen et Cie*, à Gien (Loiret).	Porcelaine opaque, faïence blanche fine.
397	*Saintoin frères*, à Orléans (Loiret).	Chocolats.
398	*Legrand frères*, à Orléans (Loiret).	Bougies stéariques.
399	*Léger jeune et Paré*, à Patay (Loiret).	Couvertures en laine.
400	*Marchand-Lecomte*, à Patay (Loiret).	Couvertures en laine.
401	*Léger-Francolin*, à Patay (Loiret).	Couvertures en laine. Ⓑ 1839.
402	*Perrault*, à Orléans (Loiret).	Roues de charrue.
403	*Pâque*, à Orléans (Loiret).	Biberons, bouts de sein.
404	*Fourché*, à Orléans (Loiret).	Chocolat.
405	*Roger-Jamet*, à Orléans (Loiret).	Chocolat en poudre.
406	*Porcher*, à Orléans (Loiret).	Noir animal.
407	*Franc-Magnan*, à Orléans (Loiret).	Colle forte.
408	*Monmouceau*, à Orléans (Loiret).	Limes. Ⓞ 1819 à Monmouceau et Dequenne; R. Ⓞ 1823 à Monmouceau père et fils: R. Ⓞ 1827 à Monmouceau père et fils et Cie; R. Ⓞ 1834 à Monmouceau frères; R. Ⓞ 1839 à Monmouceau frères.
409	*Ledoux*, à Bonny-sur-Loire (Loiret).	Caoutchouc. M. H. 1839.
410	*Lacan*, à Orléans (Loiret).	Billard-table.
411	*Hazard père*, à Orléans (Loiret).	Draps noirs, bleus, etc. Cit. F. 1839, à Hazard et Bienvenu.
412	*Valentin-Féau-Béchard*, à Orléans (Loiret).	Bonnets turcs. Ⓐ 1819; R. Ⓐ 1823 et 1827, à MM. Benoît, Mérat et Desfrancs, prédécesseurs; R. Ⓐ 1839, à Valentin-Féau Béchard.
413	*Japy*, à Berne, commune de Seloncourt (Doubs).	Ustensiles de ménage en fer battu, tels que casseroles, marmites, soupières, etc.
414	*Ve Becoulet et Vaissier*, à Arcier près Besançon (Doubs).	Papiers : grand raisin, coquille, couronne, carré collé; Ⓑ 1839.

N° d'ord.	NOMS ET DEMEURES DES EXPOSANTS.	NATURE DES OBJETS EXPOSÉS.
415	*Jeanningros père et fils*, à Ornans (Doubs).	Rasoirs perfectionnés.
416	*Maillard-Salin* (Jacques), à Valentigny (Doubs).	Scies, feuilles de tôle, lame circulaire à tondre les draps, racle d'imprimerie, lingot d'acier fondu, etc. Ⓐ 1823 et 1827, sous la raison Peugeot frères et Salins.
417	*Peugeot aîné et Jackson frères*, à Hérimoncourt (Doubs).	Passe-partout, scies, racloir, mantonnet, ressorts, truelles, limes, râpes, compas, ciseaux, gouges, rabots, etc. Ⓑ 1819, à Peugeot frères; Ⓐ 1823 et 1827, à Peugeot frères et Salin; Ⓐ 1839, à Peugeot frères.
418	*Peugeot* (Constant) *et Cᵉ*, à La Roche (Doubs).	Pièces détachées pour filatures : cylindres cannelés, de pression, broches de Mull Jenny, plates bandes, etc. Ⓐ 1839.
419	*Parcau et Cᵉ*, à Montbéliard (Doubs).	Clous, machine à fabriquer les clous.
420	*Vincenti et Cᵉ*, à Montbéliard (Doubs).	Mouvements d'horlogerie, roues et pignons. Ⓐ 1834, R. Ⓐ 1839.
421	*Marti et Cᵉ*, à Montbéliard (Doubs).	Mouvements de pendule.
422	*Pelletier*, à Laferrière-sous-Jougne (Doubs).	Faux. Ⓑ 1823 et 1827, au sieur Billod.
423	*Pourchet frères*, à Maisons-des-Bois (Doubs).	Faux.
424	*Bourlier*, à Montécheroux (Doubs).	Pince plate, casse-noisette, brunissoir; marteau pour ciseleurs, compas, filière, chasse-goupilles, étau, etc. C. F. 1839.
425	*Lépée*, à Sainte-Suzanne (Doubs).	Boîtes à musique, règle calligraphique, diapason mécanique, poinçon, modèle d'écriture. M. H. 1839 au sieur Paur.
426	*Bobillier*, au-dessus de la fin des Gras (Doubs).	Faux. M. H. 1819, aux sieurs Bobillier et Nicod, 1823 au sieur Bobillier, R. Ⓑ 1834.
427	*Courtial*, à Besançon (Doubs).	Flacon de bleu d'outre-mer.
428	*Vallangin* (Louis), aux Gras (Doubs).	Outil à graduer, tour à pivoter, compas, chalumeau, jeu de

N° d'ord.	NOMS ET DEMEURES DES EXPOSANTS.	NATURE DES OBJETS EXPOSÉS.
		fraises pour pendules, estrapade, tour universel, etc. M. H. 1839, sous la raison Boüthey, Vallangin et Rith.
429	*Villuet*, à Besançon (Doubs).	Feuilles de carton porcelaine.
430	*Garnache-Barthod*, aux Seignes des Gras (Doubs).	Tour universel, machine à fendre, outil à tailler, outil à justifier, tour aux vis, à l'archet et à lapidaire, compas à lunette aux engrenages. C. F. 1834 et 1839.
431	*Gloriod*, aux Seignes, commune des Gras (Doubs).	Tour universel machine à tailler, compas aux engrenages, tour à roue. C. F. 1834; M. H. 1839.
432	*Fongy*, à Besançon (Doubs).	Échappement et montre.
433	*Grandvoinnet*, au Grandmont, commune des Gras (Doubs).	Chalumeau en cuivre à deux boules, etc.
434	*Baron*, aux Gras (Doubs).	Roues d'échappement. C. F. 1839.
435	*J.-J. Beucler fils*, à Besançon (Doubs).	Différentes montres.
436	*Dubois*, à Besançon (Doubs).	Mouvement de montre.
437	*Voinnet*, au Grandmont, commune des Gras (Doubs).	Outil à graduer en horlogerie. C. F. 1839.
438	*Troullier*, à Besançon (Doubs).	Échappement de montre, montre.
439	*Gauthier père et fils*, aux Cerneux des Gras près Morteau (Doubs).	Dame aux engrenages, outil au tiers pour les barillets, outils d'horlogerie et autres. C. F. 1834.
440	*D'Artois*, à Besançon (Doubs).	Gravures daguerréotypées.
441	*Abich*, à Besançon (Doubs).	Volumes reliés.
442	*Lepelletier-Damas*, à Bounal (Doubs).	Rideaux.
443	*Fattelay*, à Beurre (Doubs).	Vase à épurer et conserver les huiles.
444	*Perrin*, aux Chaprois, banlieue de Besançon (Doubs).	Pompes.
445	*Houlès père et fils*, à Mazamet (Tarn).	Draps, tartans, toile de laine. Ⓐ 1839.
446	*Cormouls*, à Mazamet (Tarn).	Draps, tartans, alpaga, flanelle étoffes de laine, Ⓑ 1834, sous

N° d'ord.	NOMS ET DEMEURES DES EXPOSANTS.	NATURE DES OBJETS EXPOSÉS.
		la raison Vanc, Houlès, Cormouls et Cⁱᵉ. R., Ⓑ 1839.
447	*Rives* (Ulysse) *et Cⁱᵉ*, à Mazamet (Tarn).	Flanelles, mérinos.
448	*Lacombe*, à Albi (Tarn).	Fer pour câbles de navires.
449	*Gisclard*, à Albi (Tarn).	Essences d'anis, d'absinthe, de menthe. de coriandre et de girofle. Ⓑ 1839.
450	*Gayrard*, à Albi (Tarn).	Essences d'anis, de girofle et d'absinthe. C. F. 1839, sous la raison Gayrard et Lagrèze.
451	*Seguin*, à Albi (Tarn).	Essences d'anis et de genièvre.
452	*Kestner père et fils*, à Thann (Haut-Rhin).	Flacons contenant divers produits chimiques. C. F. 1834, Ⓐ 1839.
453	*Gilardoni frères*, à Altkirch (Haut-Rhin).	Couverture de bâtiment en tuiles imperméables.
454	*Reicheneeker et Cⁱᵉ*, à Ollwiller (Haut-Rhin).	Tuyaux divers.
455	*Kuenemann frères*, à Aspach-le-Pont (Haut-Rhin).	Papier végétal.
456	*Zuber* (Jean) *et Cⁱᵉ*, à Rixheim (Haut-Rhin).	Panneau de décors, papiers de tenture, papeterie, cartes à jouer. Ⓞ 1834, R. Ⓞ 1839.
457	*Huguenin et Ducommun*, à Mulhausen Haut-Rhin).	Machine à imprimer les étoffes. Ⓑ 1839.
458	*Stamm et Cⁱᵉ*, à Thann (Haut-Rhin).	Barde, banc à broches.
459	*André* (Jacques), au Vieux-Thann (Haut-Rhin).	Mouvement de friction pour cardes.
460	*Rebert* (Laurent), à Colmar (Haut-Rhin).	Pressoir en fer, égrappoir pour le raisin.
461	*Koehler*, à Bitschwiller (Haut-Rhin).	Navettes en fer pour tissage.
462	*Migeonet fils*, à Morvillars (Haut-Rhin.	Vis à bois, en fer et en cuivre. Ⓐ 1839.
463	*Japy frères*, à Beaucourt (Haut-Rhin).	Ébauches de montres, mouvements de pendules et de lampes, vis, villebrequins, articles de ménage, serrures. Ⓞ 1819, R. Ⓞ 1823, 1827, 1834 et 1839.
464	*Adam* (Eugène), à Colmar (Haut-Rhin).	Coupe-lanière avec ses accessoires.
465	*Engelmann père et fils*, à Mulhausen (Haut-Rhin).	Épreuves de lithographie et de chromolithographie, modèles

N° d'ord.	NOMS ET DEMEURES DES EXPOSANTS.	NATURE DES OBJETS EXPOSÉS.
		d'impression, carte routière des Vosges. (A) 1823; R. (A) 1827, 1834, 1839.
466	*Herzog*, au Logelbach, près Colmar (Haut-Rhin).	Fils de coton. (O) 1839.
467	*Hofer et C*, à Kaysersberg (Haut-Rhin).	Coton filé. (A) 1839.
468	*Witz*, à Cernay (Haut-Rhin).	Coton filé.
469	*Schlumberger-Schwartz*, à Mulhausen (Haut-Rhin).	Nappes et serviettes damassées. M. H. 1839.
470	*Jourdain* (Xavier), à Altkirch (Haut-Rhin).	Mousselines et calicots.
471	*Saladin*, à Mulhausen (Haut-Rhin),	Compteurs pour vérifier la vitesse des machines, dévidoirs, machines diverses.
472	*Kœchlin* (André) et *C*, à Mulhausen (Haut-Rhin).	Banc à broches, métiers à filer et à tisser, turbines hydrauliques. (O) 1839.
473	*Meyer et C*, à Mulhausen (Haut-Rhin).	Machine à vapeur de la force de 8 chevaux.
474	*Schlumberger et Hofer*, à Ribeauvillé (Haut-Rhin).	Coton filé. (A) 1827; R. (A) 1834.
475	*Schlumberger, Kœchlin et C*, à Mulhausen (Haut-Rhin).	Tissus pour ameublements et stores. (O) 1834; R. (O) 1839.
476	*Schlumberger* (François-Médard), à Mulhausen (Haut-Rhin).	Tissus de laine, de soie et de coton M. H. 1839.
477	*Adolphe et Benner*, à Mulhausen (Haut-Rhin).	Tissus de soie et laine.
478	*Kœchlin frères*, à Mulhausen (Haut-Rhin).	Indiennes, tissus de laine et de coton. (O) 1819; R. (O) 1834.
479	*Blech frères*, à Sainte-Marie-aux-Mines (Haut-Rhin).	Tissus de soie et de coton, cravates, écharpes. (A) 1834.
480	*Kayser* (Xavier) *et C*, à Sainte-Marie-aux-Mines (Haut-Rhin).	Mouchoirs, écharpes, tissus de soie, de coton et de laine. (A) 1827; R. (A) 1834 et 1839.
481	*Kress*, à Colmar (Haut-Rhin).	Pompes à incendie, pompes diverses, boyaux en cuir et en fil. (B) 1839.
482	*Kœnig* (Napoléon), à Sainte-Marie-aux-Mines (Haut-Rhin).	Tissus de coton, mouchoirs, cravates.
483	*Kœchlin-Dollfus et frères*, à Mulhausen (Haut-Rhin).	Coton filé. (A) 1839.

2

N° d'ord.	NOMS ET DEMEURES DES EXPOSANTS.	NATURE DES OBJETS EXPOSÉS.
484	*Fries et Callias*, à Guebwiller (Haut-Rhin).	Calicot blanc, indiennes de diverses couleurs.
485	*Hofer* (Josué), à Mulhausen (Haut-Rhin).	Toiles peintes, mousselines imprimées. Ⓑ 1839.
486	*Stéhelin* (Charles et Édouard), à Bitschwiller (Haut-Rhin).	Feutre pour tapis, gros feutre pour couvertures de chaudières à vapeur.
487	*Urner jeune*, à Sainte-Marie-aux-Mines (Haut-Rhin).	Mousseline, organdis, foulards, cravates, mouchoirs.
488	*Dorgebray*, à Kingersheim (Haut-Rhin).	Mousseline-laine, balzorines, indiennes. M. H. 1839.
489	*Beuck et C°*, à Bühl (Haut-Rhin).	Draps divers.
490	*Gros-Odier, Roman et C°*, à Wesserling (Haut-Rhin).	Jaconas, organdis, balzorines, indiennes, mousselines, tissus divers. Ⓞ 1819; R. Ⓞ 1834 et 1839.
491	*Robert* (Édouard), à Thann (Haut-Rhin).	Tissus de laine, balzorines, indiennes imprimées.
492	*Scheurer, Gros et C°*, à Thann (Haut-Rhin).	Tissus de laine imprimés, balzorines, jaconas, mousselines, indiennes.
493	*Steiner* (Charles), à Ribeauvillé (Haut-Rhin).	Étoffes pour meubles, châles divers.
494	*Risler-Schwartz et C°*, à Mulhausen (Haut-Rhin).	Laine peignée et filée.
495	*Weber* (Vᵉ Laurent) *et C°*, à Mulhausen (Haut-Rhin).	Tissus de laine, toiles, batistes, mousselines. Ⓐ 1839.
496	*Hartmann et fils*, à Munster (Haut-Rhin).	Fils de coton écru, tissus de coton et de laine et coton. Ⓞ 1834; R. 1839.
497	*Schmalzer-Weiss*, à Mulhausen (Haut-Rhin).	Draps pour rouleaux à impression et pour cylindres.
498	*Dollfus-Mieg et C°*, à Mulhausen (Haut-Rhin).	Cotons filés, calicots, jaconas, châles, indiennes. Ⓐ 1806; Ⓞ 1819; R. Ⓞ 1834 et 1839.
499	*Schlumberger jeune et C°*, à Thann (Haut-Rhin).	Mousseline-laine, calicot. Ⓐ 1834; R. Ⓐ 1839.
500	*Schlumberger* (Nicolas) *et C°*, à Guebwiller (Haut-Rhin).	Coton filé, laine, chanvre et lin. Ⓞ 1827; R. Ⓞ 1834 et 1839.
501	*Mieg* (Mathieu) *et fils*, à Mulhausen (Haut-Rhin).	Draps pour rouleaux et cylindres, drap noir. Ⓑ 1834.
502	*Debary-Mérian*, à Guebwiller (Haut-Rhin).	Rubans en taffetas noir, taffetas de diverses couleurs.

N° d'ord.	NOMS ET DEMEURES DES EXPOSANTS.	NATURE DES OBJETS EXPOSÉS.
503	Blech, Steinbach et Mantz, à Mulhausen (Haut-Rhin).	Mousseline-laine, balzorine, châles en cachemire d'Écosse, calicots.
504	Alluaud aîné, à Limoges (Haute-Vienne).	Corbeilles, assiettes, plats, services en porcelaine.
505	Michel et Valin, à Limoges (Haute-Vienne).	Pendules, vases, statuettes, flacons en porcelaine. (B) 1839.
506	Ruaud, à Limoges (Haute-Vienne).	Carafes, objets en porcelaine.
507	Gorsas et Périer, à Limoges (Haute-Vienne).	Vases, corbeilles, tasses, services en porcelaine.
508	Laporte (Mme Ve) et fils, à Limoges (Haute-Vienne).	Flanelles diverses, M. H. 1839.
509	Boudet fils aîné et Ce, à Limoges (Haute-Vienne).	Flanelles, droguet.
510	Dupré et Chaisemartin jeune, à Limoges (Haute-Vienne).	Coton pour tricots.
511	Boyer aîné, à Limoges (Haute-Vienne).	Droguet et flanelles, M. H. 1827 et 1834, R. 1839.
512	Boyer frères, à Limoges (Haute-Vienne).	Flanelles et finettes.
513	Ardaut frères, à Limoges (Haute-Vienne).	Paroissiens, livres de piété, Fables de La Fontaine et divers autres ouvrages. M. H. 1839.
514	Barbou frères, à Limoges (Haute-Vienne).	Paroissiens, livres de piété.
515	Guillat, à Limoges (Haute-Vienne).	Sabots.
516	Mallet (Louis), à Limoges (Haute-Vienne).	Chaussons, pantoufles, brodequins, escarpins.
517	Teytut aîné, à Limoges (Haute-Vienne).	Chaussons, pantoufles, escarpins, bottines.
518	Lefèvre et Bost, à Limoges (Haute-Vienne).	Bottines, chaussons, pantoufles, escarpins.
519	Manœuvrier père et fils, à Limoges (Haute-Vienne).	Couteaux, sécateurs, scies. C. F. 1839 à Manœuvrier aîné.
520	Manœuvrier jeune, à Limoges (Haute-Vienne).	Rasoirs, sécateur.
521	Mayout, à Limoges (Haute-Vienne).	Tranchet mécanique pour redresser les souliers.
522	Ousty et Durand, à Limoges (Haute-Vienne).	Balances romaines.

N° d'ord.	NOMS ET DEMEURES DES EXPOSANTS.	NATURE DES OBJETS EXPOSÉS.
523	*Bardonnaud*, à Limoges (Haute-Vienne).	Mesures diverses.
524	*Dutreix*, à Limoges (Haute-Vienne).	Balances romaines.
525	*Bouillon jeune et fils et C*, à Limoges (Haute-Vienne).	Fil de fer.
526	*Nouvelle*, à Limoges (Haute-Vienne).	Fusil.
527	*Dubouché*, à Limoges (Haute-Vienne).	Forge à battre les faux.
528	*Cibot et Couder*, à Limoges (Haute-Vienne).	Cuirs.
529	*Boyer* (Martial), à Limoges (Haute-Vienne).	Tiges de bottes.
530	*Rigaud jeune*, à Saint-Junien (Haute-Vienne).	Peaux d'agneaux mégissées, gants de peau d'agneau.
531	*Jouhaud fils et C*, à Limoges (Hante-Vienne).	Chapeaux vernis, chapeaux de latanier.
532	*Lamortière*, à Magnac-Laval (Haute-Vienne).	Botte hygiénique en feutre imperméable.
533	*Parant*, à Limoges (Haute-Vienne).	Farine de minot.
534	*Bardenat*, à Limoges (Haute-Vienne).	Fécule.
535	*Sohet-Thibaut* (Jean-Baptiste et Bernard), à Limoges (Haute-Vienne).	Fécule de pommes de terre.
536	*Magnol-Dumas*, à Limoges (Haute-Vienne).	Chocolat.
537	*Blondel* (Vᵉ) *et Tripon*, à Limoges (Haute-Vienne).	Chromolithographie appliquée à le topographie.
538	*Loubatières frères et Lafont*, à Agen (Lot-et-Garonne).	Horloges.
539	*Gignoux et C*, à Cuzorn (Lot-et-Garonne).	Fer, socs de charrues, essieus. Ⓑ 1827.
540	*Bransoulié fils*, à Nérac (Lot-et-Garonne).	Farines et minots.
541	*Fournier de Saint-Amant*, à Villeneuve-sur-Lot (Lot-et-Garonne).	Tables, cheminées, bénitiers en marbres divers.
542	*Courneric et C*, à Cherbourg (Manche).	Chlorure de sodium ; sulfate de potasse brut, sulfate de potasse cristallisé ; chlorure de potassium, iode.
543	*Doynel de Quincey*, à Avranches (Manche).	Charrue.

N° d'ord.	NOMS ET DEMEURES DES EXPOSANTS.	NATURE DES OBJETS EXPOSÉS.
544	Belloy-Rodriguez, à Cherbourg (Manche).	Diverses poulies.
545	Poret, à Saint-Sauveur-le-Vicomte (Manche).	Scaphandre de sauvetage individuel.
546	Sellier, à Gonneville (Manche).	Cotons filés. M. H. 1806 à la filature de Gonneville; C. F. en 1827; Ⓑ en 1819.
547	Morel, à Saint-Pierre-Eglise (Manche).	Mouchoirs de poche, quadrilles violets, paillaca, etc.
548	Flaust-Cornet, à Saint-Lô (Manche).	Montres.
549	Frestel, à Saint-Lô (Manche).	Jardinière, couteaux, ciseaux, rasoirs, canifs et serpette M.H. 1819 et 1823; Ⓑ 1827; R. Ⓑ 1834.
550	Siney père et fils, à Saint-Lô (Manche).	Nappe et serviette.
551	Le Parquois, à Saint-Lô (Manche).	Pièce d'étoffe. M.H. 1834 et 1839.
552	Angot-Levard, à Saint-Lô (Manche).	Pièce d'étoffe dite droguet. M.H. 1839.
553	Compagnie des verreries de Saint-Louis (Moselle).	Cristaux divers: Ⓞ 1834; R. Ⓞ 1839.
554	Burgun, Valter, Berger et Cᵉ, à Goetzenbruck (Moselle).	Verres de montres et de pendules. Ⓐ 1834, Ⓐ 1839.
555	Utzschneider et Cᵉ, à Sarreguemines (Moselle).	Poterie fine. Ⓖ 1801; Ⓞ 1802; Ⓞ 1806; Ⓞ 1819. R. Ⓞ 1823, 1827, 1834 et 1839.
556	Massun et fils, à Metz (Moselle).	Aiguilles.
557	Somborn et Cᵉ, à Boulay (Moselle).	Outils, limes, scies et autres articles de quincaillerie.
558	Labbé et Legendre, à Gorcy (Moselle).	Fils de fer.
559	Schmidborn et Cᵉ, à Sarralbe (Moselle).	Acier. Ⓞ 1806, à Gouvy et Guentz; Ⓑ 1834, à Schmidborn.
560	Villemoite, à Metz (Moselle).	Étaux, bigorne.
561	Gangloff, à Ippling (Moselle).	Clous à monter.
562	Walter aîné (Mᵐᵉ vᵉ), à Metz (Moselle).	Peluche pour la chapellerie.
563	Massing frères, Hubert et Cⁱᵉ, à Puttelange (Moselle).	Peluche pour la chapellerie. Ⓞ 1839.
564	Nanot et Cᵉ, à Sarreguemines (Moselle).	Peluche pour la chapellerie.

N° d'ord.	NOMS ET DEMEURES DES EXPOSANTS.	NATURE DES OBJETS EXPOSÉS.
565	*Barthe et Plichon*, à Sarreguemines (Moselle).	Peluches pour la chapellerie.
566	*Schmaltz et Thibert*, à Metz (Moselle).	Peluche et velours. Ⓑ 1839, au sieur Schmaltz.
567	*Ravier*, à Sarreguemines (Moselle).	Peluche pour la chapellerie.
568	*Champigneulles jeune*, à Warize (Moselle).	Flanelles.
569	*Ferry et Zéder*, à Metz (Moselle).	Castorine, flanelles, cuirs-laine.
570	*Barthélemy* (Emile), à Metz (Moselle).	Flanelles, couvertures, courroies en laine hydrofuges.
571	*Brettnacker*, à Boulay (Moselle).	Chapeaux vernis et veloutés.
572	*Henry* (Mme v^e), à Briey (Moselle).	Cocons et écheveaux de soie.
573	*Adam* (Théodore), à Moulins-lès-Metz (Moselle).	Cocons, écheveaux de soie grége.
574	*Hussenot*, à Metz (Moselle).	Peinture en feuilles appliquée sur pierre.
575	*Leroy*, à Metz (Moselle).	Clarinettes en buis et en ébène.
576	*Verronnais*, à Metz (Moselle).	Imprimerie et lithographie.
577	*Bodin*, à Metz (Moselle).	Tours, filières, niveaux, rabots et autres instruments de mécanique.
578	*Delbosque-Mélo*, à Metz (Moselle).	Brosses, plumeaux et pinceaux.
579	*André*, à Rombas (Moselle).	Bois pour brosses et pour placage.
580	*Dompierre père*, à Metz (Moselle).	Huile de pieds de bœuf, cordes à boyaux.
581	*Firmenich*, à Metz (Moselle).	Colle forte. M. H. 1839.
582	*Röckel*, à Metz (Moselle).	Bouilloires, lampes.
583	*Nel*, à Avignon (Vaucluse).	Coupe-feuilles de mûrier pour les vers à soie.
584	*Meynard fils*, à Valréas (Vaucluse).	Soie grége et ouvrée, bruyère de cocons, soie ouvrée en organsin. Ⓐ 1834, à Meynard père.
585	P^{er} *Faure et Escoffier*, à Avignon (Vaucluse).	Garance, garancine. Ⓑ 1834, à la raison P^{er} Faure et Duprat.
586	*Aubanel* (Laurent), à Avignon (Vaucluse).	Caractères et produits typographiques. Épreuves de vignettes thaumastotypes. Ⓐ 1839.

N° d'ord.	NOMS ET DEMEURES DES EXPOSANTS.	NATURE DES OBJETS EXPOSÉS.
587	*Bonavion*, à Avignon (Vaucluse).	Toiles et mousselines peintes.
588	*Brunel*, à Avignon (Vaucluse).	Soies teintes. M. H. 1819, 1823, 1834.
589	*Thomas frères*, à Avignon (Vaucluse).	Gros de Naples, florences, fondrosiennes. ◎ 1834.
590	*Compagnie des houillères et fonderies de l'Aveyron*, à Decazeville (Aveyron).	Barres et paquets de fer, tôles et rails. ◎ 1839.
591	*Laroche et Fougeret*, à Larochandry, commune de Moutiers (Charente).	Papiers divers.
592	*Durandeau aîné, Lacombe et Cᵉ*, à Lacourade (Charente).	Papiers divers. ◎ 1839.
593	*Bolle*, à Barillon (Charente).	Papiers divers.
594	*Laroche frères du Martinet*, au Martinet (Charente).	Papiers. Ⓐ 1839.
595	*Callaud-Bélisle frères, Nouël et Cᵉ*, à Maumont et Veuze (Charente).	Papiers : Ⓐ 1834. R. 1839.
596	*Laroche-Joubert et Dumergue*, à Nersac (Charente).	Papiers.
597	*Lacroix frères et Gaury*, à Angoulême (Charente).	Papiers. Ⓑ 1834; ◎ 1839.
598	*Trousset fils, Catala et Cᵉ*, à Angoulême (Charente).	Toiles métalliques pour la fabrication des papiers.
599	*Delâge et Laroche puîné*, à Lacouronne (Charente).	Toiles métalliques pour fabriquer les papiers. C. F. 1834. Ⓐ 1839.
600	*Trarieux*, à Aubeterre (Charente).	Flôtres pour papeteries.
601	*Chrétien fils*, à Mersac (Charente).	Flôtres pour fabriquer les papiers.
602	*Desbouchaud et Philippier*, à Mersac (Charente).	Flôtres pour fabriquer les papiers.
603	*Callaud-Bélisle (G.)*, à Maumont (Charente).	Machines à éplucher, satiner, glacer et filigraner.
604	*Marsat fils*, à Angoulême (Charente).	Fers et fontes de première fusion. Ⓐ 1839.
605	*Rivaud (Gustave)*, au Petit-Rochefort (Charente).	Extirpateurs ou cultivateurs à 3 socs.
606	*Maurin*, à Saint-Médard (Charente).	Charrues américaines à versoir mobile.
607	*Terrasson de Montleau*, à Saint-Estèphe (Charente).	Toisons de laines mérinos.

N.º d'ord.	NOMS ET DEMEURES DES EXPOSANTS.	NATURE DES OBJETS EXPOSÉS.
608	*Galland*, à Ruffec (Charente).	Froment de différentes espèces, fourneau potager et rôtisseur.
609	*Covillion*, à Cognac (Charente).	Parquets-dalles.
610	*Montazaud*, à Saint-Germain (Charente).	Peaux de veaux et cuirs.
611	*Bourgoin*, à La Tulette (Charente).	Lacets.
612	*Bouniceau-Villars et Durepaire*, à Saint-Amant-de-Boixe (Charente).	Amidons.
613	*Touzet*, à Rouillac (Charente).	Colliers mécaniques.
614	*Robin* (L.), à Angoulême (Charente).	Bougies stéariques.
615	*Dussouchet*, à Pranzac (Charente).	Briques réfractaires.
616	*Dauvin*, à Poitiers (Vienne).	Grand-livre, registre d'échantillons de réglure.
617	*Malbec et Perrot*, à Châtellerault (Vienne).	Meule artificielle.
618	*Camus*, à Poitiers (Vienne).	Peaux d'agneaux pour la ganterie.
619	*Bernard-Lallier*, à Loudun (Vienne).	Peaux d'oies préparées.
620	*Millet et Robinet*, à Poitiers et à la Catodière (Vienne).	Cocons de vers à soie et soie filée, tour, éprouvette et croiseur.
621	*Bonguéret, Couvreux, Landel et Cᵉ.*, à Châtillon-sur-Seine (Côte-d'Or).	Fers.
622	*Brigaudeau et Guénin*, à Lucenay (Côte-d'Or).	Charrue.
623	*Porcheron*, à Dijon (Côte-d'Or).	Fèves décortiquées, haricots, pois décortiqués, etc. M. H. 1834.
624	*Leroux d'Arcet*, à Beaune (Côte-d'Or).	Glucose concrète. C. F. 1839.
625	*Apparuti*, à Pouilly-sur-Saône (Côte-d'Or).	Machine à faire les tuiles, moule à gazons, châssis à faire les pavés, etc.
626	*Lemonnier-Jully*, à Châtillon-sur-Seine (Côte-d'Or).	Égrappoir pour la préparation mécanique du minerai de fer.
627	*Uhler aîné*, à Dijon (Côte-d'Or).	Bluterie à châssis et à ailes.
628	*Roignot*, à Belan-sur-Ource (Côte-d'Or).	Foret vertical pour la perforation des métaux.
629	*Monnot et Vitu*, à Dijon (Côte-d'Or).	Rosaces mosaïques.
630	*Converset*, à Châtillon-sur-Seine (Côte-d'Or).	Hache-paille, coupe-racine.
631	*Nozéda*, à Mâcon (Saône-et-Loire).	Modèle de wagon, chemin de fer.

N°. d'ord.	NOMS ET DEMEURES DES EXPOSANTS.	NATURE DES OBJETS EXPOSÉS.
632	Perrin-Dugrivel, à Tournus (Saône-et-Loire).	Flotte de soie.
633	Rey, à Autun (Saône-et-Loire).	Cueille-trèfle.
634	Valat, à Blanzy (Saône-et-Loire).	Appareil de sauvetage pour les ouvriers blessés dans les mines.
635	Saunier, à Mâcon (Saône-et-Loire).	Machine à arrondir les roues d'engrenage d'horlogerie, mouvements de montre.
636	Bidreman père et fils, à Charrecey (Saône-et-Loire).	Ciment-marbre, en poudre et en bloc, etc.
637	Perrochel (comte de), à Saint-Aubin-de-Locquenay (Sarthe).	Fils de lin et de chanvre. M. H. 1839.
638	Harouard et Laya, au Mans (Sarthe).	Fils, toiles à sac et à voiles.
639	Goupille et Verdier, à Fresnay (Sarthe).	Toiles, fils de lin et de chanvre. Ⓑ 1834, et Ⓐ 1839, à Goupille seul.
640	Vétillart, à Pontlieue (Sarthe).	Toiles et fils blanchis. Ⓐ 1823, sous la raison Bérard frères et Vétillart; Ⓐ 1839, à Vétillart père et fils.
641	Cornilleau-Lefebvre et Chabrun, au Mans (Sarthe).	Chanvre peigné, toiles à emballage.
642	Cokin frères, à Cherré (Sarthe).	Toiles.
643	Renard, à Fresnay (Sarthe).	Toiles.
644	Geslin (Nicolas), à Fresnay (Sarthe).	Toiles.
645	Livacke, à Fresnay (Sarthe).	Toiles. C. F. 1839.
646	Billon père et fils, à Fresnay (Sarthe).	Toiles. Ⓑ 1839, à Billon (Jacques).
647	Geslin (François), à Fresnay (Sarthe).	Toiles. C. F. 1839.
648	Renout fils, à Fresnay (Sarthe).	Toiles.
649	Rousseau père et fils, à Fresnay (Sarthe).	Toiles. Ⓑ 1839.
650	Fourché et Salmon, au Mans (Sarthe).	Couvertures de laine. M. H. 1839.
651	Landeau, Noyers et Cᵗᵉ, à Sablé (Sarthe).	Marbres.
652	Gourdin, à Mayet (Sarthe).	Horloges, rôtissoir, modèle de machine à vapeur, modèle pressoir. Ⓑ et C. F. 1839.
653	Perrochel (comte de), à Saint-Aubin-de-Locquenay (Sarthe).	Modèles de pressoirs. M. H. 1839, pour marbres.

N° d'ord.	NOMS ET DEMEURES DES EXPOSANTS.	NATURE DES OBJETS EXPOSÉS.
654	*Bénard*, à Bessé (Sarthe).	Courroies pour les papeteries.
655	*Bollée*, à Sainte-Croix (Sarthe).	Cloches.
656	*Châtel et Fialeix*, au Mans (Sarthe).	Vitraux peints.
657	*Lusson*, à Sainte-Croix (Sarthe).	Vitraux peints.
658	*Drouet*, au Mans (Sarthe).	Rosace en vitraux peints.
659	*Hubert*, au Mans (Sarthe).	Rosace en mosaïque pour parquet.
660	*Pellier frères*, au Mans (Sarthe).	Conserves alimentaires. Ⓑ 1834, au sieur Coneau.
661	*Huet-Besnier*, à Beaumont-sur-Sarthe (Sarthe).	Conserves de fruits.
662	*Thuyau et Turpault*, à Mortagne (Vendée).	Laine filée, flanelle.
663	*Guillié, Caternault, Mareau et Matignon frères*, à Mortagne (Vendée).	Fils de lin, échantillons de fil.
664	*Gandriau aîné*, à Fontenay-le-Comte (Vendée).	Chapeaux en cuir verni, en feutre, etc.
665	*Bonin*, à Cugand (Vendée).	Serge croisée.
666	*Mouillé*, à Cugand (Vendée).	Serge croisée. M. H. 1839.
667	*Péquin*, à Cugand (Vendée).	Laine filée. C. F. 1834; M. H. 1839.
668	*Chéguillaume et C*ᵉ, à Cugand (Vendée).	Castorine, flanelle, laine filée. Ⓑ 1839.
669	*Hilpert, houillères et verreries de la Vendée.*	Bouteilles, litres.
670	*Collineau*, à Tours (Indre-et-Loire).	Appareils pour l'éducation des vers à soie. M. H. 1839, pour canevas.
671	*Collineau (René)*, à Tours (Indre-et-Loire).	Couvertures, écharpes, ceintures, tissus de laine, canevas pour tapisseries, toiles pour bluterie. M. H. 1839, pour canevas.
672	*Fey-Martin et C*ᵉ, à Saint-Symphorien près Tours (Indre-et-Loire).	Étoffes de soie.
673	*Bérard et C*ᵉ, à Mettray (Indre-et-Loire).	Fil d'étoupes.
674	*Talbot fils*, à Saint-Denis-hors-Amboise (Indre-et-Loire).	Draps, castorines. Ⓑ 1819, sous la raison Bigot et Cⁱᵉ.

N° d'ord.	NOMS ET DEMEURES DES EXPOSANTS.	NATURE DES OBJETS EXPOSÉS.
675	*Delaunay et Ce*, à Portillon, près Tours (Indre-et-Loire).	Céruse, minium. Ⓑ 1834, sous la raison Pallu jeune et fils; R. Ⓑ 1839, sous la raison Delaunay et Cie.
676	*Budan aîné*, à Tours (Indre-et-Loire).	Pompe à mouvement horizontal.
677	*Bozon*, à Môsnes (Indre-et-Loire).	Colliers avec des attelles en fer à l'usage des chevaux de diligence ou du roulage.
678	*Viel*, à Tours (Indre-et-Loire).	Capsules médicamenteuses.
679	*Duchemin*, à Tours (Indre-et-Loire).	Conserves de différents fruits.
680	*Bellanger père et Ce*, à Tours (Indre-et-Loire).	Tissus de soie, tapis. Ⓑ 1827 à Bellanger-Pagé; R. Ⓑ 1834 et 1839, à Bellanger père et Nourrisson.
681	*De Boissimon et Ce*, à Langeais (Indre-et-Loire).	Vases de jardin en terre cuite, ornements divers, briques réfractaires.
682	*Robert–Werly et Ce*, à Bar-le-Duc (Meuse).	Tissus pour les corsets sans couture. M. H. 1834.
683	*Dillon aîné*, à Xivray, près Saint-Mihiel (Meuse).	Bas à jour en fil d'Écosse.
684	*Maxe*, à Bar-le-Duc (Meuse).	Mouvement de montre.
685	*Vivaux frères*, à Dammarie (Meuse).	Marmites comtoises en fonte.
686	*Démimuid*, à Longeville (Meuse).	Fers.
687	*Delaplace*, à Jeand'heurs (Meuse).	Papiers à écrire. Ⓞ 1827, à Saint-Léger-Didot; R. Ⓞ 1834, à Delaplace.
688	*D'Andelarre et de Lisa*, à Treveray (Meuse).	Fonte, fer, fil de fer.
689	*Serre*, à Saint-Mihiel (Meuse).	Crics et serrures. C. F. 1839.
690	*Joannès*, à Saulx-en-Barrois (Meuse).	Modèle de machine à battre le grain.
691	*Capitain et Ce*, à Abainville (Meuse).	Fers. Ⓑ 1827; R. Ⓑ 1834, Ⓞ 1839, au sieur Muel-Doublat.
692	*Valentin*, à Nîmes (Gard).	Bas de soie.
693	*Abric et Ce*, au Vigan (Gard).	Pierres lithographiques.
694	*Veyrun (V^e)*, à Nîmes (Gard).	Châles.
695	*Greffulhe (Alphonse)*, au Vigan (Gard).	Échantillons de blanchiment au chlore de chaux.
696	*Greffulhe (F. et E^{le}) et Ce*, au Vigan (Gard).	Bas et bonneterie.

N° d'ord.	NOMS ET DEMEURES DES EXPOSANTS.	NATURE DES OBJETS EXPOSÉS.
697	*Bertrand fils*, au Vigan (Gard).	Bas.
698	*Prade-Foule*, à Nîmes (Gard).	Châles. M H. 1834; Ⓐ 1839, sous la raison sociale Colondre et Prades.
699	*Mirabaud et C.ᵉ*, à Nîmes (Gard).	Châles. Ⓑ 1839.
700	*Lombard jeune*, à Nîmes (Gard).	Châles, écharpes, bas, gants.
701	*Gibelin et fils*, à Lasalle (Gard).	Soies gréges.
702	*Vᵉ Ruel et fils et Dumas*, à Quissac (Gard).	Bonneterie.
703	*Chambon*, à Alais (Gard).	Soies gréges et ouvrées. Ⓐ 1823; Ⓞ 1839.
704	*Élie Corbier*, à Anduze (Gard).	Marbre noir.
705	*Planchon*, à Saint-Hippolyte-le-Gard (Gard).	Colle forte.
706	*Lapierre père et fils*, à Valleraugue (Gard).	Soies gréges.
707	*D'Assas* (le comte), au Vigan (Gard).	Pierres lithographiques.
708	*Ruas et C.ᵉ*, à Saint-André-de-Valborgne (Gard).	Soies gréges jaunes.
709	*Teissier-Ducros*, à Valléraugue (Gard).	Soies gréges filées. Ⓐ en 1823; R. Ⓐ en 1827; Ⓞ en 1834; R. Ⓞ en 1839.
710	*Reidon*, à Saint-Jean-de-Valerisque (Gard).	Soies gréges, organsins.
711	*Mazaurin fils*, à Saint-Hippolyte (Gard).	Bas de soie.
712	*Balivet et Fabre*, à Nîmes (Gard).	Spécimens de typographie.
713	*Barre*, à Moussac (Gard).	Extraits de châtaignier, galles légères, campêche, Sainte-Marthe, Lima, Pernambouc.
714	*Saguier-Teulon*, à Nîmes (Gard).	Soieries destinées à la consommation de l'Algérie.
715	*Arnaud cadet*, à Nîmes (Gard).	Échantillons de laine blanche indigène.
716	*Donnadieu*, au Vigan et à Nîmes (Gard).	Pierres lithographiques.
717	*Aubanel-Delpon*, à Sommières (Gard).	Laines peignées. C. F. en 1830.
718	*Piques frères*, à Uzès (Gard).	Cartons pour apprêts des draps et châles.
719	*Bertrand et Guy*, au Vigan (Gard).	Pierres lithographiques.

N° d'ord.	NOMS ET DEMEURES DES EXPOSANTS.	NATURE DES OBJETS EXPOSÉS.
720	Annat aîné et Coulomb, au Vigan et à Sauve (Gard).	Bonneterie.
721	Joyeux fils aîné, à Nimes (Gard).	Bas, gants et mitons. M. H, en 1839.
722	Bouniols aîné, au Vigan (Gard).	Bas et bonnets.
723	Flory (V^e) et Audibert, au Vigan (Gard).	Bas et chaussettes.
724	D'Audemard, à Anduze (Gard), pour la maison Gaudin et Cie de Loriol (Drôme).	Soies grèges.
725	Feuillet, à Nimes (Gard).	Chapeaux de soie et mérinos.
726	Valla, à Nimes (Gard).	Charrue et granhumateur.
727	Cadenat et Journet, au Vigan (Gard).	Bas et chaussettes.
728	David Journet, au Vigan (Gard).	Calottes pour militaires et bas.
729	Maystre, au Vigan (Gard).	Bas de soie, mitons, bonnets, gants, mitaines.
730	Guérin (Samuel), à Nimes (Gard).	Lacets. ⑬ 1839, sous la raison Guérin et Pailler.
731	Bruguière et Boucoiran, à Nimes (Gard).	Soies à coudre. ⑬ 1834; Ⓐ 1839.
732	Bouet (Jacques), à Nimes (Gard).	Châles. ⑬ 1834 et R. ⑬ 1839, sous la raison sociale Jacques Bouet et Ribes fils.
733	Bousquet, à Nimes (Gard).	Châles. ⑬ 1827, R. ⑬ 1834 et 1839.
734	Ponge (Claude) et fils, à Nimes (Gard).	Châles.
735	Meynard cadet, à Nimes (Gard).	Mitaines, gants, divers articles de bonneterie. Ⓐ 1834; R. Ⓐ 1839.
736	Lafont et Abauzit, à Nimes (Gard).	Fantaisies cardées. M. H. 1834 et ⑬ 1839, à Fabrègue-Nourry et Nourry frères.
737	Gilly-Pagès, à Nimes (Gard).	Mitaines, gants, articles de bonneterie.
738	Troupel et Cie, à Nimes (Gard).	Fantaisies, bas, gants, bonnets, articles de bonneterie.
739	Reynaud, à Nimes (Gard).	Blanchiment des étoffes de fil et de coton.
740	Audemard et Brès fils, à Nimes (Gard).	Châles, tapis.
741	Flaissier frères, à Nimes (Gard).	Tapis divers. Ⓐ 1839.
742	Coulet (Frédéric), à Nimes (Gard).	Tapis divers, descentes de lit.

N° d'ord.	NOMS ET DEMEURES DES EXPOSANTS.	NATURE DES OBJETS EXPOSÉS.
743	*Lacaze*, à Nimes (Gard).	Charrue vigneronne. M. H. 1834.
744	*De Lapeyrouse de Tessan*, au Vigan (Gard).	Mémoire explicatif d'un procédé pour la filature de la soie.
745	*Chardon*, à Nimes (Gard).	Foulards, robes de soie, tissus de soie. M. H. 1834, à Daudet aîné et Cie.
746	*Carrière*, à Saint-André-de-Valborgne (Gard).	Soie grége. Ⓐ 1839, sous la raison Carrière et Reidon.
747	*Joyeux*, à Nimes (Gard).	Gants, tricots et articles de bonneterie. M. H. 1834; R. M. H. 1839.
748	*Coumert, Carreton et Chardonnaud*, à Nimes (Gard).	Châles brochés et imprimés, damas de soie, tapis brochés. Ⓑ 1834; Ⓐ 1839.
749	*Colondre et Gévaudan*, à Nimes (Gard).	Châles. M. H. 1834 et Ⓐ 1839, sous la raison Colondre et Prades.
750	*Besson et Ce*, à Nimes (Gard).	Châles.
751	*Gaidan frères*, à Nimes (Gard).	Foulards et cravates de soie. M. H. 1834. Ⓐ 1839.
752	*Arnaud-Gaidan* (V^e), à Nimes (Gard).	Baratins, tissus de soie.
753	*Malhian aîné*, à Nimes (Gard).	Châles.
754	*Jourdan Claude et fils*, à Nimes (Gard).	Articles de soie pour l'Algérie. Ⓐ 1839, à Jourdan fils et comp.
755	*Laval et Saurel*, à Nimes (Gard).	Étoffes pour tapis et pour meubles.
756	*Gamalier fils et Ce*, à Nimes (Gard).	Gants, mitaines, articles de bonneterie. C. F. 1839.
757	*Redarès frères*, à Nimes (Gard).	Tapis. Ⓑ 1839.
758	*Constant et fils*, à Nimes (Gard).	Châles indous, écharpes. Ⓑ 1839.
759	*Devèze fils et Ce*, à Nimes (Gard).	Châles divers. Ⓑ 1834.
760	*Quiblier*, à Nimes (Gard).	Châles divers.
704	*Reynaud père et fils*, à Nimes (Gard).	Châles divers.
762	*Bertrand et Pradal*, à Nimes (Gard).	Châles divers.
763	*Michel*, à Saint-Hippolyte (Gard).	Moulin à filer la soie.
764	*Daudet-Queirety*, à Nimes (Gard).	Foulards divers.
765	*Chabaud* (Auguste), à Nimes (Gard).	Foulards et cravates. Ⓐ 1839, sous la raison Daudet jeune et Chabaud.

N° d'ord.	NOMS ET DEMEURES DES EXPOSANTS.	NATURE DES OBJETS EXPOSÉS.
766	Daudet jeune et Ardouin Daudet, à Nîmes (Gard).	Foulards et cravates. M. H. 1834, à Daudet jeune; Ⓐ 1839, sous la raison Daudet jeune et Chabaud.
767	Puget, à Nîmes (Gard).	Foulards, étoffes de soie Ⓑ 1823, à Puget et Bousquet; R. Ⓑ 1827 et 1834; Ⓐ 1839, à Puget seul.
768	Fabre et Bigot, Nîmes (Gard).	Châles divers.
769	Griolet père et fils, à Sommières (Gard).	Laines filées, couvertures et limousines.
770	Lecun et Cᵉ, à Nîmes (Gard).	Tapis, échantillons de teinture. Ⓑ 1839.
771	Rouvière frères, à Nîmes (Gard).	Soies à coudre, cordonnets. Ⓑ 1839.
772	Blachier et Masseran, à Nîmes (Gard).	Cravates et mouchoirs, articles destinés à l'Algérie.
773	Curnier et Cᵉ, à Nîmes (Gard).	Châles divers. Ⓞ 1834; R. Ⓞ 1839.
774	Serres, à Nîmes (Gard).	Châles divers.
775	Dhombres et Cᵉ, à Nîmes (Gard).	Foulards et châles. Ⓐ 1834; R. Ⓐ 1839.
776	Petitjean frères, à Nîmes (Gard).	Gants, mitaines, articles de bonneterie.
777	Rouvière, Cabane et Cᵉ, à Nîmes (Gard).	Bonneterie. Ⓞ 1834, pour châles; M. H. 1839.
778	Gavanon fils, à Nîmes (Gard).	Châles divers.
779	Soubeyrand, à St-Jean-du-Gard (Gard).	Soies grèges.
780	Levat frères, à Nîmes (Gard).	Châles divers.
781	Cambon cadet, à Sumène (Gard).	Tricots, articles de bonneterie. M. H. 1839.
782	Bertin, à Nantes (Loire-Inférieure).	Fils et tissus de coton, blancs et teints.
783	Bonraisin (J.), Tillaud et Cⁱᵉ, à Nantes (Loire-Inférieure).	Flanelle et coutils. M. H. 1839.
784	Bureau jeune, à Nantes (Loire-Inférieure).	Cotons filés et tissus.
785	Chapron, à Nantes (Loire-Inférieure)	Étoffes de coton.

N° d'ord.	NOMS ET DEMEURES DES EXPOSANTS.	NATURE DES OBJETS EXPOSÉS.
786	Chérot (A.) aîné et Ce, à Nantes (Loire-Inférieure).	Toiles de chanvre et de lin. M. H. 1839.
787	Testé, à Nantes (Loire-Inférieure).	Expositeur mobile et impression pour la musique.
788	Thébaud frères, à Nantes (Loire-Inférieure).	Farines étuvées et biscuits de mer.
789	Coignard (J.-F.) et Ce, à Nantes (Loire-Inférieure).	Brosses, balais, pinceaux.
790	Bertrand et Feydeau, à Nantes (Loire-Inférieure).	Vases de verre et de grès pour conserves. (A) 1839.
791	Cornillier aîné, à Nantes (Loire-Inférieure).	Salaisons pour la marine.
792	Peyre et Rocher, à Nantes (Loire-Inférieure).	Cuisine distillatoire pour rendre sans frais l'eau de mer potable.
793	Charpentier père et fils, à Nantes (Loire-Inférieure).	Impressions lithographiques, gravures, estampilles, etc.
794	Lánier, à Nantes (Loire-Inférieure).	Instruments hydrométriques.
795	Callaud, à Nantes (Loire-Inférieure).	Moulins à graines grasses et oléagineuses.
796	Mesnil, à Nantes (Loire-Inférieure).	Moulin à cannes, pont mobile, arrosoir.
797	Naud, Bourgeois et Yzard, à Nantes (Loire-Inférieure).	Machine à battre les grains.
798	Voruz, à Nantes (Loire-Inférieure).	Cylindres, robinets, clous et autres objets en cuivre et en fonte.
799	Cartier fils et Ce, à Nantes (Loire-Inférieure).	Acides sulfurique, muriatique et nitrique, sulfate de soude, carbonate de soude, chlorure de chaux.
800	Guichard, à Chantenay, près Nantes (Loire-Inférieure).	Céruse. (B) 1839.
801	Thibault frères, à Nantes (Loire-Inférieure).	Bougies, chandelles, suif.
802	Delaunay et Leroy, à Nantes (Loire-Inférieure).	Bougies, huile de palme, huile de cocos.
803	Douaud, à Nantes (Loire-Inférieure).	Peaux de veaux chamoisées, peaux de moutons.
804	Merlant jeune, à Nantes (Loire-Inférieure).	Cuirs et peaux. M. H. 1839.

N° d'ord.	NOMS ET DEMEURES DES EXPOSANTS.	NATURE DES OBJETS EXPOSÉS.
805	*Merlant jeune et Tagot*, à Nantes (Loire-Inférieure).	Cuirs vernis.
806	*Prin et Cᵉ*, à Nantes (Loire-Inférieure).	Cuirs et peaux, Ⓑ 1839.
807	*Suser*, à Nantes (Loire-Inférieure).	Cuirs et peaux, M. H., pour chaussures.
808	*Suser*, à Nantes (Loire-Inférieure).	Bottes, souliers, brodequins, chaussures de toute espèce, M. H. 1839.
809	*Carl-Hirt*, à Nantes (Loire-Inférieure).	Horloge astronomique.
810	*Lotz fils aîné*, à Nantes (Loire-Inférieure).	Machine à vapeur de la force de 2 chevaux, instruments pour la pêche à la baleine, chaîne-câble.
811	*Baboneau*, à Nantes (Loire-Inférieure).	Appareil de la force de 70 chevaux pour bateau à hélice, machine à percer les métaux. Ⓐ 1834 et 1839.
812	*Saulcy (de)*, à Saint-Veran (Isère).	Appareil de cadran solaire régulateur pour le temps moyen.
813	*Marrier de Bois-d'Hyver*, à Fontainebleau (Seine-et-Marne).	Feuillé de parquet d'appartement en pin maritime, secrétaire, table de nuit, table à ouvrage, guéridon, table à jeu et une bibliothèque étagère.
814	*Ratier*, à Fay, près Nemours (Seine-et-Marne).	Soie blanche et jaune. C. F. 1839.
815	*Benoît et Fournier père et fils*, à May (Seine-et-Marne).	Soies blanche et jaune.
816	*Japuis frères*, à Claye (Seine-et-Marne).	Tissus de coton et de laine imprimés. Ⓞ 1834, R. Ⓞ 1839.
817	*Chenvière aîné*, à Melun (Seine-et-Marne).	Pièces de calicot.
818	*Morize*, à Melun (Seine-et-Marne).	Cadenas, serrures; cuivreries de bâtiment. M. H. 1839.
819	*Briest*, à Fussy (Seine-et-Marne).	Serrure.
820	*Bournet*, à Fontainebleau (Seine-et-Marne).	Serrures, bec de canne. M. H. 1839.
821	*Bealay et Favereau*, à Melun (Seine-et-Marne).	16 bouteilles d'encaustique.
822	*Salleron et Wagner*, à Melun (Seine-et-Marne).	Compteur photographe; deux compteurs, forme de montre.

N° d'ord.	NOMS ET DEMEURES DES EXPOSANTS.	NATURE DES OBJETS EXPOSÉS.
823	*Coudron*, à La-Ferté-Gaucher (Seine-et-Marne).	Boutons de chemise.
824	*Monnier*, à Nemours (Seine-et-Marne).	Chapeaux militaires et bourgeois.
825	*Lebreton*, à Meaux (Seine-et-Marne).	Bottes et souliers.
826	*Desplanques jeune*, à Lisy-sur-Ourcq (Seine-et-Marne).	Laveuses à laine.
827	*Calland et Pasquier*, à La-Ferté-sous-Jouarre (Seine-et-Marne).	Charrue, herse et poulie propre à remonter les bateaux dans les courants rapides.
828	*David-Lyon aîné*, à Meaux (Seine-et-Marne).	Machine à nettoyer les graines; un décortiqueur.
829	*Verrine-Berryer*, à Provins (Seine-et-Marne).	Laveur mécanique.
830	*Gabry*, aux Fourneaux (Seine-et-Marne).	Soupières, casseroles, etc., en faïence.
831	*Guérin et Cie*, à Montluçon (Allier).	Porte-montre, ornements, médaille, vase en tôle; rognures de tôle, fer.
832	*Peyroulx*, à Moulins, (Allier).	Vase de porcelaine peint en bleu, trois flacons du bleu de cobalt.
833	*Belon*, à Moulins (Allier).	Echantillon de soie.
834	*Milliet-Choquet*, à Moulins (Allier).	Câble.
835	*Sorrel, Berthelet et Cie*, à Moulins (Allier).	Bandes de vache lissées, veaux cirés et paires de tiges de bottes en veau.
836	*Maupertuis et Busch*, à Commentry (Allier).	Couperet, couteaux et morceaux de fonte de fer brisée.
837	*Desrosiers*, à Moulins (Allier).	Volume in-folio et feuilles d'impression diverses. M. A. 1834, R. Ⓐ 1839.
838	*Compagnie pour la filature du chanvre*, à Alençon (Orne).	Chanvre, étoupes, brins blancs.
839	*Bancé*, à Mortagne (Orne).	Toile.
840	*Bisson fils*, à la Ferté-Macé (Orne).	Satin cuir, croisé, uni.
841	*Clérambault*, à Alençon (Orne).	Mousseline laine, batiste, laine écrue, cachemire Ecosse, Ⓞ 1827, R. Ⓞ 1839. Rabat en bride d'Argentan, point, réseau Ⓐ 1828.
842	*Lecoq-Guibé*, à Alençon (Orne).	Mousseline de coton, mouchoirs de fil. Ⓞ 1834, sous la raison

N° d'ord	NOMS ET DEMEURES DES EXPOSANTS	NATURE DES OBJETS EXPOSÉS.
		Clérambault et Lecoq-Guibé, R. ⓞ 1839.
843	D'Ocagne, à Alençon (Orne).	Réseau de bride, point d'Alençon.
844	Mercier, à Alençon (Orne).	Brides, réseau, point d'Alençon.
845	Dudouet, à Alençon (Orne).	Barbe, réseau, point d'Alençon.
846	Malle, à Alençon (Orne).	Serrure.
847	Vantillard, à Laigle (Orne).	Aiguilles diverses, Ⓐ 1839.
848	Legoux, à Laigle (Orne).	Acier.
849	Lebas, à Laigle (Orne).	Anneaux, dés à coudre, bagues, œillets pour la marine.
850	Boisset, à Saint-Sulpice-sur-Rille, près Laigle (Orne).	Fil de laiton.
851	Gaubert-Boucher, à Laigle (Orne).	Vases d'airain.
852	Camus-Laflèche, à Laigle (Orne).	Cuir tanné.
853	Bohin père et fils, à Laigle (Orne).	Copeaux, boîtes, etc. Cit. F. 1839.
854	Tavernier, à Argentan (Orne).	Cuir de Hongrie.
855	Yumury (le comte de), à Dieuze (Meurthe).	Sel raffiné, sulfate de soude, sel et cristal de soude, chlorure de chaux, sel d'étain.
856	Reiss, à Guénestroff (Meurthe).	Gélatine.
857	Klinglin (le baron de), à Wallérysthal (Meurthe).	Verre ordinaire, cristaux blancs et coloriés. ⓞ 1839.
858	Leseure, à Nancy (Meurthe).	Col, descente de lit en broderies.
859	Serre, à Pont-à-Mousson (Meurthe).	Vis et objets de serrurerie.
860	Miller-Thiry, à Nancy (Meurthe).	Pavés incrustés de marbre et de bitume. M. H. 1839.
861	Compagnies des cristalleries de Baccarat (Meurthe).	Cristaux unis et taillés, cristaux ouvragés, cristaux moulés, cristaux coloriés, cristaux doublés. ⓞ 1823 ; R. ⓞ 1827, 1834, 1839.
862	Batelot (Mᵐᵉ ᵛᵉ), à Blamont (Meurthe).	Objets de taillanderie et de grosse quincaillerie. M. H. 1839.
863	Hanset-Jandel, à Tomblaine (Meurthe).	Cols brodés, chemisette brodée.
864	Lefébure et Cⁱᵉ, à Tomblaine (Meurthe).	Fécule blutée, fécule granulée.
865	Goudchaux-Picard fils, à Nancy (Meurthe).	Draps, tartan. Ⓑ 1834 et 1839, à Gaudchaux frères.

N° d'ord.	NOMS ET DEMEURES DES EXPOSANTS.	NATURE DES OBJETS EXPOSÉS.
866	*Simonin*, à Nancy (Meurthe).	Sulfate de magnésie, magnésie blanche. C. F. 1839.
867	*Constantin aîné*, à Nancy (Meurthe).	Épreuves de caractères d'imprimerie. C. F. 1823 et 1834.
868	*Baraban frères*, à Nancy (Meurthe).	Cloche.
869	*Horrer* (Mme), à Nancy (Meurthe).	Mouchoirs et cols brodés.
870	*Letourneur - Dubreuil fils*, à Nancy (Meurthe).	Tapis de salon et descentes de lit en broderies.
871	*Lœuillet* (Mlle), à Nancy (Meurthe).	Dentelles, manchettes en dentelle, imitation.
872	*Wehrlin*, à Nancy (Meurthe).	Cardes.
873	*Wehrlin*, à Nancy (Meurthe).	Fécule blutée, fécule granulée.
874	*Trénel et Cayon-Liébaut*, à Saint-Nicolas (Meurthe).	Imprimerie et librairie.
875	*Compagnie des manufactures de glaces et de verres de Saint-Quirin, Cirey et Monthermé* (Meurthe).	Glaces. Ⓐ 1819; R. Ⓐ 1823 et 1827; Ⓞ 1834.
876	*Turck*, à Sainte-Geneviève (Meurthe).	Planteur et arracheur de pommes de terre.
877	*Larivière aîné*, à Nancy (Meurthe).	Sécateurs, objets de coutellerie.
878	*Accary* (V^e) *et fils*, à Montluel (Ain).	Couvertures, tapis. M. H. 1839.
879	*Bouillier* (F.) *et Cie*, à Condamine-la-Doye (Ain).	Couvertures en laine. Ⓑ 1839.
880	*Sourd frères*, à Tenay (Ain).	Échantillons de filés laine et thibet. Ⓐ 1839.
881	*Dobler et fils*, à Tenay (Ain).	Échantillons de filés laine et thibet. Ⓐ 1827; R. Ⓐ 1834; R. Ⓐ 1839.
882	*Franc père et fils et Martelin*, à Saint-Rambert (Ain).	Échantillons de filés laine et thibet.
883	*Collot-Bruno*, à Saint-Rambert (Ain).	Linge de table. M. H. 1834; R. M. H. 1839.
884	*Dombre* (L.) *et Ce*, à Saint-Rambert (Ain).	Faulx en acier fondu.
885	*Bozonnet*, à Bourg (Ain).	Casseroles, pots, tiroirs à poêle, gril à pain.
886	*Brunhes*, à Aurillac (Cantal).	Sabots.
887	*Lausser jeune*, à Aurillac (Cantal).	Sabots.

N° d'ord.	NOMS ET DEMEURES DES EXPOSANTS.	NATURE DES OBJETS EXPOSÉS.
888	*Lausser (François)*, à Aurillac (Cantal).	Sabots.
889	*Roudin*, à Saint-Hilaire-du-Harcourt (Manche).	Tasses, tabatières, jetons, boutons et autres objets en nacre.
890	*Bénard frères*, à Tours (Indre-et-Loire).	Billards.
891	*Planque et C*, à Saint-Jean-de-Luz (Basses-Pyrénées).	Rubans de laine peignée.
892	*Fouard et Blancq*, à Nay (Basses-Pyrénées).	Draps de diverses couleurs, tricots, bérets.
893	*Prat aîné*, à Oloron (Basses-Pyrénées).	Jupons de flanelle, tricots, écharpes, ceintures.
894	*Fort et C*, à Saint-Jean-Pied-de-Port (Basses-Pyrénées).	Couvertures.
895	*Sarvy et Moléon*, à Saint-Esprit, près Bayonne (Basses-Pyrénées).	Lin, étoupe.
896	*Bégué*, à Pau (Basses-Pyrénées).	Toiles, linge de table. M.H. 1834; Ⓐ 1839.
897	*Lussagnet et C*, à Nay (B^{ses}-Pyrénées).	Cotons filés.
898	*Lombré et fils aîné*, à Nay (Basses-Pyrénées).	Toile de fil, satin rayé, croisé rayé, calicot.
899	*Roussille frères*, à Jurançon (Basses-Pyrénées).	Bougies stéariques.
900	*Sirodot, Mouchet et C*, à Oloron (Basses-Pyrénées).	Fil de fer, pointes, chaines.
901	*Cuyaubère*, à Igon (Basses-Pyrénées).	Objets en buis, boutons, chapelets.
902	*Fouard*, à Nay (Basses-Pyrénées).	Un modèle de chemin de fer.
903	*Migné*, à Châteauroux (Indre).	Impressions lithographiques.
904	*Berthault fils*, à Issoudun (Indre).	Parchemin.
905	*Joubert-Bonnaire et C*, à Angers (Maine-et-Loire).	Toiles. M. H. 1806 et 1819; Ⓐ 1823; R. Ⓐ 1827 et 1839.
906	*Trudelle frères et Leclerc frères*, à Angers (Maine-et-Loire).	Toiles.
907	*Boulard*, à Cholet (Maine-et-Loire).	Toiles, batistes, mouchoirs.
908	*Pellerin*, à Andrezé (Maine-et-Loire).	Toiles et mouchoirs.
909	*Delalande*, à Angers (Maine-et-Loire).	Escaliers suspendus.
910	*Lenoir, neveu*, à Chaudron (Maine-et-Loire).	Pelles en fer.

N° d'ord.	NOMS ET DEMEURES DES EXPOSANTS.	NATURE DES OBJETS EXPOSÉS.
911	*Pineau et Cie*., à Saumur (Maine-et-Loire).	Bouteilles de vin champanisé.
912	*Lesourd-Delisle*, à Angers (Maine-et-Loire).	Bouteilles de vin champanisé.
913	*Oriolle fils*, à Angers (Maine-et-Loire).	Laines peignées et cardées, tricots, flanelles.
914	*Lainé-Laroche*, à Angers (Maine-et-Loire).	Fils de chanvre et de lin, toiles.
915	*André-Lavoy*, à Saumur (Maine-et-Loire).	Pompe à incendie.
916	*Thénard*, à Abzac (Gironde).	Dessins d'un nouveau barrage mobile.
917	*André* (Jean), *et le major Bronski*, au château de Saint-Selve (Gironde).	Flottes de soie.
918	*André* (Jean), au château de Saint-Selve (Gironde).	Charrues à avant-train. Ⓐ 1839.
919	*Hugues*, à Bordeaux (Gironde).	Semoirs. Ⓐ 1834; R. Ⓐ 1839.
920	*Bresson*, au Bouscat et Bruges (Gironde).	Soies.
921	*Suwerinck*, à Bordeaux (Gironde).	Carte historique.
922	*Maillier*, à Bordeaux (Gironde).	Acribomètre pour la coupe des habits.
923	*Combes*, à Bordeaux (Gironde).	Essieux.
924	*Mothes frères et Cie*., à Bordeaux (Gironde).	Instruments d'agriculture. Ⓐ 1834; M. H. et R. Ⓐ 1839.
925	*Boucherie*, à Bordeaux (Gironde).	Conservation du bois.
926	*Bouisson*, à Bordeaux (Gironde).	Marbres factices.
927	*Laplace et Cie*., à Bordeaux (Gironde).	Tableau de typographie et caractères d'imprimerie.
928	*Bertin* (E.) *et Cie*., à Bordeaux (Gironde).	Sucre raffiné et instruments de raffinage.
929	*Brosse*, à Bordeaux (Gironde).	Pendules.
930	*Audoynaud*, à Bordeaux (Gironde).	Peintures sur verre.
931	*Johnston* (David) *et Cie*., à Bordeaux (Gironde).	Poteries fines, grès, mi-porcelaine et porcelaine tendre. Ⓐ 1839.
932	*Laroque frères et Jacquemet*, à Bordeaux (Gironde).	Laine peignée, cardée; tapis et couvertures.
933	*Laborde, Deseymeris et Lafond*, à Moirac (Gironde).	Laines peignées.

No d'ord.	NOMS ET DEMEURES DES EXPOSANTS.	NATURE DES OBJETS EXPOSÉS.
934	*Camus et Tindel*, à Gujan (Gironde).	Goudron incombustible et peinture goudron.
935	*Tranchart-Froment*, à la Neuville-lès-Wasigny (Ardennes).	Laine peignée.
936	*Estivant-Donau*, à Givet (Ardennes).	Colle-forte. (A) 1827 ; R. (A) 1839.
937	*Donnay-Baïcry*, à Fond-de-Givonne (Ardennes).	Fléaux de balances.
938	*Debry*, à Monthermé (Ardennes).	Ardoises, mosaïque. Cit. F. 1834.
939	*Parpaite aîné*, à Carignan (Ardennes).	Laine blanche filée.
940	*Hilaire*, à Sédan (Ardennes).	Pistolets, armes à feu.
941	*Pechenard-Nauquette*, à Pied-Celle (Ardennes).	Plats, assiettes, écumoires, bouilloires en fer battu.
942	*Estivant, fils aîné*, à Givet (Ardennes).	Colle-forte, colle blonde, colle blanche. (B) 1806 ; (A) 1819 ; R. (A) 1824, 1827, 1834, 1839.
943	*Estivant et Bidou fils*, à Givet (Ardennes).	Cuirs tanné.
944	*Thiry, fils*, à Givet (Ardennes).	Cuir tanné.
945	*Pierrot-Grisard*, à Nouzon (Ardennes).	Objets de ferronnerie, garnitures de feu.
946	*Gilbert et Cie*, (Ardennes).	Crayons, cire à cacheter.
947	*Robert-Thomas*, à Givonne (Ardennes).	Poêles, écoupes, bassines en fer platiné, noir, lustré. M. H. 1839.
948	*Vitasse*, à Montcy-Saint-Pierre (Ardennes).	Boulons de toute espèce.
949	*Estivant frères*, à Givet (Ardennes).	Planches de laiton et de tombac. M. H. 1839.
950	*Richard-Dorival*, à Sédan (Ardennes).	Enclumes, étaux, bigornes.
951	*Morel frères*, à Charleville (Ardennes).	Fonte moulée, fer en barres, fer battu.
952	*Ardoisières de Rimogne (société anonyme des).* (Ardennes).	Ardoises communes, flamandes. (B) 1839.
953	*Bacot (Paul) et fils*, à Sédan (Ardennes).	Draps, casimirs, satins, cuir-laine. (O) 1819, R. (O) 1823, 1827, 1834.
954	*Bacot (Frédéric) et fils*, à Sédan (Ardennes).	Draps, casimirs satins, (O) 1819, R. (O) 1823, 1827, 1834.
955	*Bertèche-Bonjean et Chesnon*, à Sédan (Ardennes).	Draps, satins casimirs. (A) 1827, (O) 1834, sous la raison Bertèche, Lambquin et fils.

N° d'ord.	NOMS ET DEMEURES DES EXPOSANTS.	NATURE DES OBJETS EXPOSÉS.
956	*Blanpain, frères*, à Sédan (Ardennes).	Draps, casimirs, satins.
957	*Cunin-Gridaine et fils*, à Sédan (Ardennes).	Draps, casimirs, satins, ◎ 1823, 1827, 1834 et 1839. Cette maison a été mise hors de concours aux deux dernières expositions, son chef étant membre du jury ou ministre de l'agriculture et du commerce.
958	*Lagny-Pastor*, à Sédan (Ardennes).	Draps.
959	*Leroy-Picard*, à Sédan (Ardennes).	Draps, satins, casimirs. Ⓑ 1834, Ⓐ 1839.
960	*De Montagnac*, à Sédan (Ardennes).	Draperie.
961	*Marius-Paret*, à Sédan (Ardennes).	Draps, casimir, cuir-laine. Ⓐ 1839.
962	*Renard* (Adolphe), à Sédan (Ardennes).	Draps, casimir, satin.
963	*Rousselet* (Antoine), à Sédan (Ardennes).	Draps et nouveautés. Ⓑ 1834, Ⓐ 1839.
964	*Bellomet-Varin*, à Rémilly (Ardennes).	Broches et étuis.
965	*Camion-Pierron*, à Vrignes-aux-Bois (Ardennes).	Fiches et charnières.
966	*Meurant frères*, à Charleville (Ardennes).	Crics, étaux et objets de serrurerie.
967	*Leriche-Meurant*, à Charleville (Ardennes).	Soufflets pour forge.
968	*Bruneau*, à Réthel (Ardennes).	Défeutreur, réunisseur, bobinoir, métier Mull-Jenny.
969	*Boigues et Cᵉ*, à Garchizy-Fourchambault (Nièvre).	Bancs de fer, boulets en fonte, ◎ 1827, R. ◎ 1834 et 1839.
970	*Métairie*, à Pont-Saint-Ours (Nièvre).	Feuilles de tôle. C. F. 1823, M. H. 1827.
971	*Martin* (Émile) *et Cᵉ*, à Garchizy-Fourchambault (Nièvre).	Essieux, grue, serrures diverses. ◎ 1834 et 1839.
972	*De Raffin et Cᵉ*, à la Pique (Nièvre).	Chaînes, roues, enclume, charrue. Ⓐ 1834, M. H. 1839.
973	*Grasset*, à Saint-Aubin (Nièvre).	Barres d'acier. M. H. 1806, au sieur Grasset père, Ⓐ 1819, Ⓑ 1834.
974	*Lasné du Colombier*, à Narcy (Nièvre).	Barres d'acier, socs de charrues.
975	*Paignon* (Charles), à Bizy (Nièvre).	Barres d'acier, fer et fonte. Ⓐ 1834, R. Ⓐ 1839.

N° d'ord.	NOMS ET DEMEURES DES EXPOSANTS.	NATURE DES OBJETS EXPOSÉS.
976	Lemoine, à Corbelin (Nièvre).	Aciers et fonte. Ⓑ 1834 ; R. Ⓑ 1839, au sieur Courot-Bigé, piédécesseur.
977	Dequenne fils, à Sainte-Hélène (Nièvre).	Aciers et limes. Ⓞ 1819, R. Ⓞ 1823, 1834 et 1839.
978	Soyer, à Nevers (Nièvre).	Limes, râpe circulaire. Ⓑ 1839.
979	Gourjon fils, à Nevers (Nièvre).	Limes. M. H. 1827, Ⓑ 1834, au sieur Gouyou Delaplanche. R. Ⓑ 1839.
980	Fusellier, à Nevers (Nièvre).	Ancre, fer en barres, enclume.
981	Thomas (Louis), à Nevers (Nièvre).	Étaux.
982	Camuzat, à Tannay (Nièvre).	Pompe d'épuisement.
983	Denizot, à Nevers (Nièvre).	Pompe aspirante et foulante, machine à extraire la graine de trèfle.
984	Garilland, à Nevers (Nièvre).	Appareil propre a faciliter l'exploration des terrains qui renferment des mines, carrières, etc.
985	Taverna, à Nevers (Nièvre).	Cheminée calorifère.
986	Thier, à Saint-Saulge (Nièvre).	Montre à secondes, têterelles, étau.
987	Ducrot, à Garchizy-Fourchambault (Nièvre).	Charrues, Ⓑ 1839.
988	Thomas-Marait, à La Charité (Nièvre).	Charrue.
989	Savaresse (Martin), à Nevers (Nièvre).	Chanterelles pour instruments de musique. Ⓑ 1827, R. Ⓑ 1834 et 1839.
990	Bouchard, à Nevers (Nièvre).	Cordages, M. H. 1839.
991	Roche, à Nevers (Nièvre).	Vitrerie pour châssis et pour serres.
992	Cavy jeune et Cᵉ, à Nevers (Nièvre).	Paletots et redingotes en fourrures.
993	Gounot, à Cosne (Nièvre).	Sabots.
994	Lepron, à Nevers (Nièvre).	Collier de cheval avec tous ses accessoires.
995	Pittié jeune, à Nevers (Nièvre).	Soupière, pots, assiettes, objets divers en faïence et en terre brune.

N° d'ord.	NOMS ET DEMEURES DES EXPOSANTS.	NATURE DES OBJETS EXPOSÉS.
996	*Senly père*, à Nevers (Nièvre).	Vases, assiettes, objets divers en faïence.
997	*Neppel fils et Bonnot*, à Nevers (Nièvre).	Services de table, pièces d'orne- ments en porcelaine, briques et creusets réfractaires. M. H. 1806 au sieur Neppel père.
998	*Blondel*, à Paris, rue de l'Échiquier n° 41.	Piano à queue, piano carré, pia- nos droits.
999	*Doměny*, Paris, 107, Faubourg-Saint-Denis.	Harpes et pianos. Ⓐ 1827, R. Ⓐ 1834 et 1839.
1000	*Richetti*, à Paris, rue de Choiseul, 2 ter.	Pianos de différents modèles.
1001	*Moullé*, à Paris, rue Dauphine, 20.	Pianos divers.
1002	*Schoen*, à Paris, rue Basse-du-Rempart, 46.	Pianos à queue, droits et carrés. Ⓑ 1839.
1003	*Dubus*, à Paris, rue Basse-du-Rempart, 34.	Orgues expressives.
1004	*Debain*, à Paris, rue Vivienne, 53, et rue de Bondy, 76 et 78.	Orgues harmonium.
1005	*Alexandre père et fils*. Paris. Boule- vard-Bonne-Nouvelle, 40.	Orgues melodium.
1006	*Cavaillé-Coll père et fils*. Paris, r. Pi- gale, 22.	Orgues. Ⓑ 1839.
1007	*Müller*. Paris, r. de la Ville-l'Évêque, 42.	Orgues expressives, orgues de voyage. Ⓑ 1834. R. Ⓑ 1839.
1008	*Darche*. Paris, r. des Fossés-Montmar- tre, 7.	Orgues, trompette marine, grosse caisse, timbales chromatiques, tam-tam.
1009	*Fourneaux*. Paris. Galerie Vivienne, 64 et 70.	Orgues et flûte mécanique.
1010	*Bernhardt*. Paris, r. Saint-Maur, 17.	Pianos. Ⓑ en 1827. R. Ⓑ 1834. Ⓑ 1839.
1011	*Hesselbein*. Paris, r. J.-J.-Rousseau, 8.	Pianos divers.
1012	*Schmidt*. Paris, r. Bourbon-Villeneuve, 20.	Pianos divers.
1013	*Richter*. Paris, r. de l'Échiquier, 29 bis.	Pianos. M. H. 1827.
1014	*Issaurat, Leroux et Cⁱᵉ*. Paris, r. Basse- du-Rempart, 18.	Pianos et orgues.
1015	*Bord*. Paris, r. du Sentier, 11.	Pianos à queue.

N° d'ord.	NOMS ET DEMEURES DES EXPOSANTS.	NATURE DES OBJETS EXPOSÉS.
1016	*Rinaldi.* Paris, boulevard St.-Denis, 13.	Pianos à queue et droits.
1017	*Pape.* Paris, r. des Bons-Enfants, 19.	Pianos à queue, carrés, ovale vertical, piano sans cordes. Ⓐ 1823, Ⓐ R. 1827. Ⓞ 1834. R. Ⓞ 1839.
1018	*Vandeventer.* Paris, faubourg Saint-Denis, 88.	Pianos à queue, oblique et droit dit pianino.
1019	*Monniot.* Paris, r. Richelieu, 64.	Pianos.
1020	*Magnié* (Isidore). Paris, faubourg Poissonnière, 15.	Pianos droits.
1021	*Guion.* Paris, quai aux Fleurs, 11.	Pianos verticaux.
1022	*Frank.* Paris, galerie Colbert, 23 et 25.	Pianos.
1023	*Gibaut.* Paris, r. de la Chaussée-d'Antin, 58 *bis.*	Pianos. M. H. 1839.
1024	*Voyer.* Paris, r. de la Pépinière, 16.	Pianos droits.
1025	*Bell père et fils.* Paris, r. St.-Denis, 356.	Pianos.
1026	*Koska.* Paris, r. du Foin-Saint-Louis, 6.	Pianos. M. H. 1834, Ⓑ 1839.
1027	*Weber.* Paris, r. Pastourelle, 5.	Pianos.
1028	*Rosellen.* Paris, r. St.-Nicaise, 1.	Pianos droits. M. H. 1839.
1029	*Dussaux.* Paris, r. Bourbon-Villeneuve, 31.	Pianos droits et carrés.
1030	*Bittner.* Paris, r. de la Cérisaie, 3.	Pianos.
1031	*Barthélemy.* Paris, r. de Paradis-Poissonnière, 29.	Pianos droits.
1032	*Mercier.* Paris, boulevard Bonne-Nouvelle, 31.	Pianos droits à cordes obliques. Ⓑ 1839.
1033	*Martin.* Paris, place de la Bourse, 13.	Pianos, chyrogymnaste.
1034	*Knéringer.* Paris, r. du Faubourg-Montmartre, 17.	Pianinos.
1035	*Jacqmin père et fils.* Paris, r. de Paradis-Poissonnière, 14.	Pianos.
1036	*Busson.* Paris, r. Montmartre, 84.	Pianos carrés et droits. Ⓑ en 1839.
1037	*Bautz.* Paris, r. Laffitte, 36.	Pianos droits.
1038	*Mayer-Marix.* Paris, faubourg Montmartre, 4.	Orgues séraphiques.
1039	*Faure,* à Saillans (Drôme).	Soies grèges et ouvrées. Ⓐ 1839.
1040	*Bonfils,* au Pègue (Drôme).	Soies ouvrées.

N° d'ord.	NOMS ET DEMEURES DES EXPOSANTS.	NATURE DES OBJETS EXPOSÉS.
1041	*Guigon*, à Nyons (Drôme).	Soies ouvrées.
1042	*Delacour et fils*, à Tain (Drôme).	Soies grèges. ⑬ 1823. R. ⑬ 1834.
1043	*Revol père et fils*, à Saint-Uze et Ponsar (Drôme).	Porcelaine dite brune, à feu ou de ménage. C. F. 1823. M. H. 1827.
1044	*Féraud père et fils*, à Nyons (Drôme).	Purgeoirs et tavelles pour la filature de la soie.
1045	*Latune et Cⁱᵉ*, à Mirabel et Blacons (Drôme).	Papiers de toute sorte. ⑬ 1823. Ⓐ 1834 R. Ⓐ 1839.
1046	*Blain*, à Chabeuil (Drôme).	Papier percé pour le délitement des vers à soie.
1047	*Planel aîné*, à Saillans (Drôme).	Soieries. M. H. 1839.
1048	*Alvier et Brouhaut*, à Saon (Drôme).	Assiettes, tasses et gobelets en porcelaine fine.
1049	*Paul aîné*, à Bourg-les-Valence (Drôme).	Mouchoirs peints.
1050	*Chaumouillé et Céas*, à Bourg-les-Valence (Drôme).	Mouchoirs peints.
1051	*Gérin fils et Rosset*, à Chabeuil (Drôme).	Soies grèges et ouvrées. M. H. 1839.
1052	*Morin et Cⁱᵉ*, à Dieulefit (Drôme).	Draps et laines peignées. ⑬ 1823. Ⓐ 1839.
1053	*Légat*, à Montélimart (Drôme).	Soies grèges.
1054	*Dyonnet*, à Crest (Drôme).	Cardes.
1055	*Noyer frères*, à Dieulefit (Drôme).	Soies grèges et ouvrées. ⑬ 1834. R. ⑬ 1839.
1056	*Vignal aîné*, à Dieulefit (Drôme).	Soupières, cafetières, pots et plats en poterie commune.
1057	*Gaigneau frères*, à Essonne (Seine-et-Oise).	Laines peignées, filées et teintes. Bourre de soie filée longue. Machine à débourrer les chapeaux de cardes à coton, et machine à égratteronner et nettoyer les laines brutes. Ⓐ 1839.
1058	*Rousseau*, à Trémerolles (Seine-et-Oise).	Fils de laine en traîne ou chaîne et écheveaux des nᵒˢ 40 jusqu'au nᵒ 60.
1059	*Biétry*, à Villepreux (Seine-et-Oise).	Fils cachemire et laine, tissus de cachemire et de laines. M. H. 1823; Ⓐ 1827; Ⓞ 1834; R. Ⓞ 1839.

N° d'ord.	NOMS ET DEMEURES DES EXPOSANTS.	NATURE DES OBJETS EXPOSÉS.
1060	Doux, Roche et Dime, à Lyon (Rhône).	Châles, écharpes et nouveautés.
1061	Langevin et Cⁱᵉ, à Itteville (Seine-et-Oise).	Bourre de soie brute, peignée et décrusée. Ⓐ 1834, Ⓞ 1839.
1062	Feray et Cⁱᵉ, à Essonne (Seine-et-Oise).	Cotons filés, calicots, lins et étoupes filées. Services damassés en fil. Ⓞ 1839 pour le lin.
1063	Lucas, à Versailles (Seine-et Oise).	Objets de corderie, M. H. 1839.
1064	Touze, à Essonne (Seine et-Oise).	Tuyaux de toile sans couture.
1065	Bisson, à Guisseray (Seine-et-Oise).	Fils de lin teints ou blanchis.
1066	Destors, à Gonesse (Seine-et-Oise).	Camisoles, pantalons et gilet en maillot ; un échantillon de tricot en pièce.
1067	Béraud, à Versailles (Seine-et-Oise).	Tableaux en tapisserie à l'aiguille.
1068	Despréaux (A. A.), à Versailles (Seine-et-Oise).	Cuirs naturels sculptés, cuirs vénitiens sculptés.
	Despréaux (A. A.), à Versailles (Seine-et-Oise).	Etoffe de soie, velours sculptés.
1069	Delbut et Cⁱᵉ, à Saint-Germain-en-Laye (Seine-et-Oise).	Cuirs, Ⓐ 1839.
1070	Le Roy, à Saint-Germain-en-Laye (Seine-et-Oise).	Cuir de bœuf et peau de veau.
1071	Boulard, à Villepreux (Seine-et-Oise).	Chaussures économiques, bottes et souliers.
1072	Chollet, à Versailles (Seine-et-Oise).	Souliers - guêtres , souliers de chasse et guêtre militaire.
1073	Gratiot, à Essonne (Seine-et-Oise).	Papiers, Ⓐ 1839, à Ménet et Cⁱᵉ.
1074	Baudry, à Athis-Mons (Seine-et-Oise).	Barres de fer et boîtes d'acier 1839. Ⓞ
1075	Fimbel, à Mours (Seine-et-Oise).	Ressorts : à pincettes, de voitures, de diligences, de caisses, etc., etc. Ⓑ 1839.
1076	Joly, à Argenteuil (Seine-et-Oise).	Machines à boucher le vin de Champagne, et sondes pour les géologues.
1077	Guyard, à Noisy-le-Roi (Seine-et-Oise).	Piéges divers pour les animau nuisibles.

N° d'ord.	NOMS ET DEMEURES DES EXPOSANTS.	NATURE DES OBJETS EXPOSÉS.
1078	*Bloch*, à Versailles (Seine-et-Oise).	Boulons de divers genres.
1079	*François*, à Versailles (Seine-et-Oise).	Outils aratoires.
1080	*Parot*, à Saint-Germain-en-Laye (Seine-et-Oise).	Outils pour lamineurs et tréfileurs.
1081	*Gaupillat et Cie*, à Sèvres (Seine-et-Oise).	Capsules et œillets métalliques.
1082	*Robert et Cie*, à Poigny (Seine-et-Oise).	Étain en feuilles et laminé. Ⓑ 1839, sous la raison Clanceau.
1083	*Blanc*, à Versailles (Seine-et-Oise).	Tuyaux en tôle.
1084	*Berthier*, à Poissy (Seine-et-Oise).	Crayons, plumes métalliques, etc.
1085	*Loron*, à Versailles (Seine-et-Oise).	Fusils doubles.
1086	*Porquet*, à Pontoise (Seine-et-Oise).	Carabines de tir, fusils de chasse.
1087	*Piret*, à Neauphle-le-Château (Seine-et-Oise).	Deux charrues, M. H. 1839.
1088	*Dumonthier frères*, à Houdan (Seine-et-Oise).	Un moulin domestique et un hache-paille. G. F. 1839 pour la coutellerie.
1089	*Danne*, à Essonne (Seine-et-Oise).	Pressoir et cassoir à bras pour la fabrication du cidre.
1090	*Hudde*, à Villiers-le-Bel (Seine-et-Oise).	Secoueur à adapter à un batteur pour le blé.
1091	*Benoît (A.) et Cie*, à Versailles (Seine-et-Oise).	Montres marines, chronomètres, montres, mouvements, diverses pièces de montres. Ⓐ 1834, Ⓞ 1839.
1092	*Berthoud*, à Argenteuil (Seine-et-Oise).	Chronomètres, M. H. 1819; Ⓐ 1827, Ⓞ 1834.
1093	*Noualhier et Boquet*, à Sèvres (Seine-et-Oise).	Matras, cornues et autres appareils de chimie.
1094	*Champion*, à Chennevière (S.-et-Oise).	Tuiles et machine à tuiles.
1095	*Marchon*, à Étampes (Seine-et-Oise).	Pétrin mécanique, four pour la cuisson du pain. G. F. 1839.
1096	*Masson*, à Versailles (Seine-et-Oise).	Jardinières, buffet, bureau, consoles, table et cadre de glace.
1097	*Gerbier*, à Arpajon (Seine-et-Oise).	Guéridon servant de rouet.
1098	*Crété*, à Corbeil (Seine-et-Oise).	Livres d'église illustrés, impressions de diverses couleurs rehaussées d'or.
1099	*Vallier*, à Versailles (Seine-et-Oise).	Chaudière à chauffer les serres et à faire la lessive.

N° d'ord.	NOMS ET DEMEURES DES EXPOSANTS.	NATURE DES OBJETS EXPOSÉS.
1100	Fenouil, à Versailles (Seine-et-Oise).	Poèle chauffeur et éclaireur.
1101	Gobert et Cie, à Boissy-Saint-Léger (Seine-et-Oise).	Encriers.
1102	Chatelet jeune et fils, à Thiers (Puy-de-Dôme).	Coutellerie.
1103	Tixier-Goyon, à Thiers (Puy-de-Dôme).	Coutellerie. M. H. 1827, R. M. H. 1834 et 1839.
1104	Guillemot-Lagrolière, à Thiers (Puy-de-Dôme).	Coutellerie.
1105	Bost Mambrun oncle et neveu, à Thiers (Puy-de-Dôme).	Coutellerie. Ⓐ 1823, R. Ⓐ 1827, 1834, et 1839.
1106	Navaron-Dumas, à Thiers (Puy-de-Dôme).	Rasoirs. C. F. 1839.
1107	Beaujeu, à Château-Gaillard (Puy-de-Dôme).	Rasoirs.
1108	Prodon-Pouzet, à Thiers (Puy-de-Dôme).	Coutellerie. M. H. 1839.
1109	Verchère et Arthaud, à Thiers (Puy-de-Dôme).	Coutellerie.
1110	Donat Achard et Cie, à Riom (Puy-de-Dôme).	Peluches pour chapeaux de soie.
1111	Vimal (André) et fils, à Ambert (Puy-de-Dôme).	Papier Joseph.
1112	Vimal-Vimal fils aîné, à Ambert (Puy-de-Dôme).	Étamines pour pavillons.
1113	Dupuy-Lagrandrive, à Lagrandrive (Puy-de-Dôme).	Papier Joseph.
1114	Dupuy-Lagrandrive, à Lagrandrive (Puy-de-Dôme).	Fécule de Pommes de terre.
1115	Mandon frères, à Saint-Nectaire (Puy-de-Dôme).	Camées, bas reliefs, incrustations provenant des eaux minérales.
1116	Laussedat et Percepied-Maisonneuve, à Saint-Nectaire (Puy-de-Dôme).	Camées, bas-reliefs, incrustations provenant des eaux minérales.
1117	Clémentel, à Clermont-Ferrand (Puy-de-Dôme).	Médailles et incrustations provenant des eaux minérales de Saint-Alyre.
1118	Guimbal-Lhéritier, à Issoire (Puy-de-Dôme).	Clous-Becquets, plan de la machine destinée à les fabriquer.
1119	Magnin, à Clermont-Ferrand (Puy-de-Dôme).	Pâtes françaises, farines de légumes cuits. Ⓑ 1834, Ⓐ 1839.

No d'ord.	NOMS ET DEMEURES DES EXPOSANTS.	NATURE DES OBJETS EXPOSÉS.
1120	*Boudet-Drelon*, à Saint-André (Puy-de-Dôme).	Pâtes françaises et farines diverses. Ⓑ 1839.
1121	*Séjournet fils*, à Clermont-Ferrand (Puy-de-Dôme).	Pâtes françaises et farines diverses.
1122	*Bonnefond*, à Lezoux (Puy-de-Dôme).	Tuiles pour couvertures.
1123	*Constant*, au Faulhoux (Puy-de-Dôme).	Bouteilles de vin champanisé.
1124	*Tréboul*, à Riom (Puy-de-Dôme).	Appareil nommé dessicateur spécialement applicable à la fabrication de la fécule.
1125	*Bouyon*, à Clermont-Ferrand (Puy-de-Dôme).	Cuirs.
1126	*Colson*, à Clermont-Ferrand (Puy-de-Dôme).	Caractères d'imprimerie. M. H. 1839.
1127	*Gaillet et Cⁱᵉ*, à Clermont-Ferrand (Puy-de-Dôme).	Chocolats. M. H. 1839.
1128	*Annat et Chabassier*, à Clermont-Ferrand (Puy-de-Dôme).	Pâtes d'abricots et fruits confits.
1129	*Albessard*, à Issoire (Puy-de-Dôme).	Pâtes d'abricots.
1130	*Jury fils et Tardif*, à Ambert (Puy-de-Dôme).	Liens et tresses en fil et en laine.
1131	*Jouvet-Pardinel*, à Viverols (Puy-de-Dôme).	Dentelles.
1132	*Chauve* (Mˡˡᵉ), à Viverols (Puy-de-Dôme).	Dentelles. C. F. 1823.
1133	*Aubergier fils*, à Clermont-Ferrand (Puy-de-Dôme).	Lactucarium en pains.
1134	*Pallu et Cⁱᵉ*, à Pontgibaud (Puy-de-Dôme).	Plomb argentifère. Ⓐ 1834, au sieur de Pontgibaud, R. Ⓐ 1839.
1135	*Bachemallat, Barnicaud et Dietz*, à Saint-Vincent-des-Vergnes (Puy-de-Dôme).	Toile de chanvre et de lin fabriquée à la mécanique. C. F. 1839.
1136	*Bouffon*, à Sauxillanges (Puy-de-Dôme).	Machine à battre les faux.
1137	*Brosson*, à Montpensier (Puy-de-Dôme).	Machine à dessécher.
1138	*Vérany*, à Clermont-Ferrand (Puy-de-Dôme).	Piano droit à cordes verticales.
1139	*Boisse*, à Rodez (Aveyron).	Hydromètre à cadran, pompe alimentaire, flotteur avec appareils de sûreté.

N° d'ord.	NOMS ET DEMEURES DES EXPOSANTS.	NATURE DES OBJETS EXPOSÉS.
1140	*Beteille-Acquier* (Mme), à Rodez (Aveyron).	Chandelles. C. F. au sieur Acquier père.
1141	*Carcenac frères*, à Rodez (Aveyron).	Draps divers.
1142	*Roullier*, à Rive-de-Lot (Aveyron).	Verre à vitres.
1143	*Fromentault*, à Poitiers (Vienne).	Draps.
1144	*Laignel* à Paris, rue du Cimetière-Saint-André-des-Arts, 1.	Chemin de fer au cinquième, machines diverses. Ⓐ 1834 et 1839.
1145	*Létestu et Ce*. Paris, r. de Vendôme, 9.	Pompe à l'usage des vaisseaux, pompe d'épuisement portative, pompe à incendie sur chariot, pompe domestique.
1146	*Marie*. Paris, r. Basse-du-Rempart, 34.	Pompes.
1147	*Hubert*. Paris, r. de l'Ouest, 28.	Machine composée d'une machine à vapeur faisant mouvoir des pompes aspirantes et foulantes.
1148	*Hachette*. Paris, rue du Faubourg-Saint-Martin, 124.	Panneaux en lave émaillée.
1149	*Charpin*, à Saint-Denis, r. de Paris, 18.	Machine à vapeur.
1150	*Farcot*. Paris, r. Moreau, 1.	Machines à vapeur, Ⓐ 1834. R. Ⓐ 1839.
1151	*Cavé*. Paris, r. du Faubourg-Saint-Denis, 216.	Machine à vapeur, force de 120 chevaux, machine à vapeur, force de 60 chevaux, pour laminage du fer; diverses pièces de forges. M. H. 1827, Ⓞ 1834.
1152	*Daviron*. Paris, r. du Faubourg-Saint-Martin, 84.	Mécanique à frotter et lustrer la bougie, machine à vapeur.
1153	*Huck*. Paris, r. du Corbeau, 25.	Une machine à vapeur de la force de 6 chevaux, une râpe en fonte pour la pomme de terre, un tamis cylindrique, une chaîne à godets et un laveur à pommes de terre, et pompes diverses. Ⓑ 1839.
1154	*Darel*. Paris, r. du Bac, 102.	Machine à vapeur de la force de 3 chevaux, un petit moulin à cylindre pour broyer les graines grasses.
1155	*Frey, fils*, à Belleville, impasse Saint-Laurent, 2.	Machine à vapeur de la force de 6 chevaux, machines à fabri-

3*

N° d'ord.	NOMS ET DEMEURES DES EXPOSANTS.	NATURE DES OBJETS EXPOSÉS.
		quer les clous de souliers et les clous d'épingles. Ⓑ 1839.
1156	*Black.* Paris, Faubourg-St-Martin, 218.	Modèle d'une machine à vapeur à balancier.
1157	*Antiq.* Paris, r. d'Enfer, 101.	Machine à vapeur, système de Wolf; turbine annulaire, système de Fontaine de Chartres. Ⓑ 1827, Ⓐ 1839.
1158	*Degousée.* Paris, r. de Chabrol, 35.	Sondes et appareils pour les mines et puits artésiens; atlas géologique des sondages exécutés. Ⓐ 1839.
1159	*Chaméroy et Cᵉ.* Paris, rue du Faubourg-St-Martin, 84.	Cornue rotative et fumivore à cuire le bitume; tuyaux, colonnes en tôle et bitume; nouveau système de chemin de fer par pression atmosphérique et hydraulique. M. H. 1839.
1160	*Penzoldt et Rohlfs.* Paris, r. Mondétour, 35.	Appareils hydro-extracteurs.
1161	*Daliot.* Paris, r. de l'Hôtel-de-Ville, 131.	Appareils régulateurs pour les machines à vapeur.
1162	*Thirion.* Paris, Allée-des-Veuves, 93.	Pompe à incendie, pompe d'arrosement.
1163	*Durand.* Paris, passage Tivoli, 17.	Robinets, jet d'eau.
1164	*Bourg.* Paris, boulevard Beaumarchais, 19.	Garde-robes hydrauliques. M. H. 1839.
1165	*Jacomy, Rigal et Cᵉ.* Paris, r. Fontaine-au-Roi, 54.	Pompes à incendie, pour les irrigations, etc.
1166	*Guérin et Cᵉ.* Paris, r. du marché d'Aguesseau, 10 et 12.	Pompe à incendie, boyau en cuir, seau en toile. M. H. 1827, Ⓑ 1834, Ⓐ 1839.
1167	*Estlimbaum et Cᵉ.* Paris, r. St-Pierre-Popincourt, 18.	Pompes.
1168	*Passot.* Paris, r. des Postes, 15.	Turbines à pression du liquide à l'intérieur et à pression du liquide à l'extérieur.
1169	*Hussenet.* Paris, passage Ste-Avoye, 9.	Pompes à rotations excentrisées.
1170	*Durand fils aîné.* Paris, r. Saint-Nicolas-d'Antin, 29.	Garde-robes hydrauliques, pompes artésiennes, pompes en fonte élévatoire et aspirante.

N° d'ord.	NOMS ET DEMEURES DES EXPOSANTS.	NATURE DES OBJETS EXPOSÉS.
		modèle de couverture en zinc. M. H. 1834 et 1839.
1171	*Travanet* (V⁺ de). Paris, r. d'Enghien, 38.	Modèle de balancier hydraulique.
1172	*Laubereau et Gaulet.* Paris, boulevard du Temple, 50.	Machine pour ventiler les étoffes.
1173	*Anger.* Paris, r. des Trois-Couronnes, 33.	Treuils et cabestans.
1174	*Doens.* Paris, boulevart d'Enfer, 6 ter.	Machine à soulever les fardeaux.
1175	*Philippe.* Paris, r. Chateaulandon, 19.	Fabrique de roues, machines à vapeur, moulin portatif, turbine. ◎ 1834, R. ◎ 1839.
1176	*David*, à Grenelle, quai de Grenelle, 25.	Machine à vapeur, Ⓐ 1839.
1177	*Séraphin.* Paris, r. des Trois-Pavillons, 48.	Machine à vapeur à haute pression, sans détente et à détente variable, force de 3 chevaux.
1178	*Hermann.* Paris, r. de Charenton, 102.	Machines à vapeur, machines à broyer le chocolat, les couleurs; machine à pulvériser le sucre blanc. Ⓐ 1834. sous la raison Dietz et Hermann, pour pompes à incendie. R. Ⓐ 1839, à Hermann, pour pompes et machines à vapeur.
1179	*Carillion.* Paris, r. Neuve-Popincourt, 8.	Une machine à vapeur de la force de 3 chevaux.
1180	*Petit-Colin.* Paris, rue de Lille, 47.	Cadres de dessins de machines.
1181	*Leloup.* Paris, quai Valmy, 177.	Une machine à vapeur, à haute pression, à double effet et à détente variable, de la force de 5 chevaux. Une distribution de vapeur d'une machine de 10 chevaux.
1182	*Duval.* Paris, boulev. Beaumarchais, 57.	Dalles hydrofuges contre l'humidité.
1183	*Cart.* Paris, chez M. Marcotte, passage St-Sabin, 12.	Machine à vapeur de 8 chevaux.
1184	*Varrall, Middleton et Elwell*, Paris, avenue Trudaine, 4.	Machine à vapeur; plan d'une machine à fabriquer papier le

N° d'ord.	NOMS ET DEMEURES DES EXPOSANTS.	NATURE DES OBJETS EXPOSÉS.
1185	*Giraudon fils.* Paris, r. de La Ro-quette, 92.	Machine à vapeur de la force de 10 chevaux. M. H. 1839.
1186	*Gallafent.* Paris, r. des Amandiers, 7.	Machine à vapeur à balancier, force de 14 chevaux, haute pression et détente. — Machine à vapeur verticale, force de 6 chevaux, système Maudslay, et machine à vapeur verticale, force de 3 chevaux, système Gallafent. M. H. 1839.
1187	*Tamizier.* Paris, r. du faubourg Saint-Denis, 191.	Machine de 15 chevaux, réfrigérant à l'usage des brasseurs, sifflet d'alarme.
1188	*Lemaître.* A La Chapelle Saint-Denis.	Chaudières à vapeur, grue en tôle, bouteille avec bouchon à siphon et clapet renversé.
1189	*Gervais.* Paris, r. des Fossés-Saint-Jacques, 3.	Appareils de chauffage pour les serres. Ⓑ 1839.
1190	*Baudelot.* Paris, r. Richelieu, 3.	Régulateurs pour machines à vapeur.
1191	*Galy-Cazalat, Martres et Montaigut.* Paris, r. Boucherat, 34.	Machine à vapeur, grilles pour machines à vapeur, appareils pour peser les voitures, balances hydrauliques, lampes à hydrogène liquide, cafetières.
1192	*Moussard.* r. du faub. Saint-Denis, 164.	Modèle de chemin de fer.
1193	*Serveille aîné.* Paris, r. d'Amboise, 4.	Modèles de chemin de fer avec wagons articulés; tuyaux en bois, rails en bois avec bandes de fer. M. H. 1839.
1194	*Marbach.* Paris, r. Contrescarpe-Saint-Antoine, 70.	Robinets à pression.
1195	*Parizot et Cie.* Paris, faubourg du Temple, 7.	Robinets de sûreté pour le gaz.
1196	*Wissocq.* Paris, r. des Moulins, 15.	Modèles de foyers pour machines à vapeur.
1197	*Desbordes.* Paris, r. Saint-Pierre-Popincourt, 20.	Machine locomotive mue par l'air atmosphérique; manomètres; éprouvettes à vide pour les machines à vapeur; machine pneumatique; ventimètres; appareils divers. M. H. 1839.

N° d'ord.	NOMS ET DEMEURES DES EXPOSANTS.	NATURE DES OBJETS EXPOSÉS.
1198	*Laubereau*. Paris, r. Pigale, 23.	Ventilateurs.
1199	*Eck*. Paris, quai de la Tournelle, 39.	Machine pour isoler spontanément un convoi de la locomotive. Ⓑ 1834 et 1839.
1200	*Sorel et Cordier*. Paris, r. de Lancry, 6, et r. des Gravilliers, 10.	Divers appareils pour machines à vapeur; M. H. 1834, Ⓞ 1839.
1201	*Kaulek*. Paris, r. Thorigny, 10.	Manomètres, flotteurs d'alarme pour chaudières et machines à vapeur.
1202	*De Canson*. Paris, r. de Grenelle-Saint-Honoré, 29.	Robinet d'alimentation à niveau d'eau constant, applicable aux machines à vapeur.
1203	*Ferier*. Paris, r. des Trois-Bornes, 45 *bis*.	Régulateur à insufflation.
1204	*Kientzy*. Paris. r. Lafayette, 55.	Machines à vapeur.
1205	*Chaussenot aîné*. Paris. r. de Chaillot, 19.	Appareils contre l'explosion des chaudières à vapeur, soupapes de sûreté, flotteurs. M. H. 1839.
1206	*Postes* (Administration des). Paris, r. Coq-Héron, 12.	Modèle d'hélice pour la navigation à la vapeur.
1207	*Quénard*. Paris, r. Gaudot-Mauroy, 1.	Une machine pour élever l'eau. M. H. en 1839 pour instruments aratoires.
1208	*Lemaire et Chiffarat*. Paris, quai Jemmapes. 200.	Soufflets hydrauliques à incendie, épuisements, à jardins, à puits et à volants, à balancier.
1209	*Massue*. Paris, passage du Saumon, 59 et 61.	Papier perpétuel; calendrier mobile en français et langues étrangères.
1210	*Thonnelier père*. Paris. r. des Trois-Bornes, 26.	Appareil à vapeur ou nouvelle presse monétaire; Ⓐ 1834. R. Ⓐ 1839.
1211	*Dericquehem*. Paris, rue Jacob, 18.	Géodésimètre et chronoscope. M. H. 1839.
1212	*Guillaume*. Paris, r. des Vieux-Augustins.	Machine à chocolat, presse à copier les lettres, timbre sec, presses à cacheter.
1213	*Bourret*. Paris, r. des Petites-Ecuries, 29.	Chapeaux de paille.
1214	*Derosne et Cail*. Paris, quai de Billy, 38.	Appareil d'évaporation dans le vide, machine à vapeur hori-

N° d'ord.	NOMS ET DEMEURES DES EXPOSANTS.	NATURE DES OBJETS EXPOSÉS.
		zontale de 16 chevaux, machine à vapeur à balancier de 12 chevaux, etc. Ⓐ 1819 ; Ⓞ 1827, R. Ⓞ 1834 et 1839.
1215	*Leteurnier*. Paris, r. Martignac, 5.	Machine à briques.
1216	*Carville*. Aux Moulineaux, commune d'Issy (Seine).	Machine à mouler les tuiles.
1217	*Parise*. Paris, r. Sainte-Anne, 46.	Machine à fabriquer la brique.
1218	*Chapelle et Cie*. Paris, r. du Chemin-Vert, 3.	Machine à fabriquer le papier continu. Ⓞ 1839.
1219	*Lemaire-Daimé*. Paris, r. du Petit-Carreau, 1.	Appareils propres à la confection des cigarettes, nommés cigaritotypes.
1220	*Bouchon*. Paris, place neuve de la Madeleine, 12.	Moulins à bras pour les granits et les minerais.
1121	*Devilleneuve*. Paris, r. d'Aligre, 40.	Mécaniques pour faire écrire les aveugles.
1222	*Despréaux et Chapsal*, Paris, r. Grange-aux-Belles, 63.	Cylindres en fer battu pour métiers à filer, pompes à godet nouveau système.
1223	*Mulot père et fils*, à Epinay (Seine).	Outils de sondage. Ⓐ 1839.
1224	*Binder*. Paris. r. d'Anjou-Saint-Honoré, 56.	Cric nouveau système.
1225	*Gargan*. Paris, r. Michel-le-Comte, 29.	Faucheur mécanique, cercles en fonte filetés à la volée, réservoir d'huile à pression atmosphérique s'appliquant à toutes machines.
1226	*Britz*. Paris, r. Pierre-Levée, 10.	Tour et ses accessoires.
1227	*Lemarchand*, Paris, r. des Gravilliers, 29.	Tours avec accessoires, tels que chariot, support et mandrins. M. H. en 1827 et 1834. Ⓑ 1839.
1228	*Darbo*. Paris, passage Choiseul, 86.	Tours en cuivre et établis.
1229	*Joliot*. Paris, r. de la Barillerie, 45.	Tours, meules marchant au pied et à la main.
1230	*Berendorf*. Paris, r. Mouffetard, 300.	Machine à comprimer les cuirs, appareils de sûreté pour les chaudières à vapeur.
1231	*Margoz père et fils*, Paris, r. de Ménilmontant, 84.	Tours divers. Ⓑ et M. H. 1834; Ⓑ 1839.

N° d'ord.	NOMS ET DEMEURES DES EXPOSANTS.	NATURE DES OBJETS EXPOSÉS.
1232	*Calla*, Paris, r. du faubourg Poissonnière, 92.	Machine à planer les métaux, tour à roues de locomotives, machine à percer, machine à mortaiser, débouchoir, découpoir. M. H. 1839.
1233	*Périchon*, à l'île Bourbon.	Flottes de soie
1234	*Geneste*, Paris, r. Amelot, 52.	Découpoir excentrique en fonte, fer et cuivre, nouveau système.
1235	*Mariotte*, Paris, r. et impasse Saint-Sabin, 12.	Machines-outils, scie circulaire, machines à planer, à tailler les écrous.
1236	*Fan-Zvoll*, Paris, r. des Marais-du-Temple, 42.	Machine à raboter les moulures en bois. Ⓑ 1839.
1237	*Larcin*, Paris, r. Contrescarpe-Saint-Marcel, 7.	Machine à percer.
1238	*Pihet*, Paris, avenue Parmentier-Popincourt, 3.	Tour parallèle, machines à tarauder, à percer, à tailler les écrous, carde à coton, carde fileuse pour la laine, objets divers. Ⓑ 1823, à Pihet (Eugène); Ⓐ 1827; Ⓞ 1834, sous la raison Pihet frères; R. Ⓞ en 1839, à Pihet (Auguste).
1239	*Bainéc*, Paris, r. des Boulangers, 22.	Lits en fer et cisailles pour métaux. C. F. 1827; M. H. 1834; Ⓑ 1839.
1240	*Lacarnoy*, Paris, r. de Charenton, 58.	Filières et tarauds.
1241	*Perrotet*, à Pondichéry.	Échantillons de soie grège provenant de dix générations successives du *Bombix-Mari* de l'Inde.
1242	*Chéret*, Paris, r. Montmorency, 26.	Filières à tarauder.
1243	*Vigoureux*, Champs-Élysées, Rond-Point, 4.	Cric à double vis. C. F. 1839.
1244	*Nepveu*, Paris, r. d'Anjou, 8.	Moufles, modèle de grue avec chemin de fer suspendu et mobile.
1245	*Clair*, Paris, r. du Cherche-Midi, 93.	Machine à vapeur, grue, roue hydraulique, machine à battre, modèles de fourneaux, diverses autres machines.
1246	*Montebello* (Alfred de), Paris, r. Laffitte, 17.	Machine destinée à boucher les bouteilles.

N° d'ord.	NOMS ET DEMEURES DES EXPOSANTS.	NATURE DES OBJETS EXPOSÉS.
1247	*Peltier.* Paris, r. Saint-Maur-Popincourt, 36.	Carde à laine, peigneuses, moulin à plâtre, plate-forme pour tailler les engrenages et les modèles en bois.
1248	*Dorléans.* Paris, r. du faubourg du Temple, 110.	Horloges de clocher; une machine à piquer les dessins; un nouveau régulateur pour machine à vapeur. C. F. 1839.
1249	*Dulché.* Paris, r. du faubourg du Temple, 40 *bis*.	Machines pour battre le blé, la laine; forges (petite de campagne, et grande pour la marine ou l'artillerie); un ventilateur; un appareil de boulangerie avec son tourne-broche.
1250	*Baudat.* Paris, r. Charonne, 23.	Mécaniques à cylindre et à rouleaux pour scier le placage, les voliges et autres bois. ⑬ 1839.
1251	*Barrot*, à la Guadeloupe.	Flottes de soie grège. M. H. 1839.
1252	*Blin*, à Pondichéry.	Échantillons de toile à voiles, de coton.
1253	*Lebon.* Paris, r. Sainte-Elisabeth, 4.	Moulins à broyer les cendres et minerais.
1254	*Stoltz et C°.* Paris, r. Coquenard, 22.	Râpes, tamis, pompes rotatives. C. F. 1834; ⑬ 1839.
1255	*Kurtz.* Paris, r. du Faubourg-Saint-Antoine, 57.	Parquets en mosaïque et échantillons divers.
1256	*Tussaud.* Paris, r. Neuve-de-Lappe, 4, faubourg Saint-Antoine.	Presses à vis en fer et fonte, vis pour presses, chariot, découpoir, taraud, etc. M. H. 1839.
1257	*Rottée.* Paris, r. Popincourt, 30.	Machine à fendre les peignes, mandrins de tours, support à chariot, métiers. ⑬ 1834; M. H. 1839.
1258	*Lesage.* Paris, r. Ménilmontant, 10.	Peignes à cardes. ⑬ 1839, pour filières.
1259	*Moret.* Paris, r. des Magasins, 4.	Pétrisseur en fonte, pétrin pour biscuit de mer, presse à sécher les peaux.
1260	*Clerc — Sir Henry* Paris, place de l'École-de-Médecine, 6.	Coutellerie, instruments de chirurgie, lames de damas. Ⓐ

N° d'ord.	NOMS ET DEMEURES DES EXPOSANTS.	NATURE DES OBJETS EXPOSÉS.
		1823, 1827 et 1834, à Sir Henry, prédécesseur.
1261	*Bollé.* Paris, r. Saint-Martin, 10.	Tournebroches, presse à lacet et œillets.
1262	*Deshays.* Paris, r. Bleue, 2.	Machines pour fabrication de bourses, régulateur, etc. Ⓐ 1827 ; R. Ⓐ en 1834 ; Ⓐ 1839.
1263	*Deshays.* Paris, r. Bleue, 2.	Échantillons de produits de toutes ses machines.
1264	*Decoster.* Paris, r. Stanislas, 9.	Machines à filer, à tisser, à peigner et à teiller le lin ; tour, machines à raboter, à tailler les écrous et les engrenages, à mortaiser, à percer.
1265	*Montillier.* Paris, r. Pierre-Levée, 10 bis.	Presses, filières, produits d'une machine à fileter.
1266	*Cerisiaux.* Paris, r. Ménilmontant, 64.	Cylindres cannelés.
1267	*Brunette.* Paris, r. du Dragon, 15.	Cabestan grue et machine hydraulique.
1268	*Stoltz fils.* Paris, r. de Bréda, 27.	Machine à vapeur oscillante, machine à faire les pointes, pompes rotatives et à balancier, pompes pour incendies, tamis et râpes pour féculerie, machine à plier et à métrer les étoffes. Ⓑ 1839.
1269	*Desaulle jeune.* Paris, r. du Faubourg-Saint-Martin, 66.	Machine à broyer les couleurs.
1270	*Contenot.* Paris, r. de la Pépinière, 8 bis.	Machines en fer et fonte pour broyer.
1271	*Befort.* Paris, r. des Quatre-Fils, 4.	Une table en bois de rose, garnie de porcelaine et de bronze doré, surmontée d'un coffre ; une table formant pendant.
1272	*Bellangé.* Paris, r. des Marais-Saint-Martin, 33.	Guéridon, meubles-bahuts, siéges et psychés sculptés. Ⓐ 1839.
1273	*Bonnemain.* Paris, r. de Suresne, 23.	Fauteuil de voyage et fauteuil à mécanique.
1274	*Clavel.* Paris, passage de la Bonne-Graine, 123, faubourg Saint-Antoine.	Commode, lit, armoire, bureau, buffet, etc.

N° d'ord.	NOMS ET DEMEURES DES EXPOSANTS.	NATURE DES OBJETS EXPOSÉS.
1275	*Contamin et Ce.* Paris, r. Salle-au-Comte, 14.	Tabourets, chaises rétrogrades, fauteuil rotatif, pupitre avec tourne-feuilles. (B) 1839.
1276	*Coulon.* Paris, boulevard Bourdon, 4.	Table, étagère en bois sculpté. C. F. 1839.
1277	*Faure.* Paris, r. du Faubourg-Saint-Denis, 14.	Canapé, méridienne gondole, fauteuils renaissance et Louis XV avec ornements en porcelaine, chaise de forme nouvelle.
1278	*Fischer, père et fils.* Paris, impasse Guémenée, 3.	Table à ornements dorés, armoire, lit, commode, etc. (A) 1839.
1279	*Hoefer.* Paris, boulevard Beaumarchais, 22.	Assortiment de meubles en bois indigène, de rose et d'ébène, et autres objets de fantaisie.
1280	*Jacob-Desmalter.* Paris, r. des Vinaigriers, 23.	Meubles divers, armoires, lits, tables, commodes. (O) 1819, à Jacob Desmalter père; R. (O) 1827, à Jacob (Alphonse).
1281	*Le Gost fils.* Paris, faubourg Saint-Denis, 111.	Lit en bois de rose, garni de bronze et de porcelaine.
1282	*Lemarchand.* Paris, r. des Tournelles, 17.	Ameublement de chambre à coucher, commodes, lits, armoires, etc.
1283	*Marsoudet.* Paris, r. de Charenton, 85 bis.	Lit, commode et armoire à glace.
1284	*Meynard et fils aîné.* Paris, faubourg Saint-Antoine, 52.	Bibliothèque, meuble de femme, style Louis XV, en bois de rose avec application de cuivre doré; fauteuil et chaise en palissandre avec ornements dorés. (A) en 1834; R. (A) en 1839.
1285	*Monisot.* Paris, boulevard Beaumarchais, 2.	Moulures pour bâtiments et ornements pour tentures d'appartement. M. H. 1839.
1286	*Mercier.* Paris, faubourg Saint-Antoine, 110.	Armoire à glace, commode genre Louis XV.
1287	*Morel.* Paris, rue de Grétry, 5.	Ameublement de chambre à coucher.
1288	*Laude, frères.* Paris, r. Vendôme, 12.	Sommiers élastiques, matelas et coussins.
1289	*Royer et fils.* Paris, r. Richelieu, 104.	Bibliothèque en bois d'Amboine, toilette en acajou.

N° d'ord.	NOMS ET DEMEURES DES EXPOSANTS.	NATURE DES OBJETS EXPOSÉS.
1290	*Ringuet-Leprince.* Paris, r. Caumartin, 7.	Fauteuils, prié-Dieu en bois de rose, table de salon en écaille, console, guéridon, buffet, etc. Ⓑ 1839.
1291	*Proeschel.* Paris, boulevard Saint-Martin, 4.	Fauteuils mécaniques.
1292	*Faure et Roger,* Paris, r. de l'Université, 151, et r. de Richelieu, 112.	Pianos. Ⓑ 1839, sous la raison Hatzenbuhler et Faure.
1293	*Kleinjasper.* Paris, r. Saint-Honoré, 250.	Pianos droits.
1294	*Rogez.* Paris, r. de Seine-Saint-Germain, 32.	Pianos. M. H. 1839.
1295	*Chanot.* Paris, r. de Rivoli, 26.	Contrebasse, basses, altos, guitares, violons. Ⓐ 1839.
1296	*Goudot, jeune.* Paris, r. Croix-des-Petits-Champs, 29.	Basses, guitares, violons, archets, etc.
1297	*Thomas et Avisseau, aîné.* Paris, r. Saint-Denis, 101.	Pianos.
1298	*Simon.* Paris, r. Croix-des-Petits-Champs, 13.	Archets.
1299	*Maucotel.* Paris, galerie Vivienne, 4.	Contrebasse, violoncelles, alto, violons.
1300	*Lacote.* Paris, r. Louvois, 10.	Instruments de musique. Ⓑ 1839.
1301	*Laurent.* Paris, Palais-Royal, 65.	Flûtes en bois et en cristal, becs de clarinette et embouchures de cornet en cristal.
1302	*Breton.* Paris, r. J.-J.-Rousseau, 28.	Grandes et petites flûtes.
1303	*Vuillaume.* Paris, r. Croix-des-Petits-Champs, 46.	Meuble faisant bibliothèque musicale, contrebasses et archets. Ⓐ 1827 et 1834; Ⓒ 1839.
1304	*Rambaux.* Paris, r. du Faubourg-Poissonnière, 18.	Deux violons, alto, basse, guitare.
1305	*Triebert.* Paris, r. Montmartre, 132.	Hautbois, cors anglais, mécaniques pour la facture des anches. Ⓑ 1827; R. Ⓑ en 1834 et 1839.
1306	*Thibout.* Paris, r. Rameau, 8.	Violons et basses. Ⓐ 1827.
1307	*Bernardel.* Paris, r. Croix-des-Petits-Champs, 23.	Violons, alto, basses et archets. Ⓑ 1834 et 1839.
1308	*Godfroy, aîné.* Paris, r. Montmartre, 63.	Flûtes, système Boëhm et ordi-

N° d'ord.	NOMS ET DEMEURES DES EXPOSANTS.	NATURE DES OBJETS EXPOSÉS.
		naire, à plusieurs clés ; clarinette, hautbois, octave de flûte en ré, petite flûte en mi-bémol, flageolet. Ⓑ 1827, 1834, 1839.
1309	*Savcresse* (Henry), à Grenelle, avenue Saint-Charles, 32.	Monture de harpe, cordes harmoniques en soie.
1310	*Buffet, jeune.* Paris, r. du Bouloi, 4.	Hautbois, cors, flûtes, clarinettes, flageolets. Ⓑ 1839.
1311	*Lefèvre, père.* Paris, r. Saint-Honoré, 224.	Instruments de musique. M. H. 1823 ; Ⓑ 1827 ; confirmation en 1834. R. Ⓑ 1839.
1312	*Courtois, frères.* Paris, r. des Vieux-Augustins, 34.	Cornets à piston.
1313	*Leroux aîné.* Paris, r. du Nord, 4.	Clarinettes, flûtes, hautbois. M. H. 1839.
1314	*Pellerin.* Paris, r. Meslay, 58 bis.	Mélophones.
1315	*Buffet-Crampon.* Paris, pass. du Grand-Cerf, 22.	Bassons, clarinettes, flûtes hautbois, cor anglais, flageolet. M. H. 1839.
1316	*Cœur.* Paris, r. Papillon, 7.	Flûtes en bois de grenadille, clés en maillechort.
1317	*Giroud.* Paris, r. de la Boule-Rouge, 11.	Pianos.
1318	*Michaud.* Paris, r. des Martyrs, 24.	Instruments de musique en cuivre.
1319	*Du Tremblay.* Paris, r. du Chemin-de-Versailles, 8 (Champs-Élysées).	Services de dessert, enseignes de rues, objets d'art, encriers, pendules et poteries étrusques.
1320	*Halot père et fils.* Paris, r. d'Angoulême-du-Temple, 14.	Porcelaine en relief, peintures chinoises, vases, tasses, cabarets en porcelaine blanche. Ⓑ 1839.
1321	*Michel et Valin.* Paris, r. de Bondy, 30.	Vases, pendules, service de thé, statuettes, objets divers en porcelaine. Ⓑ 1839.
1322	*Gille.* Paris, r. de Paradis-Poissonnière, 28.	Chambranle de cheminée, groupe, bas-relief, statues, panneaux, vases en porcelaine décorée. M. H. 1834.
1323	*Desprez.* Paris, r. des Écluses-Saint-Martin, 33.	Porcelaines, camées. Ⓑ 1806. M. H. 1819.
1324	*Lahoche.* Paris, Palais-Royal, galerie de Valois, 152 et 153.	Porcelaines et cristaux.
1325	*Jullienne.* Paris, r. du Bac, 50.	Décors sur porcelaine façon vieux

N° d'ord.	NOMS ET DEMEURES DES EXPOSANTS.	NATURE DES OBJETS EXPOSÉS.
		Sèvres, cristaux décorés, et Jayenus. M. H. 1834 ; R. 1839.
1326	Honoré. Paris, boulevard Poissonnière, 6.	Porcelaine, collection de vases, pendules et objets d'ornements, services et objets usuels. Ⓑ 1834. R. Ⓑ 1839.
1327	Discry. Paris, passage du Jeu-de-Boule, 8, boulevard du Temple..	Porcelaines coloriées au grand feu par immersion. Ⓞ 1839.
1328	Pétry et Rousse, à Vierzon (Cher). Dépôt à Paris, r. des Petites-Écuries, 26.	Service de table et de dessert, vases et cabarets en porcelaine, échantillons divers en décors et peinture.
1329	Rousseau. Paris, boulevard St-Martin, 49.	Assiettes, vases, cabarets en porcelaine décorée. Ⓐ 1839.
1330	Thomire et Cᵉ. Paris, r. de la Chaussée-d'Antin, 51.	Pendules, candélabres, lustres, statuettes, surtout, pièces de tables, etc. Ⓞ 1806. R. Ⓞ 1819, 1823, 1827, 1834, 1839.
1331	Soyer. Paris, r. des Trois-Bornes, 28.	Bronzes d'art obtenus par le courant galvanique. Ⓞ 1839.
1332	Decourt. Paris, pass. Choiseul, 28 et 30.	Lampes, lustres et candélabres. M. H. 1839.
1333	Denière. Paris, r. d'Orléans, 9 (Marais).	Lustres, candélabres, pendules, surtouts, services de desserts et objets divers. Ⓞ 1827. R. id. en 1834 et 1839.
1334	Villemsens. Paris, r. Sainte-Avoye, 57.	Vases, plateaux en bronze doré, autels, lampes d'églises, groupes en bronze. Ⓑ 1834. Ⓐ 1839.
1335	Eck-Durand. Paris, r. des Trois-Bornes, 15.	Bronzes d'art, statues et statuettes, médaillons, articles divers.
1336	Jacquel. Paris, r. Richelieu, 77.	Objets de fantaisie en cristal.
1337	Nocus, à Saint-Mandé (Seine).	Cristaux, émaux, flint-glass.
1338	Bontemps Lemoyne et Cᵉ, à Choisy-le-Roi (Seine).	Verre, cristaux, vitraux, flint-glass. Ⓞ 1839.
1339	Bonvoisin. Paris, r. Phélippeaux, 18.	Cristaux.
1340	Quesnel et Cᵉ. Paris, r. Richelieu, 112.	Bronzes, Mercure inventant la lyre, l'Éducation de l'Amour, fonds baptismaux, groupe d'Amphitrite, Gilblas et le capitaine Rolando, l'Ange Michel et Gabriel, coupe de Benve-

N° d'ord.	NOMS ET DEMEURES DES EXPOSANTS.	NATURE DES OBJETS EXPOSÉS.
		nuto Cellini, sarcophage de Napoléon, chandeliers gothiques, etc. Ⓐ 1839.
1341	*Launay-Hautin et C*, Paris, r. de Paradis-Poissonnière, 30.	Surtouts de dessert, vases, étagères, verres d'eau, flacons, etc.; lustres, lanternes, candélabres.
1342	*Chapelle-Maillard*. Paris, boulevard des Italiens, 19.	Décors sur cristaux et porcelaines; une pendule, 2 candélabres.
1343	*Corderant*, Paris, r. Sainte-Avoye, 12.	Objets d'ornementations en cristal.
1344	*Lebrun*. Paris, quai des Orfèvres, 40.	Vases à vin de Champagne, plateau, cafetière, théière, pot à crème, fontaine à thé, couteau, candélabre. Ⓐ 1823. R. Ⓐ 1827. R. Ⓐ 1834, nouvelle Ⓐ 1839.
1345	*Durand*. Paris, r. du Bac, 33.	Service complet d'argenterie. Ⓐ 1834 et R. 1839.
1346	*Froment-Meurice*. Paris, r. Lobau, 2.	Vases, services de table en argent, bijouterie et joaillerie. Ⓐ 1839.
1347	*Lenglet et Turquet*. Paris, r. Bourg-Labbé, 32.	Candélabres, plats, théière en argent repoussé. Ⓐ 1839, à Lenglet seul.
1348	*Mourey*. Paris, r. du Temple, 63.	Lustre, grande toilette, grande coupe, vases, objets divers, bijouterie dorée. Ⓑ 1839.
1349	*Bureau*. Paris, r. Chapon, 23.	Bijouterie perfectionnée, émaux transparents, bracelets mécaniques, imitation d'or.
1350	*Thouret*, place de la Bourse, 31.	Orfèvrerie de table.
1351	*Morel et C*. Paris, r. Neuve-Saint-Augustin, 39.	Bijouterie-orfèvrerie.
1352	*Payen jeune et C*. Paris, r. Molay, 10.	Parures, broches, boucles d'oreilles, colliers, garnitures, etc.
1353	*Trioullier*. Paris, r. des Arcis, 18.	Calice ciselé, cachet en or, argent, acier orné de pierreries, bas-relief en argent repoussé, chapelle en vermeil, ciboire.
1354	*Moussier-Fièvre*. Paris, r. des Fossés-Montmartre, 27.	Objets pour le service de table. C. F. 1839.
1355	*Veyrat et fils*. Paris, r. de Malte, 20.	Service de table tant en argent massif qu'en plaqué. Ⓑ 1827. R. Ⓑ en 1834. Ⓐ 1839.

N° d'ord.	NOMS ET DEMEURES DES EXPOSANTS.	NATURE DES OBJETS EXPOSÉS.
1356	Odiot. Paris, r. Basse-du-Rempart, 26.	Service de thé, ornements en orfèvrerie. ⊙ 1819. R. ⊙ 1823, 1827 et 1834.
1357	Aucoc. Paris, r. de la Paix, 4 bis.	Nécessaires, quelques pièces d'orfèvrerie. Ⓐ an X, 1806, 1819, à Lemaire, prédécesseur. R. Ⓐ 1823, à Aucoc et Gavel. R. Ⓐ 1827, à Aucoc. Ⓐ 1839.
1358	Rudolphi. Paris, r. du Mail, 11.	Orfèvrerie ciselée.
1359	Paul et frères. Paris, boulevard Bonne-Nouvelle, 10.	Corsage en brillants, coffre en or ciselé.
1360	De Talmours et Hurel. Paris, r. Popincourt, 68.	Services de table, vases, cabarets et objets de fantaisie en porcelaine. ⊙ 1839, sous la raison sociale Discry, Talmours.
1361	Langlois et Cie. Paris, r. Montmartre, 39.	Porcelaine en hygrocérame, casseroles, plats, grès cérames, capsules, cucurbites, creusets, tubes, etc.
1362	Leleu. Paris, r. Richelieu, 103.	Grès émaillé.
1363	Desfossé frères. Paris, r. de Bondy, 72.	Porcelaine et poterie décorées, M. H. 1839.
1364	Burgade père et fils, à Bordeaux (Gironde).	Laine peignée.
1365	Boucherie, à Bordeaux (Gironde).	Bois préparés.
1366	Saint-Ubéry, à Tarbes (Hautes-Pyrénées).	Meubles.
1367	Vin, à Troyes (Aube).	Bougie stéarique.
1368	Lamotte, à Villy-en-Trodes (Aube).	Soufflerie à double effet et à jeu continu.
1369	Feugé-Fessard, à Troyes (Aube).	Couvertures de piqué en coton, M. H. 1834, Ⓑ 1839.
1370	Payn et veuve Benoît, à Troyes (Aube).	Pressoir. Ⓐ 1839, sous le nom de Benoît.
1371	Rondeau, à Eslissac (Aube).	Bottines, bas en mérinos.
1372	Lasnier-Paris, à Saint-Martin-ès-Vignes (Aube).	Tricot coton sans couture, jupon guilloché.
1373	Ferrand-Lamotte, à Troyes (Aube).	Régulateur à niveau d'eau, à l'usage des papeteries mécaniques, presse à cylindre, machine à couper le papier.
1374	Pavée de Vendeuvre (baron de), à Vendeuvre (Aube).	Corbeilles en faïence, tissu à jour, imitant la dentelle.

N° d'ord.	NOMS ET DEMEURES DES EXPOSANTS.	NATURE DES OBJETS EXPOSÉS.
1375	*Douine*, à Troyes (Aube)..	Bonnets et tricots en coton sans couture.
1376	*Jacquin*, à Troyes (Aube).	Un métier circulaire pour la filature du coton.
1377	*Jacquin*, à Troyes (Aube).	Tricots, jupons, camisoles en coton.
1378	*Joffrin*, à Morvilliers (Aube).	Dendromètre, instrument pour mesurer les arbres sur pied.
1379	*Besquent et C¹ᵉ*, à Trédion (Morbihan).	Pots, marmites, coquilles en fonte de fer.
1380	*Ropert et C¹ᵉ*, à Vannes (Morbihan).	Pompe puisante et refoulante.
1381	*Francheville (comte de)*, à Sarzeau (Morbihan).	Flottes soie grège, cocons, C. F. 1839.
1382	*Corniquel*, à Vannes (Morbihan).	Cuir tanné, M. H. 1834.
1383	*Jéhanno*, à Lorient (Morbihan).	Pendule.
1384	*Bruyère*, au Roha (Morbihan).	Plats, cruches, casseroles, en poterie et faïence.
1385	*Le Leurch*, à Auray (Morbihan).	Cuirs tannés.
1386	*Amelot*, à Lorient (Morbihan).	Violons.
1387	*Gillet*, à Kernevel (Morbihan).	Brique réfractaire.
1388	*Gillet*, à Kernevel (Morbihan).	Conserves alimentaires.
1389	*Michau aîné*, à Pontscorff (Morbihan).	Cuir tanné.
1390	*Marsille frères*, à Lorient (Morbihan).	Cuirs tannés.
1391	*Richelme*, à Marseille (Bouches-du-Rhône).	Conserves alimentaires.
1392	*Schultz*, à Marseille (Bouches-du-Rhône).	Pianos.
1393	*Godefroy et Souchières*, à Arles (Bouches-du-Rhône).	Charrue.
1394	*Rozan père et fils*, à Marseille (Bouches-du-Rhône).	Carafes, bouteilles, verres, Ⓑ 1839.
1395	*Cavaillier*, à Marseille (Bouches-du-Rhône).	Plomb et arsenic, M. H. 1849, 1834.
1396	*Naisse fils et C¹ᵉ*, à Marseille (Bouches-du-Rhône).	Savon blanc d'huile de palme.
1397	*Milius*, à Marseille (Bouches-du-Rhône).	Vert métis, jaune de chrôme, M. H. 1834, Ⓑ, 1839, à Milius frères et C¹ᵉ.
1398	*Guignet*, à Arles (Bouches-du-Rhône).	Chapeau de soie, schako, toque d'avocat; fourneau à repasser.

N° d'ord.	NOMS ET DEMEURES DES EXPOSANTS.	NATURE DES OBJETS EXPOSÉS.
1399	*Boisselot et fils*, à Marseille (Bouches-du-Rhône).	Pianos. M. H. 1834, Ⓐ 1839.
1400	*Signoret*, à Marseille (Bouches-du-Rhône).	Colle forte, colle de Flandre, colle de Cologne. M. H. 1819.
1401	*Bœuf et Garandy*, à Marseille (Bouches-du-Rhône).	Bracelets, écrins, colliers en corail, Ⓑ 1839.
1402	*Barbaroux de Mégy*, à Marseille (Bouches-du-Rhône).	Colliers, camées en corail, Ⓐ 1839.
1403	*Richard-Félix*, à Lyon (Rhône).	Battant, brocheurs et manomètres.
1404	*Boursault*, à Lyon (Rhône).	Pompe horizontale à double effet.
1405	*Tarpin-Brémal*, à Lyon (Rhône).	Balances d'essai.
1406	*Rogeat frères*, à Lyon (Rhône).	Fourneaux, grilles, etc.
1407	*Villard*, à Lyon (Rhône).	Fourneaux et plaques foyères en fonte. C. F. 1839, pour ses plantes en métal.
1408	*Fournet et Cⁱᵉ*, à Lyon (Rhône).	Poêles calorifères.
1409	*Beaume et Bourguignon*, à Lyon (Rhône).	Ornements en tôle sur métaux.
1410	*Trochu*, à Lyon (Rhône).	Charrue dite omnibus.
1411	*Gerin*, à Lyon (Rhône).	Pompes refoulantes.
1412	*Granjon et Cⁱᵉ*, à Lyon (Rhône).	Aciers.
1413	*Sylvestre frères*, à Lyon (Rhône).	Violons, alto, basses.
1414	*Decaen frères*, à Arboras (Rhône).	Porcelaines et faïences, Ⓐ1839.
1415	*Eymard (Paul) et Cⁱᵉ*, à Lyon (Rhône).	Étoffes de soie, nouveautés, Ⓐ en 1839, sous la raison Eymard Drevet et Cⁱᵉ.
1416	*Damiron (P.), et frères*, à Lyon (Rhône).	Châles et écharpes, soies. Ⓐ 1834. R. 1839.
1417	*Lafabrègue, et fils, et Vincent*, à Lyon (Rhône).	Écharpes et velours.
1418	*Dethel et Degabriel*, à Lyon (Rhône).	Tulles et dentelles.
1419	*Goujon (J. M.)*, à Lyon (Rhône).	Châles cachemire.
1420	*Brisson frères et Cᵉ*, à Lyon (Rhône).	Peluches pour chapeaux.
1421	*Chavent (André) et Cᵉ*, à Lyon (Rhône).	Soieries façonnées.
1422	*Le Mire, père et fils*, à Lyon (Rhône).	Soieries pour ameublements. Ⓐ 1823, Ⓞ 1827, sous la raison Corderier et Le Mire. R. Ⓞ 1834 et 1839, sous la raison sociale Le Mire Danguin et Cⁱᵉ.
1423	*Vucher, Reynier et Perrier*, à Lyon (Rhône).	Étoffes en velours et satin. Ⓑ 1839.

No d'ord.	NOMS ET DEMEURES DES EXPOSANTS.	NATURE DES OBJETS EXPOSÉS.
1424	*Heckel et Montet*, à Lyon (Rhône).	Soieries diverses.
1425	*Fornier*, *Janin et Falsent*, à Lyon (Rhône).	Velours.
1426	*Fournel* (Victor), à Lyon (Rhône).	Etoffes de soie unies et façonnées. Ⓐ 1839.
1427	*Roque*, père et fils, à Lyon (Rhône).	Tulles façonnés, dentelles.
1428	*Chevalier* (Balthazar), à Lyon (Rhône).	Amidon.
1429	*Doguin*, fils, à Lyon (Rhône).	Dentelles et tulles.
1430	*Farge*, à Lyon (Rhône).	Soies teintes.
1431	*Chaspot*, *Ferrand* et compᵉ, à Lyon (Rhône).	Couvertures et couvre-pieds.
1432	*Lucy-Sédillot*, à Tarare, (Rhône).	Mousselines brodées pour ameublements. M. H. 1839.
1433	*Sauvage* (René) et compᵉ, à Lyon (Rhône).	Soieries.
1434	*Brun*, frères, fils, et *Dénoyel*, à Tarare (Rhône).	Mousselines unies et brodées.
1435	*Fion*, à Tarare, (Rhône).	Mousselines brodées. M. H. 1839.
1436	*Lançon* et compᵉ, à Lyon (Rhône).	Soieries pour ameublement.
1437	*Duret* et compᵉ, à Lyon (Rhône).	Foulards imprimés.
1438	*Liénard* (Claude), et compᵉ, à Lyon (Rhône).	Bougies stéariques. M. H. 1839.
1439	*Pagès*, *Blin* et compᵉ, à Lyon (Rhône).	Châles. M.H. 1834. Ⓑ 1839, sous la raison sociale Charles Pagès et cⁱᵉ.
1440	*Pramondon*, à Tarare (Rhône).	Mousselines et nouveautés. Ⓑ 1839.
1441	*Gaillard*, à Lyon (Rhône).	Peluches pour chapellerie.
1442	*Chatelard* et *Perrin*, à Lyon (Rhône).	Peignes en acier pour le tissage. Ⓑ 1827, 1834 et 1839.
1443	*Martin*, *Matagrin* et compᵉ, à Tarare (Rhône).	Mousselines et nouveautés.
1444	*Salmon* (Alexandre), et *Duval*, à Tarare (Rhône).	Mousselines. Ⓑ 1834. R. Ⓑ 1839.
1445	*Martin* et *Badin*, à Lyon, (Rhône).	Orseille, lichen, cudbéard, produits chimiques.
1446	*Vidalin*, à Lyon (Rhône).	Échantillons de teintures sur diverses étoffes. Ⓞ 1839.
1447	*Bonnet*, à Lyon (Rhône).	Satin noir, soies.
1448	*Chastel* et *Rivoire*, à Lyon (Rhône).	Soieries. Ⓑ 1839.

N° d'ord.	NOMS ET DEMEURES DES EXPOSANTS.	NATURE DES OBJETS EXPOSÉS.
1449	Girard, neveu, à Lyon (Rhône).	Velours unis et façonnés. Ⓐ 1839.
1450	Bazin, à Lyon (Rhône).	Cirages pour harnais et pour chaussures.
1451	Béranger et compᵉ, à Lyon (Rhône).	Balances et romaines.
1452	Grillet, aîné, à Lyon (Rhône).	Châles brochés. Ⓐ n 1834, sous la raison Grillet et Trotton. Ⓞ en 1839.
1453	Heckel aîné, à Lyon (Rhône).	Satins unis.
1454	Teillard (C.-M.), à Lyon (Rhône).	Soieries et velours.
1455	Bidremann, à Vaise (Rhône).	Stuc marbré.
1456	Rozier, à Lyon (Rhône).	Bronzes d'église, ornements, etc.
1457	Neuss (H.-J.), à Vaise (Rhône).	Aiguilles et aciers tréfilés.
1458	Pignet jeune, fils et Paliard, à Saint-Genis-Laval (Rhône).	Papiers peints.
1459	Carquillat (M.-M.), à la Croix-Rousse (Rhône).	Tableaux en soie tissée.
1460	Douillet, à Lyon (Rhône).	Étoffes soie imprimées, bannières et stores.
1461	Mathevon et Bouvard frères, à Lyon (Rhône).	Nouveautés soie et dorure pour ameublements, Ⓞ 1834, R. Ⓞ 1839.
1462	Beuque et sœur, à Lyon (Rhône).	Broderies et tentures pour ameublements.
1463	Potton (F.), Crozier et Cᵉ, à Lyon (Rhône).	Étoffes de soies façonnées, Robes satin, etc., etc. Ⓐ 1834, Ⓞ 1839.
1464	Bourcier, Jules, à Lyon (Rhône).	Soies filées, Ⓑ 1839 pour un métier mécanique à MM Bourcier et Morel.
1465	Jacquand, père et fils, à Lyon (Rhône).	Cirages, vernis, encres et cire à cacheter. Ⓑ 1839.
1466	Estragnat, fils aîné, à Tarare (Rhône).	Mousselines unies, brodées et façonnées. Ⓑ 1839.
1467	Boussu Benoît, à Lyon (Rhône).	Cotons teints.
1468	Gobert (Auguste), à Lyon (Rhône).	Corsets et mécanisme d'un corset.
1469	Yéméniz, à Lyon (Rhône).	Étoffes pour ameublements. Ⓞ sous la raison Séguin père et fils et Yéméniz. R. Ⓞ 1827, sous la raison Séguin et Yéméniz. R. Ⓞ 1839 à Yéméniz.
1470	Balleydier, Repiquet et Sylvent, à Lyon (Rhône).	Velours unis et façonnés, nouveautés.
1471	Dumas (Joseph), à Lyon (Rhône).	Peinture, nouveau procédé imitant le bois et les marbres.

N° d'ord	NOMS ET DEMEURES DES EXPOSANTS.	NATURE DES OBJETS EXPOSÉS.
1472	*Guinon*, à la Guillotière (Rhône).	Soies et étoffes teintes,
1473	*Verzier Bonnart et Cie*, à Lyon (Rhône).	Gravures tissées, châles, fichus, robes, etc.
1474	*Ollat et Desvernay*, à Lyon (Rhône).	Nouveautés en soieries, Ⓞ 1827, R. en 1834 et 1839.
1475	*Jarrin et Trotton*, à Lyon (Rhône).	Châles brochés, cachemires et indous, etc. Ⓐ 1834 sous la raison Grillet et Trotton. Ⓑ 1839, sous la raison Jarrin et Trotton.
1476	*Ancel-Roy*, à Lyon (Rhône).	Nouveantés, draps. tricots anglais.
1477	*Martin* (J.-B.) et P^{us}., à Tarrare (Rhône).	Peluches.
1478	*Godemard et Meynier*, à Lyon (Rhône).	Articles soieries façonnés et châles cachemire. Ⓞ 1839 pour un métier à tisser.
1479	*Jaillet, jeune*, à Lyon (Rhône).	Châles cachemire.
1480	*Labourez*, à Lyon (Rhône).	Chapeaux castor.
1481	*Blache et Rodet*, à Lyon (Rhône).	Chapeaux castor.
1482	*Parent aîné*, à Lyon (Rhône).	Couvertures mérinos.
1483	*Gustelle et Monnet*, à Lyon (Rhône).	Châles soie (dits indiens) et gilets.
1484	*Pillard* (Julien), à Lyon (Rhône).	Chapeaux castor.
1485	*Guimet* (Jean-Baptiste), à Lyon (Rhône).	Bleu d'outremer. Ⓞ 1834. R. Ⓞ 1839.
1486	*Nallès, Protton, Thierriat*, à Lyon (Rhône).	Nouveautés, soieries façonnées, gilets et colliers.
1487	*Cinier* (Claude), à Lyon (Rhône).	Étoffes de soie façonnées. Ⓐ 1834, R. en 1839, sous la raison sociale Cinier et Fatin.
1488	*Grand frères*, à Lyon (Rhône).	Étoffes pour tentures et ornements d'église. Ⓞ 1819; R. Ⓞ en 1823 et en 1839.
1489	*Marin* (Jean), à Lyon (Rhône).	Mécanisme pour lire les dessins de fabrique.
1490	*Billaz-Maumené et Ce*, à la Guillotière (Rhône).	Cristaux.
1491	*Savoye* (Firmin), à Lyon (Rhône).	Nouveautés, soieries façonnées. Ⓐ 1839.
1492	*Legendre et Averly*, à Lyon (Rhône).	Machines à vapeur et pompes.
1493	*Debuchy* (François), à Lille (Nord).	Tissus de coton, de fil et de laine. Ⓑ 1834; Ⓞ 1839.
1494	*Malmazet aîné*, à Lille (Nord).	Cardes. Ⓐ 1834; R. Ⓐ 1839.
1495	*Mallez*, à Lille (Nord).	Bonneterie.

N° d'ord.	NOMS ET DEMEURES DES EXPOSANTS.	NATURE DES OBJETS EXPOSÉS.
1496	*Bauchet-Verlinde*, à Lille (Nord).	Registres et presses à copier.
1497	*Courmont*, à Wazemmes-lès-Lille (Nord).	Coton filé. Ⓑ 1839.
1498	*Willocquet*, à Orchies (Nord).	Charrue-Brabant.
1499	*Leblan et Ce*, à Pérenchies (Nord).	Fil de lin et d'étoupe.
1500	*Defrennes-Duplouy*, à Lannoy (Nord).	Courtepointes, couvre-berceau, jupons.
1501	*Faure* (Louis), à Wazemmes-les-Lille (Nord).	Céruse en poudre et en pain. M. H. 1834. R. 1839.
1502	*Roussel, Réquillart et Chocquel*, à Turcoing (Nord).	Tapis Ⓐ 1839.
1503	*Bruneel frères*, à Lille (Nord).	Coutils, nouveautés de laine, linge de table. Ⓑ 1827, à Bruneel et Callemieu.
1504	*Houyet aîné et Ce*, à Lille (Nord).	Orge mondé et perlé.
1505	*Dupisre*, à Roubaix (Nord).	Tissus pour robes.
1506	*Ribaucourt-Notte*, à Roubaix (Nord).	Tissus. M. H. 1839.
1507	*Bulteau frères*, à Roubaix (Nord).	Tissus pour robes,
1508	*Roussel-Dazin*, à Roubaix (Nord).	Tissus.
1509	*Lepoutre-Parent*, à Roubaix (Nord).	Tissus.
1510	*Odoux-Bourgeois*, à Tourcoing (Nord).	Flanelles.
1511	*Wattine*, à Roubaix (Nord).	Tissus divers.
1512	*Duhamel-Housez*, à Roubaix (Nord).	Tissus.
1513	*Prus-Grimonprez*, à Roubaix (Nord).	Tissus de laine et de coton. Ⓑ 1834 ; R. Ⓑ 1839.
1514	*Grimonprez* (Eugène) *et Ce*, à Roubaix (Nord).	Laine filée, tissus de laine.
1515	*Ternynck* frères, à Roubaix (Nord).	Tissus divers. Ⓐ 1839.
1516	*Frasez*, à Roubaix (Nord).	Tissus et châles. Ⓐ 1839.
1517	*Defrenne* (Louis), fils, à Roubaix (Nord).	Tissus de laine.
1518	*Defrenne* (Alphonse), à Roubaix (Nord).	Tissus de laine.
1519	*Delattre*, à Roubaix (Nord).	Laine filée, tissus de laine, Ⓞ 1839.
1520	*Dervaux*, à Roubaix (Nord).	Tissus divers. Ⓐ 1839.
1521	*Delfosse et Motte*, à Roubaix (Nord).	Tissus de laine.
1522	*Defrenne* (Paul), à Roubaix (Nord).	Camelots, stoffs, tissus divers.
1523	*Ernoult-Bayard*, à Roubaix (Nord).	Laine filée.
1524	*Folliot* (Auguste) *et Knight*, à Roubaix (Nord).	Tissus de coton.

No d'ord.	NOMS ET DEMEURES DES EXPOSANTS.	NATURE DES OBJETS EXPOSÉS.
1525	*Sérepel Roussel*, à Roubaix (Nord).	Laine filée et tissus de laine.
1526	*Ferlié*, à Roubaix (Nord).	Tissus et châles.
1527	*Tettelin-Montagne*, à Roubaix (Nord).	Tissus de laine.
1528	*Pin-Bayart* et comp^e, à Roubaix (Nord).	Tissus de laine.
1529	*Duthilleul-Lorthiois*, à Roubaix (Nord).	Tissus de laine.
1530	*Carlos Florin*, à Roubaix (Nord).	Laine filée. Ⓐ 1839.
1531	*Delepoulle frères*, à Roubaix (Nord).	Tissus de laine.
1532	*Screpel-Lefebvre*, à Roubaix (Nord).	Tissus de laine et de coton.
1533	*Screpel (César)*, à Roubaix (Nord).	Tissus de laine, laine filée.
1534	*Vasseur* et comp^e, à Tourcoing (Nord).	Molletons.
1535	*Tesse-Petit*, à Lille (Nord).	Coton filé. Ⓐ 1834 ; R. Ⓐ 1839.
1536	*Defontaine*, à Lille (Nord).	Tissus de laine et de coton pour habillements. Ⓑ 1839, sous la raison Defontaine et Cuvelier.
1537	*Herbo et Bonnier*, à Templeuve (Nord).	Tissus.
1538	*Lesay-Castellain*, à Lille (Nord).	Cylindres pour filatures.
1539	*Boyenval-Lavigne*, à Wazemmes (Nord).	Huile de pieds de bœuf.
1540	*Steverlynck*, à Lille (Nord).	Bleu d'azur, tournesol, orge perlé.
1541	*Savoye*, père, à Berlaimont (Nord).	Semoir.
1542	*Malo-Dickson* et comp^e, à Coudekerque-Branche-lès-Dunkerque (Nord).	Toiles à voiles en lin.
1543	*Harding-Cocker*, à Lille (Nord).	Peignes pour la laine et le lin. C. F. 1839.
1544	*Jourdain-Defontaine*, à Turcoing (Nord).	Tissus.
1545	*Cox (Edmond)* et comp^e, à Fives-lès-Lille (Nord).	Coton filé. ◎ 1839.
1546	*Leboulanger*, à Valenciennes (Nord).	Dentelles.
1547	*Desmarchelier*, à Halluin (Nord).	Toile de lin écrue.
1548	*Despret*, à Anor (Nord).	Aciers, limes, lames de sabres et de rasoirs.
1549	*Lefebvre (Théodore)* et comp^e, aux Moulins-lès-Lille (Nord).	Céruse, blanc de plomb. Ⓐ 1827, 1834 et 1839.
1550	*Numa-Gratz* et comp^e, à Valenciennes (Nord).	Sucre.
1551	*Marthe-Bousmart*, à Tourcoing (Nord).	Molletons.
1552	*Lussigny*, frères, à Valenciennes (Nord).	Batiste de fil.
1553	*Serret, Lelièvre* et comp^e, à Denain (Nord).	Fers, tôles, feuillards, formes à sucre en tôle.

N° d'ord.	NOMS ET DEMEURES DES EXPOSANTS.	NATURE DES OBJETS EXPOSÉS.
1554	Meurs (Benoît), à Valenciennes (Nord).	Balances-bascules.
1555	Mistiviers et Hamoir, à Valenciennes (Nord).	Batistes.
1556	Sirot père, à Trith-Saint-Léger (Nord).	Chevilles en fer et en cuivre pour cordonniers.
1557	Lelièvre et compe, à Cambrai (Nord).	Tissus de lin.
1558	Varanguien de Villepin, à Masnières (Nord).	Bouteilles. M. H. 1839.
1559	Crespin, à Cambrai (Nord).	Mouchoirs, coutils, toile, batistes, tissus de fil.
1560	Tofflin, Martho et fils, à Caudry (Nord).	Tulles de coton.
1561	Dassonville-Bonte, à Armentières (Nord).	Tempes pour le tissage du calicot et de la toile.
1562	Grimonprez, fils, à Roubaix (Nord).	Tissus et châles.
1563	Cordonnier (Mme ve), à Roubaix (Nord).	Tissus de laine et coton. M. H. 1839.
1564	Wattel et compe, à Roubaix (Nord).	Tissus pour pantalons.
1565	Wibeaux-Florin, à Roubaix (Nord).	Tissus pour robes et pantalons.
1566	Derrevaux-Delefortrie. Roubaix (Nord).	Tissus.
1567	Cliquet (Florimond), à Roubaix (Nord).	Tissus de coton.
1568	Bayart (Julien), à Roubaix (Nord).	Tissus et châles.
1569	Florin (Joseph), à Roubaix (Nord).	Tissus.
1570	Douchery, à Roubaix (Nord).	Tissus de laine et coton.
1571	Castel frères et sœur, à Roubaix (Nord).	Tissus pour pantalons.
1572	Lagache, à Roubaix (Nord).	Tissus de laine, de fil et de coton.
1573	Six (Henri), à Roubaix (Nord).	Tissus de fil, de coton et de laine.
1574	Pollet, à Roubaix (Nord).	Tissus de laine.
1575	Playette, à Roubaix (Nord).	Tissus de laine et coton.
1576	Réquillart-Screpel, à Roubaix (Nord).	Tissus de laine et coton.
1577	Bayart-Lefebvre fils et compe, à Roubaix (Nord).	Tissus de laine et de coton.
1578	Scrive-Labbe et Scrive (Édouard), à Lille (Nord).	Fils de lin et d'étoupes.
1579	Scrive, frères, à Lille (Nord).	Cardes à laine et à coton. Ⓑ 1806. Ⓐ 1827. Ⓞ 1834. R.Ⓞ 1839.
1580	Scrive frères, à Lille (Nord).	Tissus de lin.
1581	Bayart (Charles), à Armentières (Nord).	Linge de table.
1582	Glorieux-Lorthioit, à Turcoing (Nord).	Molletons.

N° d'ord.	NOMS ET DEMEURES DES EXPOSANTS.	NATURE DES OBJETS EXPOSÉS.
1583	*Claro*, à Lille (Nord).	Tissus de laine et de coton.
1584	*Wattier-Castel*, à Lille (Nord).	Linge de table.
1585	*Soyer-Vasseur* et *Lefébvre-Ducatteau* (Mme v^e) à Lille et Roubaix (Nord).	Tissus pour gilets.
1586	*Denoyelle* frères, à Valenciennes (Nord).	Batistes de fil blanches et imprimées.
1587	*Debuchy* (Daniel), à Turcoing (Nord).	Tissus de fil de coton et de laine. Ⓑ 1827. R. Ⓑ 1834 et 1839
1588	*Demeestere-Delannoy*, à Halluin (Nord).	Toiles de lin.
1589	*Lemaître-Demeestere*, à Halluin (Nord).	Toiles de lin.
1590	*Leurent* frères et sœurs, à Tourcoing (Nord).	Tissus pour pantalons.
1591	*Charvet* (André) et *Fevez*, à Lille (Nord).	Impressions sur tissus. Ⓐ 1839.
1592	*Leblan*, à Tourcoing (Nord).	Laine filée.
1593	*Lepet-Desuède*, à Douai (Nord).	Ornements en fonte de fer.
1594	*Dubrulle*, à Lille (Nord).	Lampe Davy, lanterne de sûreté.
1595	*Deplanque* et *Deblock*, à Lille (Nord).	Tissus pour pantalons.
1596	*Defontaine* (Édouard et François), à Tourcoing (Nord).	Fécule et glucose.
1597	*Lejeune* et comp^e, à Roubaix (Nord).	Laine filée. Ⓑ 1839.
1598	*Charvet* (Henri), à Lille (Nord).	Tissus de fil, de laine et de coton. Ⓐ 1839.
1599	*Cuvru-Bulteau*, à Roubaix (Nord).	Tissus de coton.
1600	*Grimonprez-Laurie*, à Roubaix (Nord).	Châles teints et frangés.
1601	*Beny-Agache*, à Roubaix (Nord).	Tissus.
1602	*Mahieu-Delangre*, à Armentières (Nord).	Toile de lin.
1603	*Kuhlmann* frères, à Loos-lès-Lille (Nord).	Produits chimiques, noir animal. Ⓐ 1839.
1604	*Lechevalier de Préville* frères, à Roubaix (Nord).	Tissus pour robes.
1605	*Duvillier-Delattre*, à Turcoing (Nord).	Molleton.
1606	*Duvillier* frères, à Turcoing (Nord).	Laine cardée.
1606	*Duvillier* frères, à Turcoing (Nord).	Bleu d'azur.
1607	*Caullicz-Petillon*, à Turcoing (Nord).	Laine filée.
1608	*Vantroyen* et *Mallet*, à Lille (Nord).	Coton filé. Ⓞ 1834, sous la raison Vantroyen, Cuvelier, et comp. R. Ⓞ 1839, aux mêmes.
1609	*Barrois*, à Lille (Nord).	Coton et bourre de soie filés.

N° d'ord.	NOMS ET DEMEURES DES EXPOSANTS.	NATURE DES OBJETS EXPOSÉS.
1610	*Pitat* et *Evrard*, à Valenciennes (Nord).	Vernis. M. H. 1839 à Pitat.
1611	*Leblon-Dausette*, à Armentières (Nord).	Toile fil et coton, cretonne, calicot.
1612	*Decoster*, à Lille (Nord).	Linge de table.
1613	*Soleil.* Paris, r. de l'Odéon, 35.	Instruments d'optique et de physique. M. H. 1839.
1614	*Wallet.* Paris, quai de l'Horloge, 73.	Lampe de Berzélius à l'usage de la minéralogie et de la chimie, instruments scientifiques, miroirs à barbe grossissant.
1615	*Lebrun.* Paris, r. Gréneta, 4.	Instruments d'optique et de mathématiques.
1616	*Buron.* Paris, r. des Trois-Pavillons, 10.	Longues vues terrestres, marines et astronomiques, grande lunette astronomique, pied de lunette. Ⓐ 1834 et 1839.
1617	*Goebel.* Paris, r. Michel-le-Comte, 30.	Caves à liqueurs, boîtes à châles. nécessaires. C. F. 1839.
1618	*Carpentier.* Paris, r. de Ménilmontant, 61.	Modèles de chevaux articulés.
1619	*Barbier.* Paris, r. d'Orléans, au Marais, 13.	Marqueterie, boîte à châles, caves à odeurs, boîtes à jeux.
1620	*Froment.* Paris, r. du Bouloi, 23.	Moteur électrique.
1621	*Deleuil.* Paris, r. du Pont-de-Lodi, 8.	Modèles de balances de précision et de machines pneumatiques, microscope simple et double, divers instruments de physique. M. H. 1827, Ⓑ 1834, Ⓐ 1839.
1622	*Tavernier.* Paris, r. du Four-Saint-Germain, 17.	Baromètres en fer, thermomètres, appareil pour déterminer le point de 100°.
1623	*Winckelmann.* Paris, r. des Saints-Pères, 10.	Baromètres, balances, mesures, machine pneumatique.
1624	*Leydecker.* Paris, quai des Augustins, 55.	Baromètres de divers modèles, thermomètres, aréomètres, etc.
1625	*Bunten.* Paris, quai Pelletier, 30.	Instruments de physique, baromètres, thermomètres, hygromètres, sympiezomètres. R. Ⓐ 1839.
1626	*Grosse.* Paris, r. du Milieu-des-Ursins, 1.	Instruments de physique, aréomètres.
1627	*Leroy.* Paris, r. des Fossés-Saint-Germain-l'Auxerrois, 29,	Instruments d'aréométrie en platine, argent, etc. C. F. 1839

4*

N° d'ord.	NOMS ET DEMEURES DES EXPOSANTS.	NATURE DES OBJETS EXPOSÉS.
1628	*Sedille.* Paris, r. du Coq-Saint-Jean, 8.	Microscope achromatique, thermomètre gravé sur poirier, baromètre perfectionné.
1629	*Schwartz.* Paris, r. Saint-Honoré, 283.	Sextants, octants, horizons, longue vue.
1630	*Rouvet.* Paris, r. de Chartres, 19.	Instruments de mathématiques en bois.
1631	*Girard* (Le chevalier Philippe de). Paris, r. du faubourg Saint-Honoré, 76.	Chrono-thermomètre et météorographe.
1632	*Dien.* Paris, r. Hautefeuille, 13.	Instruments de géographie, sphères, système planétaire, cartes célestes; lunette. Ⓐ 1834, Ⓑ 1839.
1633	*Fichet.* Paris, r. Basse-du-Rempart, 28.	Solides géométriques pour l'enseignement, cartes géographiques pour l'enseignement. M. H. 1839.
1634	*Blondeau.* Paris, r. Montesquieu, 6.	Pantographes et diagraphe.
1635	*Richard.* Paris, r. Saint-Fiacre, 3.	Machines à calculer.
1636	*Gravet.* Paris, r. Cassette, 14.	Boussole nivellatrice, niveau à réflexion, règles à calculs.
1637	*Bourbouze.* Paris, r. des Maçons-Sorbonne, 26.	Miroirs paraboliques. C. F. 1839.
1638	*Roux.* Paris, r. du Grand-Prieuré, 7.	Loupes-bocal-lentilles.
1639	*Nachet.* Paris, quai aux Fleurs, 17.	Instruments d'optique, microscope, lunette astronomique.
1640	*Bernard.* Paris, quai du Marché-Neuf, 30.	Microscopes achromatiques et microscope solaire horizontal et vertical, chambres claires.
1641	*Chevalier* (Charles). Paris, Palais-Royal, 163.	Instruments d'optique. R. Ⓞ 1839.
1642	*Plagniol.* Paris, r. Pastourel, 5.	Photographe.
1643	*Beyerlé.* Paris, r. Mazarine, 48.	Verres d'optique à surface de cylindre.
1644	*Bourgogne.* Paris, r. Constantine, 6, et r. des Marmousets, cité, 17.	Instruments d'optique, micrographe universel et de cabinet. C. F. 1839.
1645	*Brunner.* Paris, r. des Bernardins, 34.	Instruments d'optique pour la marine et l'astronomie, Ⓐ 1839.
1646	*Picard et Guiraud.* Paris, r. des Trois-Bornes, 46.	Métier à tissus, châle en laine et tissus divers.

N° d'ord.	NOMS ET DEMEURES DES EXPOSANTS.	NATURE DES OBJETS EXPOSÉS.
1647	*Wolfel et Laurent.* Paris, r. des Martyrs, 26 et 27.	Pianos divers, Ⓐ 1839.
1648	*Sax et Cⁱᵉ.* Paris, r. Neuve-Saint-Georges, 10.	Clarinettes, flûtes, cors, ophicléides, trompettes, etc.
1649	*Winnen.* Paris, r. Bourbon-Villeneuve, 35.	Flûtes, hautbois, clarinettes, basson et bassonore, Ⓑ 1834. R. Ⓑ 1839.
1650	*Colin.* Paris, r. du Bac, 32.	Pianos carrés et droits.
1651	*Halary.* Paris, r. Mazarine, 37.	Instruments de musique, Ⓑ 1839.
1652	*Brown.* Paris, r. des Fossés-du-Temple, 20.	Mélophones et piano.
1653	*Jaud.* Paris, r. Saint-Denis, 361.	Mécaniques à dévider la soie.
1654	*Pascal.* Paris, r. Popincourt, 69.	Machines à tisser.
1655	*Mary.* Paris, r. des Trois-Bornes, 13 *bis.*	Métiers à la Jacquart.
1656	*Laneuville.* Paris, r. de la Vieille-Draperie, 4.	Mécaniques à faire les cordons et à battre au blanc.
1657	*Foucher.* Paris, r. de la Bucherie, 18.	Métier à tisser des chaussons, chaussons tressés.
1658	*Dioudonnat et Hautin.* Paris, r. Saint-Maur, 12.	Machines à lire et percer les cartons. — Un métier dit à la barre pour faire des rubans. — Maillons de verre et de métal, et échantillons de fuseaux de plomb. Ⓑ 1827, Ⓐ 1834 et 1839 à M. Dioudonnat.
1659	*Fazon.* Paris, r. Saint-Denis, 347.	Métiers, rouets, boîtes de fantaisie. Etagère et divers autres objets tournés.
1660	*Rouget-Delisle* Paris, passage des Petites Ecuries, 15 et 20.	Machines diverses ; règle parallèle, taille-crayon mécanique ; presse à imprimer les étoffes ; métiers à tisser, à faire la tapisserie. Ⓑ 1839.
1661	*Barbé-Proyart et Bosquet.* Paris, r. de Cléry, 42.	Châles à la Jacquart.
1662	*Aubry.* Paris, cité Trévise, 24.	Mécanique à broder des dessins pour meubles.
1663	*Savaresse.* Paris, r. des Marais, 10.	Pompe aspirante et foulante. Manomètres et modèles divers de vases siphoïdes.
1664	*Villeneuve et Paguerre.* Paris, r. de Seine, 44 *bis.*	Appareils congélateurs.

N° d'ord.	NOMS ET DEMEURES DES EXPOSANTS.	NATURE DES OBJETS EXPOSÉS.
1665	Gouvernement de l'Algérie.	Échantillons de coton de la pépinière d'Alger ; échantillons de soie de la pépiniè. centrale.
1666	*Jullien* (veuve André). Paris, r. de l'Échiquier, 41.	Appareils pour la manutention des vins, poudres à clarifier, et flotteur d'alarme pour chaudières à vapeur. Ⓐ 1823, R. Ⓐ 1827, 1834 et 1839.
1667	*Egrot.* Paris, r. du faubourg Saint-Martin, 268.	Appareils distillatoires en cuivre, C. F. 1827. M. H. 1834, R. M. H. 1839.
1668	*Desmoutis, Morin et Chapuis.* Paris, r. Richelieu, 31, et r. Montmartre, 64.	Appareil pour la concentration de l'acide sulfurique , se composant d'un alambic, outre ses accessoires, Ⓐ en 1819, à Jeannety ; Ⓞ en 1823. R. Ⓞ 1827, à Bréant, prédécesseur.
1669	*Thuvien.* Paris, r. Saint-Claude, 14.	Cafetières.
1670	*Roussin.* Paris, r. de Vaugirard, 57 *bis.*	Presse lithographique , machine à chocolat.
1671	*Pierron.* Paris, r. Saint-Honoré, 123.	Presses autographiques et lithographiques. Ⓑ 1834.
1672	*Normand.* Paris, r. de Sèvres, 97.	Presse mécanique pour l'imprimerie, dessin d'une presse à journaux.
1673	*Thiebaut.* Paris, r. du faubourg Saint-Denis, 152.	Cylindres pour l'impression des tissus, bronzes d'art fondus bruts, robinets destinés au service des bains, de la vapeur et du gaz, appareils pour machines à vapeur, etc., pompes. Ⓞ 1839.
1674	*Kocher.* Paris, r. du Bouloy, 24.	Presse lithographique.
1675	*Giroudot fils.* Paris, r. du Val-de-Grâce, 6.	Presse typographique , dite Guttembergeoise, avec toucheur mécanique.
1676	*Dutartre.* Paris, avenue de Saxe, 24.	Presses typographiques et lithographiques, mécaniques, Ⓐ 1839.
1677	*Brisset fils.* Paris, r. des Martyrs, 13.	Presses lithographiques.
1678	*Brisset père.* Paris, r. des Martyrs, 13.	Presses autographiques, machine à faire les fonds sur les pierres lithographiques, cisaille, presse à rogner. M. H. 1839.
1679	*Alkan aîné.* Paris, place Saint-Germain-l'Auxerrois, 24.	Modèle de nouvelle casse typographique.

N° d'ord.	NOMS ET DEMEURES DES EXPOSANTS.	NATURE DES OBJETS EXPOSÉS.
1680	*Pladis.* Paris, petite r. du Bac, 15.	Machine à cintrer le fer.
1681	*Derriey.* Paris, r. Notre-Dame-des-Champs, 8.	Cadres renfermant des impressions de caractères et vignettes, et des gravures sur acier, Ⓑ 1839.
1682	*Herz* (Henri). Paris, r. de la Victoire, 38.	Pianos à queue, carré, vertical, pianino à cordes droites. Nouvel instrument à sons prolongés. M. H. 1839.
1683	*Savaresse fils.* Paris, r. Saint-Martin, 241.	Cordes harmoniques, cordes graves filées, cordes en boyaux, Ⓑ 1827. R. 1834-1839.
1684	*Sanguinède.* Paris, r. du Sentier, 26.	Cordes de pianos en acier trempé.
1685	*Peccate.* Paris, r. d'Angevilliers, 18.	Archets. M. H. 1839.
1686	*Laurencin* (Mme). Paris, galerie et rotonde Colbert, 5.	Accordéons.
1687	*Raoux.* Paris, r. Serpente, 11.	Instruments de musique en cuivre. Ⓐ 1839.
1688	*Labbaye.* Paris, r. du Caire, 17.	Cors d'harmonie, ophicléides, cornets à piston, trombone, etc. M. H. 1839.
1689	*Adler.* Paris, r. Mandar, 8.	Basson à clefs en maillechort, un contre-basson. Ⓑ 1839.
1690	*Paturel-Bailly.* Paris, r. Richer, 33.	Pianos, pianino.
1691	*Duchêne.* Paris, passage du Saumon, 10.	Guitares.
1692	*Guenebaut* (François) Delaperrière, à Puiseuil-la-Ville (Côte-d'Or.)	Laines.
1693	*Soufléto.* Paris, r. Montmartre, 171.	Pianos divers. Ⓐ 1834: N. Ⓐ 1839.
1694	*Roller et Blanchet.* Paris, r. Hauteville, 26.	Piano à queue, pianos droits. Ⓐ 1823 à Roller; R. Ⓐ 1827 à Roller et Blanchet; Ⓞ 1834 aux mêmes; R. Ⓞ 1839 aux mêmes.
1695	*Richer.* Paris, r. Vendôme, 6.	Piano.
1696	*Périchon.* Paris, r. du Val-Sainte-Catherine, 17.	Pianos.
1697	*Grus.* Paris, r. Saint-Louis, au Marais, 60.	Pianos. M. H. 1839.
1698	*Poirot.* Paris, r. Saint-Denis, 374.	Orgues pour églises, violons et guitares.
1699	*Henry.* Paris, r. Saint-Martin, 99.	Quatuor composé de deux violons un alto et une basse.

Nº d'ord.	NOMS ET DEMEURES DES EXPOSANTS.	NATURE DES OBJETS EXPOSÉS.
1700	*Duvernoy.* Paris, r. d'Orléans, au Marais, 9.	Orgues.
1701	*Gaidon jeune.* Paris, r. Montmartre, 121.	Pianos. ⑬ 1834 ; R. id. 1839.
1702	*Guichard aîné.* Paris, r. du Cloître-Notre-Dame, 6 et 8.	Ophicléides, cors, trompettes, cornets à pistons, trombones. M. H. 1839.
1703	*Aucher.* Paris, r. de Bondy, 40.	Pianos.
1704	*Montal.* Paris, r. Dauphine, 36.	Pianos.
1705	*Niderreither.* Paris, faubourg Poissonnière, 109 bis.	Pianos à queue, carré et droit.
1706	*Pot-de-Fer.* à Nevers (Nièvre).	Enclumes.
1707	*Bruni.* Paris, r. de Breteuil.	Pianos.
1708	*Thibout* et compe. Paris, r. des Filles-du-Calvaire, 6.	Pianos.
1709	*Périchon* aîné. Paris, r. des Francs-Bourgeois, au Marais, 1.	Pianos.
1710	*Cabillet.* Saint-Denis, Place-d'Armes, 9.	Tableau pour le facteur d'orgues.
1711	*Tachet.* Paris, r. Saint-Honoré, 274.	Pupître, nouveau système. Ch. F. 1839.
1712	*Lecoëntre.* Batignolles-Monceaux, r. de l'Église, 16.	Instrument nautique, dit *sondeur Lecoëntre*, destiné à mesurer la distance qu'il parcourt verticalement de la surface de la mer jusqu'à une profondeur de 300 brasses, sans arrêter la marche du bâtiment.
1713	*Guenet.* Paris, r. Folie-Méricourt, 25.	Instruments pour les dessinateurs de machines, destinés à graduer les grandes échelles et faire des hachures.
1714	*Neuber.* Paris, r. Sainte-Avoye, 14.	Machine à graver, combinée avec le tour universel. M. H. 1839.
1715	*Poitrat.* Paris, r. Croix-des-Petits-Champs, 55.	Appareils mécaniques pour l'exécution des calculs.
1716	*Roth.* Paris, boulevart des Capucines, 21.	Machines à addition et soustraction, machine pour les quatre règles, machine à coulisse pour multiplication, compteur pour machines à vapeur, marqueur mécanique.

N° d'ord.	NOMS ET DEMEURES DES EXPOSANTS.	NATURE DES OBJETS EXPOSÉS.
1717	*Gavard* (Adrien) fils. Paris, r. Ventadour, 6.	Diagraphe, pantographe et instruments de précision. R. Ⓐ 1839.
1718	*Lecomte* et *Bianchi*. Paris, r. Mignon, 2.	Balances de précision, machine pneumatique, instruments de géodesie, kaléthomètre, célérigraphe, instruments divers. Ⓑ 1839.
1719	*Reymondon-Martin*. Paris, passage Bafour, 15.	Instruments de précision.
1720	*Hamann* et *Hempel*. Paris, place Dauphine, 11.	Compas à ellipse, cadran solaire portatif, tour pour les objets de précision.
1721	*Siry*, *Lizars* et compᵉ. Paris, r. Lafayette, 7.	Compteurs à gaz, gazomètres.
1722	*Loiseau*. Paris, quai de l'Horloge-du-Palais, 75.	Machine pneumatique, microscope solaire, microscopes, hygromètres, appareils divers. C. F. 1839.
1723	*Vande* et *Jeanray*. Paris, r. des Guillemites, 2.	Règles et équerres en acier et cuivre étirés, outils de précision pour la chapellerie, cordon erie, etc. Ⓑ en 1839.
1724	*Bauerkeller* et compᵉ. Paris, r. Saint-Denis, passage Lemoine.	Gauffrages en couleur sur papiers et étoffes, et cartes géographiques en relief. Ⓑ 1839.
1725	*Allevy* frères. Paris, r. Croix-des-Petits-Champs, 12.	Cadran perpétuel, conjugateur Allevy, appareil de daguerréotype, système Allevy; épreuves daguerréennes.
1726	*Delamarche*. Paris, r. du Battoir-Saint-André, 7.	Globes terrestres, systèmes planétaires. Ⓑ 1839.
1727	*Bardin*. Paris, faubourg du Roule, 77 bis.	Formes topographiques en terre, modèles géographiques, id. de géométrie descriptive et d'arts de constructions, fronts de fortifications en relief, modèle de batterie de seconde parallèle, etc., globe céleste.
1728	*Cosson*. Paris, r. Grange-aux-Belles, 20 bis.	Billard en ébène, petit billard en chêne. C. F. 1827; M. H. 1834 et 1839.
1729	*Bouhardet*. Paris, r. de Bondy, 66.	Billards. M. H. 1834; Ⓑ 1839.
1730	*Laburthe*. Paris, faubourg Saint-Denis, 64.	Billard.

N° d'ord.	NOMS ET DEMEURES DES EXPOSANTS.	NATURE DES OBJETS EXPOSÉS.
1731	*Martinet*. Paris, r. du Grand-Hurleur, 4.	Queues de billards, marques.
1732	*Morenas*. Paris, r. du Petit-Thouars, 22.	Billard.
1733	*Plénel*. Paris, boulevard Saint-Martin, 8.	Billard. C. F. 1839.
1734	*Sauraux*. Paris, faubourg du Temple, 21.	Billards en fer fondu.
1735	*Niclaus* et *Garnier*. Paris, r. des Gravilliers, 46.	Moulures guillochées et unies.
1736	*Savary*. Paris, r. Mazarine, 40.	Cadres en bois verni.
1737	*Noyon*. Paris, petite r. Saint-Pierre-Amelot, 16.	Parquets, portes, volets, table de billard.
1738	*Linsler*. Paris, r. Neuve-Chabrol, 17.	Parquets.
1739	*Maria*. Paris, r. du Faubourg-Saint-Antoine, 58.	Moulures couvertes en cuivre. Ⓑ 1839, à Lequart.
1740	*Legros*. Paris, r. de Charonne, 4.	Morceaux de bois d'acajou découpé.
1741	*Blery*. Passy. r. de l'Église, 15.	Chaîne décamètre, nouveau système.
1742	*Parent*. Paris, r. des Arcis, 33.	Balances, poids en laiton, poids divisés, un nécessaire de vérificateur des poids et mesures.
1743	*Bertrand* fils. Paris, r. Saint-Jacques, 286.	Une *équerre-tarif* pour mesurer les grumes ou bois ronds.
1744	*Pétrement*. Paris, r. Neuve-Popincourt, 10.	Calibres décimaux.
1745	*Hatzenbühler*. Paris, r. Fontaine-Saint-Georges, 8.	Pianos de différentes formes. Ⓑ 1839.
1746	*Herz* (Jacques). Paris, r. de la Paix, 7.	Pianos droits.
1747	*Eslanger*. Paris, r. Montorgueil, 8.	Pianos à queue, carré, oblique et pianino. M. H. en 1839.
1748	*Kriegelstein* et *Ch. Plantade*. Paris, boulevard Monmartre, 8.	Piano à queue grand format, piano carré de nouvelle forme, piano droit à cordes obliques, pianino à cordes verticales. Ⓐ 1834; Ⓐ 1839.
1749	*Erard*. Paris, r. du Mail, 13 et 21; r. Saint-Maur, 3 et 87.	Pianos, harpes et orgues. Ⓞ 1819, à Sébastien Érard; nouvelle Ⓞ 1823, au même; nouvelle Ⓞ 1827, au même; R. Ⓞ 1834, au même; nouvelle Ⓞ 1839, à Pierre Érard.
1750	*Chapouen*, à Avignon (Vaucluse).	Fusil de chasse.
1751	*Astic*, à Avignon (Vaucluse).	Chapeaux de soie.

N° d'ord.	NOMS ET DEMEURES DES EXPOSANTS.	NATURE DES OBJETS EXPOSÉS.
1752	*Gueuvin-Bouchon* et comp°, à Laferté-sous-Jouarre (Seine-et-Marne).	Meules à moulin. Ⓑ 1839.
1753	*Roger* fils, à Laferté-sous-Jouarre (Seine-et-Marne).	Meules à moulin.
1754	*Naylies* et comp°, à Laferté-sous-Jouarre (Seine-et-Marne).	Meules à moulin.
1755	*Lebœuf-Milliet* et comp°, à Montereau (Seine-et-Marne).	Services de table, toilettes, cabarets, etc., etc., en porcelaine et faïence. Ⓞ 1834, dont R. 1839.
1756	*Martin*, à Provins (Seine-et-Marne).	Orgues à percussion.
1757	*Pauwels* et comp°, à Melun (Seine-et-Marne).	Fontaines à thé bronzées, bouilloires, cocotes, marabouts, bougeoirs, flambeaux, etc.
1758	*Husson*, à Melun (Seine-et-Marne).	Perles dorées. C. F. 1839.
1759	*Bourdeau*, à Gouvieux (Oise).	Cotons filés.
1760	*Descoins*, à Mouy (Oise).	Laines filées.
1761	*Meauzé-Cartier* et comp°, à Tours (Indre-et-Loire).	Étoffes de soie, divers articles de passementerie. Ⓑ 1819; Ⓞ 1823; R. Ⓞ 1827, au sieur Pillet aîné, prédécesseur.
1762	*Collineau* (René), à Tours (Indre-et-Loire).	Canevas, toile à bluter, sacs à raisin. M. H. 1839.
1763	*Bellanger* père et comp°, à Tours (Indre-et-Loire).	Tapis. Ⓑ 1827, à Bellanger-Pagé; Ⓑ 1834 et R. Ⓑ 1839, à Bellanger père et Nourrisson.
1764	*Champoiseau*, à Tours (Indre-et-Loire).	Soies, tissus de soie, cordonnets. M. H. 1819; Ⓑ 1827.
1765	*Pellereau* frères, à Châteaurenault (Indre-et-Loire).	Cuirs et peaux. M. H. 1819; Ⓐ 1823 et 1827.
1766	*Digard*, à Thomery (Seine-et-Marne).	Sécateurs et instruments d'horticulture.
1767	*Badon* et comp°, aux Basses-Loges (Seine-et-Marne).	Pavés de grès friable et briques. C. F. 1839.
1768	*Société de Sainte-Marie, directeur Ch. Delatouche*, à Jouy-Saint-Morin (Seine-et-Marne).	Papiers et cartons. Ⓐ 1819, à M. Delagarde; Ⓞ 1834, à M. Delatouche; R. Ⓞ 1839.
1769	*Nancey* fils, à Melun (Seine-et-Marne).	Socques en cuir et en bois.
1770	*Marmet*, à Courbeton (Seine-et-Marne).	Poteries de grès, cruches, cafetières, bouteilles, etc.
1771	*Hermet*, à Brie (Seine-et-Marne).	Colliers de chevaux.

N° d'ord.	NOMS ET DEMEURES DES EXPOSANTS.	NATURE DES OBJETS EXPOSÉS.
1772	*Du Tremblay*, à Rubelles (Seine-et-Marne).	Carrelage, cheminées, poêles et cadres de glaces en porcelaine et en faïence.
1773	*Juhel Desmares*, à Pont-ès-Retour (Calvados).	Draps de différentes couleurs. Ⓑ 1834. R. Ⓑ 1839.
1774	*Le Normand*, à Vire (Calvados).	Drap bleu lisse et drap bleu clair.
1775	*Bouvry*, à Orbec (Calvados).	Frocs.
1776	*Bordeaux-Fournel* veuve et fils, à Lisieux (Calvados).	Molletons bronze et à poil mélangé.
1777	*Le Bailly*, à Vire (Calvados).	Peaux de veau et de vache tannées.
1778	*Durand*, à Rully (Calvados).	Peaux de veaux tannées. Ⓑ 18..
1779	*Benard* et compᵉ, à Honfleur (Calvados).	Blanc d'argent, céruse et carbonate de plomb. M. H. 1839.
1780	*Berthe* frères, à Honfleur (Calvados).	Sulfate de fer.
1781	*Legoux*, à Bayeux (Calvados).	Tuyaux, gouttières, pavés et lames de parquet en pierres infiltrées de matières bitumineuses.
1782	*Garat* aîné, à Caen (Calvados).	Balance bascule portative, dite à tablier carré.
1783	*Mérouze*, à Lisieux (Calvados).	Templon perfectionné pour tendre.
1784	*De Bergue* (Ch.), *Desfricches* et *Gillotin*, à Lisieux (Calvados).	Peignes à tisser de toute nature, maillons métalliques pour lames, lames à maillous, peignes à peigner le lin, Gills, etc. Ⓐ 1834. R. 1839.
1785	*Berjot*, à Caen (Calvados).	Machines pour fabriquer les eaux gazeuses, et emplir et boucher les bouteilles.
1786	*Guérin*, à Honfleur (Calvados).	Fusil de sûreté à percussion.
1787	*Gervais*, à Caen (Calvados).	Cotons filés. Ⓑ 1834. R. Ⓑ 1839.
1788	*Guesnon*, à la Chapelle-Yvon (Calvados).	Lin teillé.
1789	*Vautier* fils, à Caen (Calvados).	Articles de bonneterie. Ⓐ 1806, à M. Vautier père. M. H. 1839, à M. Vautier fils.
1790	*Bellamy*, à Caen (Calvados).	Articles de bonneterie.
1791	*Langlois* (Frédéric) et compᵉ, à Isigny (Calvados).	Articles en porcelaine dure dite grès.
1792	*Mannoury*, à Caen (Calvados).	Articles de bonneterie. M. H. 1839.

N° d'ord.	NOMS ET DEMEURES DES EXPOSANTS.	NATURE DES OBJETS EXPOSÉS.
1793	Scot et Delacour, à Caen (Calvados).	Châles angora et mitons angora.
1794	Lefournier, Lamotte père et fils, et Dufay, à Condé-sur-Noireau (Calvados).	Linge de table. Ⓑ 1839.
1795	Vardon (Mlle.), à Caen (Calvados).	Voilette et volant en dentelle.
1796	Mulot, à Caen (Calvados).	Blondes et dentelles.
1797	Violard, à Courceulles (Calvados).	Voiles, mantelets, écharpes châles en dentelle et blondes. Ⓑ 1834. R. Ⓑ 1839.
1798	Villain (Melles.), à Caen (Calvados).	Tulles brodés, blondes et dentelles. M. H. 1839.
1799	Lefebure et sœur et Petit, à Bayeux (Calvados).	Dentelles de fil et blondes de soie. Ⓑ 1819. Ⓐ 1823. Ⓞ 1827, à Mme Vve Carpentier.
1800	Le Boulanger, à Bayeux (Calvados).	Blondes et dentelles.
1801	Torcapel, à Caen (Calvados).	Tulles brodés.
1802	Delamarche de Manneville, à Honfleur (Calvados).	Système de tonnellerie mécanique. Ⓑ 1834.
1803	Laurent (Henri) et fils, à Amiens (Somme).	Velours pour meubles, tapis et tapisseries. Ⓑ 1823. R. Ⓑ 1827, Ⓐ 1839.
1804	Berly et Compe, à Amiens (Somme).	Velours d'Utrecht, velours divers.
1805	Barbaza et Compe, à Belloy-sur-Somme (Somme).	Tapis, moquettes.
1806	Société pour la fabrication des fils et tissus de lin et de chanvre, à Amiens (Somme).	Fils de lin et de chanvre.
1807	Fevez-Desiré et Compe, à Amiens (Somme).	Laines, châles, nouveautés en laine en et soie. Ⓐ 1839.
1808	Mollet-Warmé frères, à Amiens (Somme).	Nouveautés en laine et en soie.
1809	Henriot fils et Compe, à Amiens (Somme).	Étoffes de laine, de soie et de coton. Ⓞ 1839.
1810	Caussin frères, à Amiens (Somme).	Draps caoutchouc pour pantalons.
1811	Adéodat-Lefèvre et Compe, à Amiens (Somme).	Velours de coton de diverses couleurs.
1812	Gittard-Sainneville, à Amiens (Somme).	Velours de coton.
1813	Mellier, Obry fils et Compe, à Prouset (Somme).	Papiers divers. Ⓑ 1839, sous la raison Tavernier, Obry et cle.
1814	Wasse, à Cagny (Somme).	Charrue, Semoir.
1815	Baillet, à Fouilloy (Somme).	Charrue à trois socs.

N° d'ord.	NOMS ET DEMEURES DES EXPOSANTS.	NATURE DES OBJETS EXPOSÉS.
1816	*Debaussaux* fils, à Amiens (Somme).	Pompe à incendie avec ses agrès, foyer hydraulique.
1817	*Briez*, à Friville (Somme).	Cylindres cannelés pour filatures.
1818	*Boutté* fils, à Escarbotin (Somme).	Serrure.
1819	*Maquennehen* frères et neveu, à Escarbotin (Sómme).	Serrures, cadenas. Ⓐ 1823.
1820	*Deneux-Michaut*, à Hallencourt (Somme).	Linge de table.
1821	*Demoreuil*, à Hangest (Somme).	Bas, cravates, gilets, divers articles de bonneterie.
1822	*Cyr-Maumené*, à Mailly-Ruineval (Somme).	Binoteur-extirpateur.
1823	*Debuigny*, à Amiens (Somme).	Velours de coton pour meubles.
1824	*Obry-Boulanger*, à Villers-Bretonneux (Somme).	Bas, bonneterie.
1825	*Delacour* (Théodore) et fils, à Villers-Bretonneux (Somme).	Bas, gilets de flanelle, articles de bonneterie.
1826	*Dufau* et *Dupontrué*, à Belloy-sur-Somme (Somme).	Velours d'Utrecht pour meubles.
1827	*Collard*, à Cheniers (Marne).	Un semoir mécanique.
1828	*Rousseau*, à Epernay (Marne).	Machine à essayer les bouteilles, *id.* à opérer les vins de Champagne, Un acuponcteur.
1829	*Picot*, à Châlons (Marne).	Machine à opérer les vins de Champagne. Ⓑ 1839.
1830	*Dautréville*, à Châlons (Marne).	Bas de laine.
1831	*Pierquin-Grandin* et fils, à Reims (Marne).	Flanelles en tous genres. Ⓑ 1839.
1832	*Vincent*, à Givry en Argonne (Marne).	Enveloppes de bouteilles.
1833	*Ply*, (Marne).	Machine de force.
1834	*Paquin*, (Marne).	Modèle de wagon.
1835	*Bellois Gomand*, à Châlons (Marne).	Pastilles, dragées, sirops, jujubes, chocolats, etc.
1836	*Barbat-Thomas*, à Châlons (Marne).	Livre d'Évangiles illustré. M. H. 1839.
1837	*Boucharlat* aîné, à Reims (Marne).	Vermicelle.
1838	*Crétenier*, à Epernay (Marne).	Fils peignés sans peignage.
1839	*Lafontaine-Benoist*, à Rheims (Marne).	Bougie stéarique.
1840	*Herbin*, à Rheims (Marne).	Bougies stéariques de toute sorte.

N° d'ord.	NOMS ET DEMEURES DES EXPOSANTS.	NATURE DES OBJETS EXPOSÉS.
1841	*Houzeau* et *Velly*, à Rheims (Marne).	Produits chimiques. Ⓐ 1834, à M. Houzeau-Muiron; R. Ⓐ 1839, à MM. Houzeau-Muiron et Velly.
1842	*Henriot* fils et *Drien*, à Rheims (Marne).	Flanelles. Ⓐ 1834; Ⓞ 1839, à M. Henriot fils.
1843	*Lachappelle* et *Levarlet*, à Rheims et à Saint-Brice (Marne).	Fils peignés et cardés. Ⓐ 1839.
1844	*Caillet-Franqueville*, à Bazancourt (Marne).	Mérinos.
1845	*Camu* fils et *T. Croutelle* neveu, à Pont-Givart (Marne).	Laines filées. Ⓐ 1834; Ⓞ 1839.
1846	*Dauphinot-Pérard*, à Isles-sur-Suippes (Marne).	Mérinos. Ⓑ 1834; Ⓐ 1839.
1847	*Lucas* frères, à Bazancourt (Marne).	Laine peignée et laine cardée. Ⓞ 1839.
1848	*Deffry*, à Bourgogne (Marne).	Moulin concasseur.
1849	*Patriau*, à Rheims (Marne).	Étoffes pour gilets et pantalons.
1850	*Daniel*, à Pontfaverger (Marne).	Laine peignée et filée, tissus.
1851	*Henriot* frères, sœur et compᵉ, à Reims (Marne).	Laine cardée et peignée, et tissus divers. Ⓑ 1819, Ⓐ 1823, Ⓞ 1827, dont R. 1834 et 1839.
1852	*Leclerc-Allart* et fils, à Reims (Marne).	Flanelles, mérinos et laines. Ⓐ 1839.
1853	*Bertherand Sutaine* et compᵉ, à Reims (Marne).	Fils de laine doubles.
1854	*Leclerc-Boisseau* et compᵉ, à Reims (Marne).	Étoffes pour gilets.
1855	*Benoist-Malot* et compᵉ, à Reims (Marne).	Étoffes pour gilets. Ⓐ 1834, dont R. 1839.
1856	*Buffet-Périn* oncle et neveu, à Reims (Marne).	Étoffes pour pantalons et manteaux. Ⓑ 1834, Ⓐ 1839.
1857	*Nazet-Buirette*, à Reims (Marne).	Étoffes pour gilets, pantalons, manteaux, châles.
1858	*Leroux*, à Vitry (Marne).	Salicine et hydrure de salicyle. Ⓐ 1834, R. 1839.
1859	*Caillez*, à Châlons (Marne).	Pompe aspirante et foulante, fusil. M. H. 1839.
1860	*Schmitt*, à Châlons (Marne).	Fusil de chasse à deux coups.
1861	*Chaffner-Guyotin*, à Reims (Marne).	Étoffes pour gilets et pantalons.

N° d'ord.	NOMS ET DEMEURES DES EXPOSANTS.	NATURE DES OBJETS EXPOSÉS.
1862	*Croutelle* neveu, à Reims (Marne).	Tissus de laine.
1863	*Gaillet-Baronnet*, à Somme-Py (Marne).	Fils de laine filés à la main.
1864	*Laprévotte*. Paris, r. Neuve-des-Petits-Champs, 79.	Violons, altos, basses et guitares. M. H. 1823, Ⓑ 1827.
1865	*Girard* et compᵉ. Paris, r. Saint-Maur-Saint-Germain, 17.	Orgue d'église. M. H. 1839.
1866	*Mermet*. Paris, r. Hauteville, 86.	Piano. Ⓑ 1839.
1867	*Liégaut*. Paris, r. St-Louis, 56 (Marais).	Piano.
1868	*Caspers*. Paris, r. St-Claude, 1 (Marais).	Piano.
1869	*Limonaire* (Antoine). Paris, r. Montorgueil, 27 et 29.	Pianos.
1870	*Mussard* et fils. Paris, r. Barbette, 12.	Pianos.
1871	*Herce* père et fils. Paris, r. du Faubourg-Saint-Antoine, 45.	Piano.
1872	*Néraudeau*. Paris, r. des Fossés-Montmartre, 16 et 18.	Registres.
1873	*Durieux*. Belleville, r. des Moulins, 16.	Feuilles de papier opaque ombrées, avec filigranes clairs et filigranes factices. Ⓑ 1823, Ⓐ 1839.
1874	*Délicourt*. Paris, r. de Charenton, 125 ter.	Décora. en papiers peints. Ⓐ 1839.
1875	*Marion*. Paris, cité Bergère, 14.	Papiers divers et enveloppes pour lettres C. F. 1834, M. H. 1839.
1876	*Laigre*. Paris, faubourg Saint-Denis, 71.	Orgues.
1877	*Suret*. Paris, r. du Faub.-St-Martin, 119.	Orgues d'église, flûtes, violoncelles, trompettes, etc.
1878	*Roz.* St-Mandé, r. Mongenot, 69.	Piano.
1879	*Flammant* père et fils. Paris, r. Neuve-Saint-Augustin, 37.	Piano.
1880	*Fremy*. Paris, r. Beautreillis, 21.	Papiers et toiles verrés et émerisés.
1881	*Martin* frères. Paris, r. du Petit-Carreau, 23.	Clarinettes, flûtes, haut bois et flageolets. Ⓑ 1834, R. Ⓑ 1839.
1882	*Leblanc*. Paris, r. de Jouy, 11.	Piano.
1883	*Chaulin*. Paris, r. Saint-Honoré, 218.	Encriers siphoïdes. M. H. 1839.
1884	*Renault*. Paris, r. de la Harpe, 45.	Cartes à jouer.
1885	*Mallat*. Paris, r. Neuve-Saint-François (Marais).	Plumes à pointes de rubis et d'iridium, tireligues et compas.
1886	*Deupès*. Paris, r. des Fossés-St.-Germ.-l'Auxerrois, 43.	Mécanique pour remplacer la lithographie et papier tracé pour apprendre à écrire.

N° d'ord.	NOMS ET DEMEURES DES EXPOSANTS.	NATURE DES OBJETS EXPOSÉS.
1887	*Saglier*. Paris, r. Montmartre, 119.	Encriers filtres et à gravitation.
1888	*Supot*. Paris, r. Coquenard, 25 et 27.	Registres.
1889	*Dorville*. Paris, r. des Fossés-Montmartre, 6.	Articles de papeterie. C. F. 1834 et 1839 à Weynen, prédécesseur.
1890	*Sanford-Varrall* et *Legrand*. Paris, r. Montmartre, 148.	Papiers de divers formats.
1891	*Delorme*. Paris, r. Montmorency, 6.	Papiers de fantaisie.
1892	*Gaud-Bovy*. Paris, r. Notre-Dame-de-Recouvrance, 19.	Appareils autographiques simplifiés, presses à copier.
1893	*Zegelaar*. Paris, r. de la Corderie, 1 (Marais).	Cires à cacheter. M. H, 1839.
1894	*Bard* et *Charretier*. Paris, r. de la Poterie-des-Arcis, 20.	Registres.
1895	*Sayet* (Mme v^e). Paris, r. des Noyers, 45.	Papiers de fantaisie. M. H. à Sayet, 1839.
1896	*Herbin*. Paris, r. Michel-le-Comte, 21.	Cire et pains à cacheter. Ⓑ 1823. R. Ⓑ 1827, 1834. R. Ⓑ 1839.
1897	*Bocquet*. Paris, r. Montmartre, 76.	Encriers-pompes à mouvement sphérique.
1898	*Desprez-Guyot*. Paris, boulevard Saint-Denis, 24.	Crayons de mine de plomb.
1899	*Lacome*. Paris, r. Marie-Stuart, 6.	Papiers illustrés.
1900	*Brasseur*. Paris, pass. Sainte-Marie, 7	Spécimen de calligraphie.
1901	*Camusat-Guyon*, à Auxerre (Yonne).	Mors.
1902	*Veissière*, à Seignelay (Yonne).	Vitrail peint représentant la Cène.
1903	*Muzey*, à l'Isle-sur-le-Serein (Yonne).	Système d'échappement pour les montres.
1904	*Clément-Lechien*, à Avallon (Yonne).	Chenet faisant fonctions de soufflet et de ventouse.
1905	*Montangerand*, à Joigny (Yonne).	Appareils pour les persiennes à lames mobiles.
1906	*Mimard*, à Villeneuve-le-Roi (Yonne).	Cuirs.
1907	*Sauvegrain*, à Villeneuve-le-Roi (Yonne).	Cuirs.
1908	*Bouard*, à Joigny (Yonne).	Pressoir mécanique.
1909	*Tourneux*, à Vendôme (Loir-et-Cher)	Serrure à double pêne.
1910	*Hubert*, à Maroilles (Loir-et-Cher).	Soc dentelé pour défricher les prairies artificielles.
1911	*Rouet* et comp^e, à Saint-Aignan (Loir-et-Cher).	Cuirs. M. H. 1834, R. M. H. 1839.

N° d'ord.	NOMS ET DEMEURES DES EXPOSANTS.	NATURE DES OBJETS EXPOSÉS.
1912	*Bideller*, à Lyon (Rhône).	Piano droit à cordes obliques.
1913	*Tranchat*, à la Croix-Rousse (Rhône).	Machine à lire les dessins de fabrique.
1914	*Bertou*. Paris, r. Jean-Jacques-Rousseau, 3.	Papiers à lettres, boîtes à cacheter, enveloppes, carmins et encres de couleurs, etc., etc.
1915	*Durand*. Paris, r. de Charenton, 111 *bis*.	Panneaux de papier imitant le bois et le marbre pour décors.
1916	*Angrand*. Paris, r. Meslay, 59 et 61.	Papiers peints, Ⓑ 1823-1827; R. *id.* 1834, R. *id.* 1839.
1917	*Thorey et Virey*. Paris, r. de Vaugirard, 90.	Epreuves typographiques.
1918	*Lefranc* frères. Paris, r. du Four-Saint-Germain, 23.	Carmin, laques, couleurs en poudre, à l'huile, en tablettes, en pastilles, en godets, crayons de pastel, huiles et vernis, toiles préparées pour la peinture, etc. Ⓐ 1839.
1919	*Saunier* (Mme). Paris, quai Pelletier, 28.	Brosses et pinceaux pour peintres. Ⓑ 1834, R. Ⓑ 1839.
1920	*Macle*. Paris, r. Michel-le-Comte.	Echantillons de couleurs fines.
1921	*Trouillon*. Paris, r. Neuve-Saint-Eustache, 29.	Gravures nettoyées et restaurées, dessins fixés par un nouveau procédé.
1922	*Briard*. Paris, r. du Cloître-Saint-Jacques, 2.	Couleurs, rouge végétal ou carmin de safranum.
1923	*Dutfoy* jeune. Paris, quai des Orfèvres, 16.	Couleurs en poudre, en écaille, en tablettes, encre de carmin, etc.; articles de peinture, M. H. 1839.
1924	*Poortman*. Paris, r. de la Harpe, 102.	Modèles à articulations naturelles pour peintres.
1925	*Lundy*. Paris, r. Thorigny, 12.	Titre pour un ouvrage de la collection orientale, copie d'un manuscrit, copie d'un papyrus.
1926	*Prevel*. Au Petit-Charonne, 90 *bis*.	Vermillon français, C. F. 1839.
1927	*Colson*. (A.). Paris, r. du Dragon, 3 et 5.	Toiles préparées pour la peinture au pastel.
1928	*Garde*. Paris, r. Saint-Martin, 175.	Brosses et pinceaux.
1929	*Cherot*. Paris, r. de la Chopinette, 12.	Couleurs, toiles à peindre, cartons, panneaux à calquer, liquides gras, huile clarifiée,

N° d'ord.	NOMS ET DEMEURES DES EXPOSANTS.	NATURE DES OBJETS EXPOSÉS.
		mixtion pour enduire les murs sur lesquels on veut peindre
1930	*Girouy.* Paris, r. de la Cité, 26 et 28.	Couleurs fines. Ⓑ à son prédécesseur.
1931	*Foucault.* Paris, r. de Charenton, 38.	Machine à écrire à l'usage de aveugles.
1932	*Bienvenu.* Paris, r. de la Chaussée-d'Antin, 62.	Bustes mécaniques pour peintres.
1933	*Richard.* Paris, r. Planche-Mibray, 6.	Couleurs en tablettes, couleurs en pastilles, Ⓑ1839.
1934	*Chonneaux.* Paris, r. Jean-Robert, 6.	Rouge végétal, blanc de bismuth, rose en liqueur.
1935	*Pitoux.* Paris, r. Pavée, 24 (au Marais).	Pains à cacheter, gélatines, carmin, colle à bouche, etc.
1936	*Panier et Paillard.* Paris, r. Vieille-du-Temple, 75.	Couleurs fines, pastels et crayons. Ⓑ1834, Ⓐ1839.
1937	*Barbedienne.* Paris, boulevard Poissonnière, 30.	Dessins pour papiers peints.
1938	*Marguerie.* Paris, r. Ménilmontant, 79.	Papiers peints.
1939	*Bullier* (Mᵐᵉ). Paris, r. de la Verrerie, 54.	Brosses et pinceaux pour peintres.
1940	*Mond'her.* Paris, r. du Val-Sainte-Catherine, 14.	Couleurs en tablettes.
1941	*Berville.* Paris, r. de la Chaussée-d'Antin, 29.	Couleurs pour peinture fine.
1942	*Doré et compᵉ.* Paris, r. du Faubourg-Poissonnière, 113.	Encres d'imprimerie noires et de couleurs, épreuves.
1943	*Panay père.* Puteaux, quai Royal (Seine).	Extraits des bois de teinture, carmin d'orseille, cyanure de potassium, cochenille ammoniacale, etc. Ⓑ1839.
1944	*Daudrieu.* Paris, r. du Bac, 102.	Papiers-marbre, peints à la main.
1945	*Martin.* Paris, r. des Francs-Bourgeois-Saint-Marcel, 11.	Laque de garance dite de Rome, laque de gaude, bleu fixe de Paris et orange de chrome.
1946	*Pesquet.* Paris, place Baudoyer, 7.	Rouge à polir pour l'horlogerie.
1947	*Rupp, Rubie et compᵉ.* Paris, r. de Beauveau, 4.	Papiers peints.
1948	*Knab.* Paris, r. de Vendôme, 11 *ter*.	Papiers peints.
1949	*Chalet.* Paris, r. des Bons-Enfants, 26.	Registres, papier dit toile cirée; cire à cacheter et encre.

N° d'ord.	NOMS ET DEMEURES DES EXPOSANTS.	NATURE DES OBJETS EXPOSÉS.
1950	*Arnoux.* Belleville, r. de Paris, 21.	Rouge français pour polir.
1951	*Sevestre* fils et comp^e. Paris, r. de Montreuil, 69.	Papiers peints.
1952	*Lasné.* Paris, cité-d'Orléans, 1.	Papiers peints et panneaux.
1953	*Brière.* Paris, r. St.-Bernard-St.-Antoine, 26.	Panneaux de papiers peints.
1954	*Prot.* Paris, r. Pavée, 24 (au Marais).	Devants de cheminées en papiers peints.
1955	*Delaruelle Ledanseur.* Paris, cité Boufflers, 21, r. du Petit-Thouars (Enclos du Temple).	Crayons, pastels et couleurs. M. H. 1839.
1956	*Valant.* Paris, r. Mazarine, 13.	Papiers de décors.
1957	*Mader* frères. Paris, r. de Montreuil, 1.	Papiers peints, Ⓐ 1839.
1958	*Lapeyre* (S) et comp^e. Paris, r. de Beauveau, 10, faubourg Saint-Antoine.	Papiers peints, décoration du style Louis XV, imitation de tapisserie. Ⓐ 1819, sous la raison Dufour; Ⓑ 1839, à Lapeyre et comp.
1959	*Bouquet.* Paris, r. de Charenton, 188.	Papiers peints, satins dorés et veloutés, gravures lithochromographiques, etc., etc.
1960	Fonderies de Romilly, à Romilly (Eure).	Planches de cuivre, fond de chaudière, foyers de locomotives. Ⓞ 1819, R. Ⓞ 1823, 1834 et 1839.
1961	*Ferrand.* Paris, r. Mongalet, 7.	Couleurs fines. Ⓑ 1839.
1962	*Fontana* (Mme). Paris, r. des Marais-du-Temple, 13.	Brosses et pinceaux. M. H. 1839.
1963	*Dagneau.* Paris, r. de Constantine, 15.	Brosses et pinceaux pour peintres. C. F. 1839.
1964	*Robert.* Paris, r. de Cléry, 42.	Papiers et toiles cirées pour emballage.
1965	*Thibault* (Charles). Paris, r. Barre-du-Bec, 3.	Cires à cacheter.
1966	*Wetlacys* (Mme). Paris, r. Geoffroy-l'Angevin, 11.	Papiers de fantaisie. M. H. 1839.
1967	*Bouchard-Huzard* (Mme V^e). Paris, r. de l'Éperon, 7.	Livres imprimés, exemplaire du *Panorama d'Égypte*, etc. M. H. 1839.
1968	*Schneider et Langrand.* Paris, r. d'Erfurth, 1.	Tableaux de typographie, plusieurs volumes illustrés.
1969	*Michel.* Paris, r. Saint-Benoît, 32.	Clichés pour imprimerie.
1970	*Pellatier.* Paris, r. Royale-St-Martin, 17.	Assortiment de timbres pour sonnettes.

N° d'ord.	NOMS ET DEMEURES DES EXPOSANTS.	NATURE DES OBJETS EXPOSÉS.
1971	*Delcambre.* Paris, r. du Faubourg-Poissonnière, 5.	Machine compositeur typographique.
1972	*Béthune et Plon.* Paris, r. de Vaugirard, 36.	Volumes et tableaux typographiques.
1973	*Biesta, Laboulaye* et compᵉ. Paris, r. Madame, 22.	Tableaux d'épreuves de caractères d'imprimerie. Ⓞ 1839, sous la raison sociale Firmin Didot.
1974	*Chaix.* Paris, r. de Grenelle-St-Honoré, 55.	Clavier compositeur, distributeur mécanique et laveur typographique.
1975	*Friry.* Paris, r. Saint-Jacques, 128.	Spécimens de caractères de typographie.
1976	*Lacrampe* et compᵉ. Paris, r. Damiette, 2.	Impressions de gravures sur bois, ouvrages imprimés. Ⓐ 1839.
1977	*Tantenstein et Cordel.* Paris, r. de la Harpe, 90.	Nouveaux caractères de musique, musique imprimée. Ⓑ 1839.
1978	*Robinet*, à Vaugirard, r. Mademoiselle, 21.	Quatre tableaux de caractères d'imprimerie.
1979	*Rignoux.* Paris, r. Monsieur-le-Prince, 29 bis.	Spécimens de caractères d'imprimerie. Ⓑ 1834.
1980	*Lœullict.* Paris, r. Poupée-St-André, 7.	Épreuves de caractères typographiques, vignettes, caractères javanais, poinçons, matrices. M. H. 1834 ; Ⓑ 1839.
1981	*Gallay et Grignon.* Paris, r. Poupée, 7.	Épreuves typographiques.
1982	*Curmer* (Alphonse-Alexandre). Paris, r. Saint-Germain-des-Prés, 10 bis.	Impression, gravures sur bois, sur cuivre, etc.
1983	*Bedoin.* Paris, r. d'Arcole, 9.	Percalines gauffrées.
1984	*Laurent et de Berny.* Paris, r. des Marais-Saint-Germain, 17.	Spécimen de caractères et vignettes. Ⓐ 1839.
1985	*Lacoste* aîné. Paris, r. des Marais-St-Germain, 20.	Épreuves de vignettes typographiques, clichés en plomb et régule. Ⓑ 1834 ; R. Ⓑ 1839.
1986	*Duhault et Renault.* Paris, r. de Vaugirard, 59.	Caractères et formes typographiques, polytypages, blocs mixtes combinés.
1987	*Royol et Depierris.* Paris, r. des Quatre-Vents, 6.	Rouleaux typographiques.
1988	*Besomb.* Paris, r. Saint-Antoine, 64.	Casse d'imprimerie.
1989	*Legrand.* Paris, r. Montmartre, 142.	Registres d'un nouveau système.
1990	*Dupont* (Auguste). Paris, r. de Grenelle-Saint-Honoré, 55.	Modèles imprimés et lithographiés, livres, tableaux, Ⓐ

N° d'ord.	NOMS ET DEMEURES DES EXPOSANTS.	NATURE DES OBJETS EXPOSÉS.
1991	*Duprey, Duvorsent* et comp⁶. Paris, r. Saint-Jacques, 59.	1839, sous la raison Auguste et Paul Dupont. Caractères typographiques. Ⓑ 1819, à Thompson; Ⓐ 1823, au même; R. Ⓐ, au même en 1827 et en 1834.
1992	*Lambert.* Paris. r. Basse-du-Rempart, 24.	Imprimerie en caractères.
1993	*Duverger.* Paris, r. de Verneuil, 4.	Typographie, spécimens d'impression. Ⓐ 1834.
1994	*Coward.* Paris, r. du Faubourg-Saint-Honoré, 23.	Piano.
1995	*Besson.* Paris, r. Tiquetonne, 14,	Instruments de musique militaire.
1996	*Institution royale des Jeunes-Aveugles.* Paris, Boulevard des Invalides, 32.	Filage et tissage, tapis, tricots, ébénisterie, etc. M. H. 1819; Ⓑ 1827; R. Ⓑ 1839.
1997	*Perinet.* Paris, r. Bourbon-Villeneuve, 42.	Basse à pistons remplaçant l'ophicléide, cornets à pistons, trombone à pistons, cors de chasse.
1998	*Tulou.* Paris, r. des Martyrs, 27.	Flûtes, hautbois. Ⓑ 1834; R. Ⓑ 1839.
1999	*Couder.* Paris, r. Louis-le-Grand, 35 bis.	Pianos droit et carré. M. H. 1827.
2000	*Rostaing* (de) et comp., à Fontaine-les-Ribouts (Eure-et-Loire).	Fils de lin et fils d'étoupe.
2001	*Goffinet-Salle*, à Reims (Marne).	Fils de laine cardée.
2002	*Wetzels.* Paris, r. des Petits-Augustins, 9.	Pianos. Ⓑ 1827, R. 1834 et 1839.
2003	*Challiot.* Paris, r. Saint-Honoré, 336.	Harpes, modèles divers. Ⓑ 1827 et 1839.
2004	*Société des ardoisières d'Angers* (Maine-et-Loire).	Ardoises de diverses espèces.
2005	*Dupont* (Louis), aux Andelys (Eure).	Nouveautés. Ⓑ 1839.
2006	*Hérouard* frères, à La Couture (Eure).	Clarinettes, flûtes, hautbois, etc. M. H. 1839.
2007	*Leroux* (Pierre), à Verneuil (Eure).	Tables de billards.
2008	*Hamelin*, aux Andelys (Eure).	Soies écrues, etc. Ⓑ 1834; Ⓐ 1839.
2009	*Telhiard* et comp⁶, à Évreux (Eure).	Coutils divers. Ⓑ 1834 et R. Ⓑ 1839, à M. Bellême.
2010	*Taillandier*, à Évreux (Eure).	Coutils divers.

N° d'ord.	NOMS ET DEMEURES DES EXPOSANTS.	NATURE DES OBJETS EXPOSÉS.
2011	*P let-Largeais*, à Verneuil (Eure).	Laines filées.
2012	*Leroy* (Louis), aux Andelys (Eure).	Croisées dites andelysiennes volets.
2013	*Vulliamy*, à Nonancourt (Eure).	Laines peignées et filées. (B) 1834; (A) 1839.
2014	*Parod*, à Vernon (Eure).	Machines pour la fabrication des treillages. M. H. 1839.
2015	*Dubois*, à Louviers (Eure).	Laines filées. (A) 1834; (A) 1839.
2016	*Hachette*, à Rugles (Eure).	Flammes et articles divers de coutellerie.
2017	*Colombel*, à Claville (Eure).	Instruments aratoires, sondeurs (dits Colombel) ou fouilleurs.
2018	*Pouyer-Quertier* et *Palier*, à Fleury-sur-Andelle (Eure).	Fils de coton et calicots.
2019	*Chennevière* (Delphis), à Louviers (Eure).	Draps lisses et nouveautés. (A) 1827; R. 1834; (A) 1839.
2020	*Poitevin* (Henri et Charles) frères, à Louviers (Eure).	Draps. (A) 1834; (O) 1839.
2021	*Elmercing*, à Louviers (Eure).	Cheminées en fonte.
2022	*Mercier* (Achille), à Louviers (Eure).	Cardes et métiers.
2023	*Ribouleau*, à Louviers (Eure).	Draps et nouveautés. (A) 1839.
2024	*Hache-Bourgeois*, à Louviers (Eure),	Cardes. (B) 1806; (O) 1823; C. F. 1827; R. (O) 1834.
2025	*Dannet* frères et comp^e, à Louviers (Eure).	Draps et nouveautés. (A) 1819; (O) 1823, dont R. (O) 1834 et 1839.
2026	*Marcel* (Louis), à Louviers (Eure).	Draps. (A) 1839.
2027	*Jourdain* et fils, à Louviers (Eure).	Draps et nouveautés. (O) 1819, à MM. Ribouleau et Jourdain; R. (O) 1823, 1827, 1834, 1839.
2028	*Blary*, à Louviers (Eure).	Rouleaux à émeri.
2029	*Gonord-Rosse*, à Cintray (Eure).	Articles divers de quincaillerie.
2030	*Plummer*, à Pont-Audemer (Eure).	Cuirs et peaux vernis. (A) 1806 et 1834; (O) 1839.
2031	*Thibouville*, à La Couture (Eure).	Flûtes, clarinettes, etc., etc.
2032	*Leroy* (André), à Saint-Aubin-sur-Gaillon (Eure).	Charrues-ratissoires.
2033	*Daliphard* et *Dessaint*, à Radepont (Eure).	Indiennes, couleurs et dessins divers.

N° d'ord.	NOMS ET DEMEURES DES EXPOSANTS.	NATURE DES OBJETS EXPOSÉS.
2034	*Bucher*. Paris, boulevard Montmartre, 15.	Laines teintes, canevas et tapisseries à l'aiguille pour meubles et décorations.
2035	*Budin*. Paris, r. du Fer-à-Moulin, 32.	Cuirs et tiges de bottes. ℳ
2036	*Clerc* (Armand), directeur de l'école d'enseignement pratique destinée aux orphelins pauvres pour l'exécution des outils d'horlogerie. Paris, r. du Buisson-Saint-Louis, 16.	Petits tours, filières et tarauds, coffrets, équarissoirs, outils de précision. Ⓑ 1827; C. F. 1834; M. H. et C. F. 1839.
2037	*Cauvard*. Paris, boulevard Bonne-Nouvelle, 10.	Peignes. M. H. 1839.
2038	*Laurençot*. Paris. r. Neuve-Bourg-Labbé, 8.	Brosses à dents.
2039	*Cormier*. Paris, r. du Faubourg-Saint-Antoine, 69.	Feuilles de bois de noyer, de prunier, d'acajou, de citronnier, de palissandre, de tilleul, etc., pour placage.
2040	*Laurent* (François) et compᵉ. Paris, r. Ménilmontant, 86.	Parquets en marqueterie, cadres dorés et en bois divers sculptés et marquetés.
2041	*Budy*. Paris, quai Pelletier, 42.	Vases culinaires en fonte brute étamée. Ⓐ 1839.
2042	*Collot*, à la Chapelle-St-Denis, Grande-Rue, 48 (Seine).	Sel marin raffiné.
2043	*Buffault*, *Truchon* et *Devy*. Paris, r. Thibautodé, 16.	Couvertures de laine et de coton, feutres circulaires. Ⓐ 1823, R. 1827, 1834 et 1839 à Bacot, leur prédécesseur.
2044	*Colombe* et *Lalan*. Suresnes, r. de la Barre, 3 (Seine).	Mousseline-laine et châles imprimés.
2045	*Buignier*. Paris, r. des Vertus, 20.	Modèles de diverses natures enfoncés dans des coins ou matrices en acier forgé, coins et matrices gravés et prêts à estamper, épreuves en plomb. Ⓑ en 1839.
2046	*Bureau*. Paris, r. Coquillière, 22.	Colle forte et gélatine.
2047	*Colville*. Paris, r. des Vinaigriers, 22.	Couleurs pour les porcelaines et émaux. Ⓐ 1839.
2048	*Burette*. Paris, r. Albouy, 6.	Vases en carton-pâte imperméable, modèle en carton-pâte.
2049	*Feron*. Paris, r. de Clichy, 29.	Rampes suivant divers profils en bois indigène et exotique.

N° d'ord.	NOMS ET DEMEURES DES EXPOSANTS.	NATURE DES OBJETS EXPOSÉS.
2050	*Noël* fils aîné. Paris, r. de Lancry, 33.	Peignes d'ivoire, bille de billard, morceau d'ivoire. M.H. 1839.
2051	*Haumont.* Paris, faubourg Saint-Martin, 51.	Parquets.
2052	*Hanier* et Comp^e. Paris, Faubourg-Saint-Antoine, 49.	Feuilles de placage et jalousies à cylindre.
2053	*Berneuil.* Paris, r. du faubourg Poissonnière, 118.	Rampes, mains coulantes, incrustations sur différents bois.
2054	*Clerc.* Paris, r. du Harlay, au Marais, 8.	Dents minérales.
2055	*Clercx* et *Tenet.* Paris, r. Vivienne, 4.	Tissus vernis.
2056	*Clicquot.* Paris, r. Beaubourg, 50.	Rouleaux gravés, laminoir. M. H. 1827; (B) 1839.
2057	*Marloye.* Paris, r. Sainte-Hyacinthe-Saint-Michel, 25.	Appareils d'acoustique et solides de géométrie. M. H. 1839.
2058	*Combier.* Charenton-St-Maurice (Seine).	Soies dévidées et retordues.
2059	*Mazerolle.* Paris, r. Neuve-St-Denis, 21.	Parquets.
2060	*Connerat.* Paris, r. Grénetat, 28.	Parapluies, ombrelles à brisures.
2061	*Constantin.* Paris, r. Neuve-Saint-Augustin, 37.	Fleurs artificielles.
2062	*Delabroize.* Paris, place de la Fidélité, 1.	Lutrin en bois sculpté.
2063	*Vayson* et comp^e, à Abbeville (Somme).	Tapis et tapisseries; laines peignées. (A) 1834; (C) 1839.
2064	*Huet.* Paris, r. du Faubourg-Saint-Martin, 99.	Portes ferrées avec serrures de sûreté. (B) 1834.
2065	*Huguin, Domange* et comp^e. Paris, boulevard Saint-Martin, 14.	Vidanges inodores.
2066	*Huillard* aîné. Paris, r. de la Vannerie, 38.	Couleurs, carmin d'indigo, orseilles, cudbéard, sulfate d'alumine, etc.
2067	*Hulot.* Paris, passage de Venise, 2.	Médailles reproduites par l'électrochimie.
2068	*Hulot.* Paris, r. du Dauphin, 10.	Dentelles et imitation sur tulle. (B) 1823; R. (B) 1827, sous la raison Hulot, Larminat et Prat.
2069	*Bourbonne-Fillion* (Mme), r. de Flandre, à La Villette, 27 (Seine).	Savons, grandes conserves. (B) 1834; R. (B) 1839.
2070	*Collard* et *Belzacq.* Paris, r. des Lavandières-Sainte-Opportune, 22.	Chaussons lacets.
2071	*Collardeau.* Paris, faub. St-Martin, 56.	Balance. (A) 1834; R. 1839.
2072	*Mainfroy.* Paris, r. du Faubourg-Saint-Martin, 70.	Meubles en laque, imitation de Chine. M. H. 1839.

N° d'ord.	NOMS ET DEMEURES DES EXPOSANTS.	NATURE DES OBJETS EXPOSÉS.
2073	*Cordier*. Paris, cité d'Orléans, 3, boulevard Saint-Denis.	Vases pour liquides gazeux et cafetières diverses.
2074	*Sieurin* (v°). Paris, r. St-Victor, 49.	Ouates.
2075	*Siméon*. Paris, r. Saint-Nicolas, 6, faubourg Saint-Antoine.	Canapé-divan à simple et à double lit.
2076	*Simier*. Paris, r. Saint-Honoré, 152.	Reliures. M. H. 1819 ; Ⓐ 1823; R. Ⓐ 1827; Ⓐ 1834 ; R. Ⓐ 1839.
2077	*Simon*. Paris, r. Bourg-Labbé, 22.	Objets en écaille, nécessaires, tabatières, pendules, etc.
2078	*Cordouan* fils. Paris, r. de Seine-Saint-Germain, 56.	Mousquetons de guerre, fusils, carabine.
2079	*Bourdeau*. Paris, r. Notre-Dame-des-Victoires, 36.	Coton filé, mèches nattées.
2080	*Bourdeloy de Bourdan*. Paris, r. Grange-aux-Belles, 1 bis.	Dessins industriels produits au moyen de la cartatomie.
2081	*Bourdin*. Paris, r. de Seine-Saint-Germain, 51.	Livres.
2082	*Bourdin*. Paris, r. de la Paix, 24.	Montres; { chronom. de poche. de précision. ordinaires. } Pendules de voyage et de salon. Régulateur balancier circulaire. M. H. 1839.
2083	*Bourdon*. Paris, faubourg du Temple, 74.	Machines hydrauliques, machines à vapeur (nouveau système), et appareils de sûreté pour les chaudières. Ⓑ 1834; Ⓐ 1839.
2084	*Dumont-Parisot*, à Mirecourt (Vosges).	Orgue.
2085	*Coutant*. Paris, r. de Paradis-Poissonnière, 60.	Fauteuils mécaniques.
2086	*Couturier* et *Simon*. Grenelle, r. Croix-Nivert, 17.	Cirage galvano-chimique de toutes couleurs.
2087	*Flaud* et *Bonnefin*. Paris, avenue Matignon, 11.	Pompe à incendie, chariot, sceaux et tuyaux.
2088	*Bourguignon* fils, Paris, r. de la Paix, 1.	Joaillerie et imitation de pierres fines.
2089	*Bournhonet*. Paris, r. des Fossés-Montmartre, 2.	Châles. M. H. 1834; Ⓑ 1839.
2090	*Serrurot*. Paris, r. Richelieu, 89.	Bronzes et objets d'art. Ⓑ 1806; Ⓐ 1819; Ⓞ 1823; R. Ⓞ 1827; *id.* 1834, sous la raison Galle.
2091	*Sichel-Jaral*. Paris, r. Bourg-Labbé, 41.	Savons et parfumeries. Ⓐ 1834 ;

N° d'ord.	NOMS ET DEMEURES DES EXPOSANTS.	NATURE DES OBJETS EXPOSÉS.
		à Laugier père et fils. R. Ⓐ 1839, à Renaud et compᵉ.
2092	*Année.* Paris, r. Chapon, 18.	Nécessaires, objets de marquetterie et boîtes diverses. C. F. 1839.
2093	*Anrès* aîné. Paris, r. Chapon, 6.	Huile épurée pour l'horlogerie.
2094	*Antoine*, à La Villette, quai de Seine, 33.	Dessication des bois. Ⓑ 1839.
2095	*Sthormayères.* Paris, passage Brady.	Voitures d'enfants et cheval mécanique.
2096	*Armengaud* aîné. Paris, r. du Pont-Louis-Philippe, 13.	Dessins de moulins à blé et de machines.
2097	*Arnheiter.* Paris, r. Childebert, 13.	Instruments d'horticulture.
2098	*Arnould.* Paris, r. des Fossés-Montmartre, 16.	Châle cachemire rayé à galerie; châle cachemire long fond bleu. Ⓐ 1834; Ⓞ 1839.
2099	*Arrault.* Paris, place Bréda, 27.	Sacs chirurgicaux, coffres de mer, etc.
2100	*Corlieu.* Paris, quai du Marché-Neuf, 24.	Bain-marie à infusion, à filtre, appareil de déplacement, fontaine pour tisane et réservoirs en étain pour hôpitaux ; vases pour dépôt des saintes huiles dans les évêchés. C. F. 1839.
2101	*Cornillard.* Paris, r. de la Croix-Saint-Martin, 15.	Feuilles d'étain.
2102	*Corriol.* Paris, r. de Sèvres, 2	Sacs d'ambulance. M. H. 1839.
2103	*Cosnuau.* Paris, passage Basfour, 12.	Tourne-broches, petites mécaniques pour la fabrication des agrafes et autres. C. F. 1839.
2104	*Bourquin.* Paris, boulevard Bonne-Nouvelle, 10.	Épreuves de daguerréotype et encadrements.
2105	*Boursier.* Paris, r. des Vieux-Augustins, 40.	Pendules et horloges de cabinet et de voyage.
2106	*Creda.* Paris, r. des Fontaines, 10.	Articles divers en toiles métalliques.
2107	*Boutard, Vignon* et compᵉ. Paris, r. des Fossés-Montmartre, 24.	Châles de diverses grandeurs.
2108	*Crousse.* Paris, r. Saint-Denis, 345.	Fleurs artificielles.
2109	*Crousse.* Paris, r. Saint-Denis, 345.	Outils de gauffrage, gauffroirs, cuvettes, emporte-pièces, presse à gauffrer. M. H. 1839.
2110	*Cudrue.* Paris, r. du Faub.-du-Temple, 56.	Espagnolettes, crémones.

5*

N° d'ord.	NOMS ET DEMEURES DES EXPOSANTS.	NATURE DES OBJETS EXPOSÉS.
2111	*Cuillier*. Paris, r. Saint-Honoré, 293.	Chocolats.
2112	*Boutarel* frères, *Chalamel* et *Monier*. Paris, r. et île Saint-Louis, 71.	Étoffes teintes.
2113	*Boutinot*. Paris, r. du Nord, 15.	Tuiles pour couvertures de bâtiment.
2114	*Curmer*. r. Richelieu, 49.	Livres brochés et reliés. Ⓐ 1839.
2115	*Alix*. Paris, r. Pastourelle, 8.	Fusils, nouvelle invention.
2116	*Allain*. Belleville, r. du Puits-Saint-Laurent, 7.	Matières végétales et minérales pulvérisées.
2117	*Allard*. Paris, r. des Deux-Portes-Saint-Sauveur, 27.	Couteaux, tranchets.
2118	*Simon* et comp°. Paris, r. de Bercy-Saint-Antoine, 10.	Tablettes et rouleaux de plomb, feuilles de zinc.
2119	*Boutté*. Paris, r. Saint-Honoré, 290.	Serrurerie et quincaillerie. C. F. 1834; M. H. 1839.
2120	*Simon* et *Nourtier*. Paris, r. des Fossés-Montmartre, 2.	Châles cachemires, tissus et nouveautés. Ⓑ 1834 ; Ⓐ 1839.
2121	*Simondant, A. Bonnet* et comp. Paris, r. du Gros-Chenet, 23.	Tissus pour gilets et ameublements.
2122	*Siret*. Paris, r. de la Pépinière, 69.	Siége auto-moteur inodore, poudre désinfectante.
2123	*Racine*. Paris, r. du Bac, 25.	Brosses à peau, pour frictions, en feutre, drap, etc.
2124	*Radiguet*. Paris, boulevard des Filles-du-Calvaire, 17.	Glaces et verres de couleur.
2125	*Raguet*. Paris, r. d'Antin, 12.	Garde-robes anglaises.
2126	*Raingo* frères. Paris, r. de Saintonge, 11.	Bronzes d'art: pendules, candélabres et vase, lustre, corbeille et jardinière, char de Neptune.
2127	*Ramirez*. Paris, r. du Faubourg-Saint-Honoré, 20.	Sauces et conserves.
2128	*Bouvet*. Paris, r. Castiglione, 12.	Empreintes de cachets.
2129	*Bourier*. Paris, r. du Faubourg-Saint-Antoine, 58.	Cages en cuivre.
2130	*Bouyonnet-Dupuy*. Paris, r. du Battoir-Saint-André, 18.	Presse lithographique avec rouleau, nouveau système.
2131	*Boyer*. Paris, r. de Saintonge, 38.	Pendules, sujets divers avec leurs candélabres.
2132	*Boyveau* et *Pelletier*. Paris, r. des Francs-Bourgeois-Saint-Marcel, 8.	Produits chimiques réactifs.

N° d'ord.	NOMS ET DEMEURES DES EXPOSANTS.	NATURE DES OBJETS EXPOSÉS.
2133	*Bottier.* Paris, r. Saint-Jean-de-Beauvais, 30.	Outils propres à battre l'or, échantillons d'or battu. Ⓑ 1834.
2134	*Gagin*, à Clignancourt, commune de Montmartre (Seine).	Application du caoutchouc sur cuirs, toiles et tissus. Ⓑ 1839.
2135	*Gagneau* frères, à Paris, r. d'Enghien, 25.	Lampes et bronzes. Ⓑ 1839.
2136	*Gagnery.* Paris, quai des Augustins.	Mannequins pour peintres.
2137	*Gagnon et Culhat.* Paris, r. Neuve-St-Eustache, 23.	Châles. Ⓑ 1834 ; Ⓐ 1839.
2138	*Gaillard* et compᵉ. Paris, r. Rambuteau, 19.	Peluches de soie pour chapellerie.
2139	*Bottotier.* Paris, r. Geoffroy-l'Angevin, 19.	Vis cylindriques en fer et en cuivre.
2140	*Gaillard* fils, Paris, r. du Faubourg-Saint-Denis, 208.	Toile métallique. Ⓐ 1819 à Gaillard ; R. Ⓐ 1823, 1827 et 1834, au même ; R. Ⓐ 1839, à Gaillard frères.
2141	*Gallier.* Paris, r. Meslay, 65.	Porcelaines, assiettes montées, flacons, tasses, etc.
2142	*Allemand.* Paris, r. Jean-Jacques-Rousseau, 18.	Gants.
2143	*Allié.* Paris, r. Simon-le-Franc, 1.	Chapeaux, conformateur et ses accessoires.
2144	*Allier.* Paris, quai Saint-Michel, 1.	Mors de différents modèles.
2145	*Allier.* Paris, quai Saint-Michel, 1.	Pendules, montres.
2146	*Randoing*, à Abbeville (Somme).	Draps divers.
2147	*Corbin.* Paris, cour des Petites-Écuries, 5.	Boîtes de roues, essieux, etc.
2148	*Corbin.* Paris, Faubourg-St-Denis, 57.	Assiettes, porcelaine à fleurs et à filets en or double et porcelaine ornée de filets en or pur et en couleur.
2149	*Brouillet.* Paris, r. Saint-Denis, 116.	Poupards, poupées et bustes en carton de linge.
2150	*Brugnot.* Paris, r. Saint-Germain-des-Prés, 11.	Vignettes gravées sur bois.
2151	*Brunet.* Paris, r. Neuve-St-Eustache, 44.	Châles et écharpes. Ⓑ 1839.
2152	*Bouché.* Paris, r. Neuve-St-Laurent.	Porte-liqueurs.
2153	*Boucher-Lemaistre.* Paris, r. St-Méry, 85 et 46.	Machines à régler le papier.
2154	*Boucher-Lemaistre.* Paris, r. St-Méry, 46.	Registres et cartes géographiques.

N° d'ord.	NOMS ET DEMEURES DES EXPOSANTS.	NATURE DES OBJETS EXPOSÉS.
2455	*Coulon.* Paris, r. de l'Arcade, 18.	Grils (nouveau modèle).
2456	*Boucher*, à Pantin.	Nouvel extracteur pour le jus de betteraves par filtration, pains de sucre, sucre brut.
2457	*Couput.* Paris, r. Sainte-Croix-de-la-Bretonncrie, 9.	Divers produits chimiques pour teinture et pharmacie. Ⓐ 1819 et R. Ⓐ 1823, à Payen et Pluvinet ; Ⓐ 1827, à Payen ; M. H. et Ⓑ 1824, à Payen et Buran ; Ⓒ 1839, à Buran et compᵉ, prédécesseurs.
2458	*Courcelle*, Paris, r. Beaubourg, 44.	Lustres en bronze et en cristal, candélabres. Ⓑ 1839.
2459	*Coursier.* Paris, passage de l'Industrie, 5.	Presses de fleuriste, porte-brosses, taille-crayons, machine à vapeur portative.
2460	*Courtois* (A) *et Courtois* (J.-J.). Paris, r. Saint-Lazare, 144.	Tuiles, faîtières, briques, boisseaux, caniveaux. M H. 1839.
2461	*Galibert.* Paris, r. Jean-Jacques-Rousseau, 20.	Instruments en caoutchouc, tubes, porte-voix et acoustiques, un niveau de grande longueur, urinaux, pessaires, biberons, hochets. etc. M. H. 1839.
2462	*Gallet* (Vᶜ). Paris, r. de la Grande-Truanderie, 50.	Pièces de physique amusante et pièces d'art.
2463	*Gallois.* Paris, r. Saint-Martin, 114.	Cannes, fouets, cravaches.
2464	*Gallois.* Paris, r. Saint-Martin, 249.	Cloches de toute dimension. C. F. 1839.
2465	*Boucher.* Paris, r. de Mulhouse, 8.	Dessin pour ameublement, dessins pour étoffes.
2466	*Boucher.* Paris, r. Grange-aux-Belles, 21.	Fil de fer, élastiques et boucles.
2467	*Hurct.* Paris, Boulévart des Italiens, 2.	Coffres-forts, lits en fer, tables, etc. Ⓐ 1819 ; R. Ⓐ 1823, 1827 et 1839.
2468	*Hurez.* Paris, r. du Faubourg-Montmartre, 42.	Calorifère pour brûler l'anthracite, calorifère pour brûler le bois, le charbon ou le coke, fourneau culinaire. C. F. 1834 ; R. 1839.
2469	*Martel.* Paris, r. Thiroux, 3.	Une jalousie.
2470	*Hutin.* Paris, Boulévart Beaumarchais, 4.	Outils et assiettes pour doreurs. Ⓑ 1839.
2471	*Hughes.* Paris, r. de Charenton, 11 *bis.*	Panneaux peints.

N° d'ord.	NOMS ET DEMEURES DES EXPOSANTS.	NATURE DES OBJETS EXPOSÉS.
2172	*Brunnarius, Boillot* et compᵉ. Paris, petite rue Saint-Pierre-Amelot, 2 *ter*.	Bougies cérophanes.
2173	*Molteni* et compᵉ. Paris.	Niveaux, boussoles, équerres et compas.
2174	*Ruhmkorff*.. Paris, r. des Orfèvres, 6.	Appareils pour physique.
2175	*Junot* (Hippolyte) et compᵉ. Paris, r. Neuve-Saint-Eustache, 6.	Châles longs et carrés. Ⓑ 1834; R. Ⓑ 1839.
2176	*Théret*. Paris, r. des Saint-Pères, 38.	Meubles en ébène à marqueterie et incrustations, mosaïques, bureaux, coffres, pendules, tableaux.
2177	*Aubert* et compᵉ; r. du Faubourg-Saint-Antoine, 145.	Sabots. C. F. 1839.
2178	*Aubert et Noël*. Paris, r. de Richelieu, 65.	Fruits à l'eau-de-vie, liqueurs.
2179	*Aubry*. Paris, Cité Trévise, 24.	Dessins pour meubles et étoffes.
2180	*Audenelle*. Paris, r. Geoffroy-Lasnier, 28.	Ressorts atmosphériques appliqués à différents mécanismes ou appareils.
2181	*Audot*. Paris, r. du Faubourg-du-Roule, 74.	Thermosiphon mobile. Ⓑ 1834; R. Ⓑ 1839.
2182	*Gallotti*. Paris, r. de la Michodière, 4.	Supports mécaniques et métalliques pour chapeaux et bonnets de dames.
2183	*Gambey*. Paris, Faubourg-du-Temple, r. Pierre-Levée, 17.	Cercle mural pour mesurer la déclinaison des astres. Ⓞ 1819, 1823, 1827.
2184	*Gandais*. Paris. r. du Ponceau, 42.	Service de table et échantillons divers en plaqué. Ⓐ 1834; R. Ⓐ 1839.
2185	*Gandillot* et compᵉ. Paris, r. Bellefond, 32.	Tuyaux en fer de divers diamètres. M. H. 1839.
2186	*Amund*. Paris, r. de Vaugirard, 87 bis.	Modèle de coupe de pierres et d'arrangement d'architecture.
2187	*Ameline* et compᵉ. Paris, r. Sainte-Croix-de-la-Bretonnerie, 23.	Céruse en pains, en poudre et à l'huile.
2188	*Amiard*. Paris, r. du Jardin-du-Roi, 19 et 21.	Harnais et colliers. M. H. 1839.
2189	*Davenne*. Paris, r. de la Sourdière, 81.	Double semoir rayonneur.

N° d'ord.	NOMS ET DEMEURES DES EXPOSANST.	NATURE DES OBJETS EXPOSÉS.
2190	*Boudier* (Mme) et comp^e. Paris, r. Neuve-Vivienne, 26.	Girages, cuirs et chaussures vernis.
2191	*Garcin*. Paris, r. de la Saunerie, 7.	Balances d'essai.
2192	*Boudin*. Paris, Barrière des Deux-Moulins, 52.	Moutarde.
2193	*Quennessen*. Paris, r. Neuve-des-Petits-Champs, 55.	Tabatières, porte-cartes, bonbonnières, encriers en écaille, objets de fantaisie. M. H. 1839.
2194	*Collas et Barbedienne*. Paris, r. Notre-Dame-des-Champs, 25 *bis*.	Statues et bustes en plâtre, statues, groupes, vases et bas-reliefs en bronze, fonte d'art, panneaux en bois, pierres de Tonnerre, de tout sculplé d'après les procédés de M. Collas. Ⓐ 1839.
2195	*Bougon et Chalot*. Paris, r. d'Enghien, 10.	Porcelaines, service de table, vases guillochés, coupe, diverses autres pièces. Ⓐ 1834 à Chalot.
2196	*Garnerey*. Paris, Faubourg-Poissonnière, 104.	Miroir sculpté, chambranle de porte, lampe en carton pierre. M. H. 1823.
2197	*Garnier*. Paris, r. Basse-Saint-Pierre-Popincourt.	Feuilles de cuivre et de zinc.
2198	*Quentin-Durand*. Paris, r. du Faubourg-Saint-Denis, 189, près la barrière.	Instruments d'agriculture et outils de jardinage.
2199	*Garnier*. Paris, r. Taitbout, 6 et 8 *bis*.	Horlogerie de précision, pendules, compteurs à chronomètres, etc. Ⓐ 1827, R. Ⓐ 1834 et 1839.
2200	*Garnier*, à Batignolles, r. Truffaut, 37.	Maibres factices.
2201	*Bouillard*. Paris, r. Michel-le-Comte, 30.	Cartonnage et gainerie.
2202	*Devicque* et comp^e. Paris, r. Martignac, 12.	Échantillons de pavage en bois.
2203	*Granger*. Paris, r. de Bondy, 70.	Bijouterie dorée, bronzes dorés, émaux, perles, etc.; châsses, canons d'autel, cadres et armures d'enfant en acier damasquiné or.
2204	*Gozola*. Paris, r. de la Bucherie, 14.	Écran.
2205	*Guillard*. Paris, passage Vivienne, 2, et r. Neuve-des-Petits-Champs, 14.	Escamoteur automate.
2206	*Guillaume*. Paris, r. du Delta, 13.	Statues et statuettes d'église. C. F. 1839.

N° d'ord.	NOMS ET DEMEURES DES EXPOSANTS.	NATURE DES OBJETS EXPOSÉS.
2207	*Ober Müller* (Guillaume). Paris, r. des Postes, 54.	Cartes géographiques en relief.
2208	*Salomon*, à Paris, rue de la Tour-d'Auvergne, 21.	Oléine pour l'horlogerie.
2209	*Guillemot* frères, à Paris, r. Neuve-des-Mathurins, 88.	Echantillons de passementerie. C. F. 1827 et 1834 ; R. C. F. 1839.
2210	*Guillemette*, à Paris, boulevard Bonne-Nouvelle, 12.	Acétate de morphine, chlorhydrate de morphine, morphine, codéine.
2211	*Guillier*, à Paris, r. Montmartre, 130.	Savons, encre à marquer le linge.
2212	*Guinand*, à Paris, r. Moufffelard, n. 283.	Disques en flint et crown-glass. Ⓐ 1834 ; Ⓞ 1839.
2213	*Guinier*, à Paris, r. de Grenelle-Saint-Honoré, n. 35.	Garde-robes, siéges, cuvettes. M. H. 1839.
2214	*Guiraud*, à Paris, faubourg Saint-Martin, 164.	Flacons, bouteilles à champagne et autres liquides gazeux, fers à faire les goulots et siphons, modèles divers.
2215	*Guyon* aîné, à Paris, r. Sainte-Apolline, 4.	Pendants d'oreilles variés.
2216	*Hallberg*, à Paris, r. Neuve-Bourg-Labbé, 8.	Perles et articles confectionnés, C. F. 1839.
2217	*Hankin*, à Paris, r. Notre-Dame-des-Victoires, 46.	Stores et écrans.
2218	*Hardouin*, à Paris, r. de Bréda, 24.	Autel, style gothique, partie en bois, partie en carton pierre, exécuté pour la ville de Digne, église Saint-Jacques ; un porte-reliquaire, une table, un candélabre.
2219	*Hardy*, à Paris, r. d'Anjou-Saint-Honoré, 14.	Modèle de vaisseau, modèle de cutter.
2220	*Hardy*, à Paris, r. Mondétour, 35.	Cheminée en velours, pendule, vase, semainier, soufflet et autres objets divers en cartonnage.
2221	*Harly Perraud*, à la Grande-Villette (banlieue).	Sucre moulé.
2222	*Harmois* frères, à Paris, r. Marivaux-des-Lombards, 4 et 6.	Tuyaux à incendie, en cuir, seau de marine, en cuir, seau à incendie, en toile,

N° d'ord.	NOMS ET DEMEURES DES EXPOSANTS.	NATURE DES OBJETS EXPOSÉS.
		tuyaux en toile sans couture, accessoires.
2223	*Hattat*, à Paris, r. Richelieu, 81.	Stores transparents.
2224	*Havard* et neveu, à Paris, place du Louvre, 12.	Garde-robes. M. H. 1839.
2225	*Havé*, à Paris, r. Neuve-Saint-Paul, 10.	Persiennes, peigne pour filature de coton.
2226	*Havé*, à Paris, r. Neuve-Saint-Paul, 10.	Pendule et chevaux de bronze.
2227	*Hébert*, à Paris, r. du Mail, 13.	Châles. Ⓑ 1819, Ⓐ 1827, Ⓞ 1834 ; R. Ⓞ 1839.
2228	*Ledru* (Hector) et compᵉ, à Paris, r. d'Angoulême-du-Temple, 40.	Maison, bateaux et divers ustensiles en fer galvanisé. Ⓞ 1839, sous le nom de Sorel.
2229	*Hédouin*, à Paris, quai Pelletier, 8.	Bateaux, pirogue et canot.
2230	*Hédouin*. Paris, r. Saint-Merry, 9.	Acides borique, acétique, cyanure de potassium, sulfate de zinc, benzoate de potasse, acide benzoïque, etc.
2231	*Helbronner*, Paris, r. Castiglione, 2.	Tapisseries, broderies.
2232	*Helbronner*. Paris, r. de la Paix, 10.	Un couvre-pied au crochet, nouveau point grec ; tenture à lambrequin brodé en jais et laine ; assortiment de tapisserie pour meubles.
2233	*Henkel*. Paris, r. Chapon, 18.	Bureau en ébène, bibliothèque en noyer.
2234	*Hennecart*. Paris, r. de Provence, 16.	Gazes pour diviser les farines, gruaux, sons et recoupettes, etc. Ⓑ 1834 ; M. H. et Ⓞ 1839.
2235	*Hennequin*. Paris, r. Michel-le-Comte, 30.	Boîtes à bijoux, à argenterie, à couteaux, etc.
2236	*Robert* (Henri). Paris, r. du Coq-Saint-Honoré, 8.	Montres marines et autres, pendules astronomiques, appareils de physique et cadrans solaires. Ⓐ en 1834 et 1839.
2237	*Henry* aîné. Paris, r. Poissonnière, 13.	Etoffes et tissus pour ameublements. Ⓐ 1827 ; R. Ⓐ 1834 et 1839.
2238	*Henry*. Paris, r. des Marais-Saint-Martin, 40.	Dessins d'étoffes, tapis et papiers peints.
2239	*Henry* aîné. Paris, r. Poissonnière, 13.	Lits en fer étagés, stores et persiennes en tôle.
2240	*Herbommez*. Batignolles, r. du Boulevard, 11.	Garde-feu à cylindre.

N° d'ord.	NOMS ET DEMEURES DES EXPOSANTS.	NATURE DES OBJETS EXPOSÉS.
2241	*Gon.* Paris, r. Vivienne, 18.	Manchons, écharpe en martre zibeline, tigre, ours blanc, fourrures diverses.
2242	*Regnier.* Paris, galerie Véro-Dodat, 6.	Perruques et toupets.
2243	*Gosse.* Paris, r. Neuve-des-Mathurins, 49.	Fusils de chasse, nécessaires d'armes.
2244	*Gosse.* Paris, r. Jean-Jacques-Rousseau, 16.	Etiquettes vitrifiées sur verre, porcelaine pour pharmacie.
2245	*Gossin.* Paris, r. de la Roquette, 57.	Sculptures en terre cuite.
2246	*Gouré* jeune et *Grandjean.* Paris, r. Neuve-Saint-Eustache, 8.	Châles longs brochés façon cachemire, châles carrés. Ⓑ 1839.
2247	*Goutmaker,* à Paris, r. Dupetit-Thouars, 22.	Régulateurs et échelles à incendie (modèle en cuivre).
2248	*Goyon.* Paris, cité d'Antin, 6.	Pâtes et vernis pour meubles, objets d'or et de bronze, etc. C. F. 1827; M. H. 1834; R. 1839.
2249	*Grangoir.* Paris, r. de Cléry, 80.	Serrurerie de précision et nouveau système de nomenclature propre à faire les gardes mobiles Bramah. Ⓑ 1839.
2250	*Gras.* Paris, r. de Cléry, 19.	Impressions sur étoffes.
2251	*Graux,* à Paris, r. Grange-Batelière, 18.	Appareils de chauffage, garnitures de feu en bronze.
2252	*Gréer.* Paris, r. Saint-Martin, 193.	Perles fausses. M. H. 1839.
2253	*Grenier,* à Paris, rue Saint-Germain-l'Auxerrois, 43.	Fourneaux mécaniques. Ⓑ 1839.
2254	*Grenier* (veuve). Paris, r. de la Calandre, 54.	Horloges de clocher, tournebroches, mécaniques pour les coiffeurs.
2255	*Grignon.* Paris, r. d'Anjou, 13, au Marais.	Lustres, surtouts, pendules, candélabres, vases et autres objets en bronze. M. H. 1839.
2256	*Grillet.* Paris, r. Colbert, 2.	Machine à calquer les dessins.
2257	*Griset.* Paris, r. Ménilmontant, 79.	Lames plaquées, cuivre et argent, plaques pour daguerréotypes.
2258	*Grison.* Paris, r. Salle-au-Comte, 8.	Mèches à quinquets plates et rondes.
2259	*Grolleau* et *Deville.* Paris, r. du Sentier, 9.	Mousseline laine, barèges, balzorines, foulards pour robes, impressions pour meubles, châles imprimés.

N° ord.	NOMS ET DEMEURES DES EXPOSANTS.	NATURE DES OBJETS EXPOSÉS.
2260	*Grondard* frères. Paris, r. Jean-Robert, 47.	Objets en cuivre et moulures. Ⓑ 1834; R. Ⓑ 1839.
2261	*Gros, Odier, Roman* et compᵉ. Paris, boulevard Poissonnière, 15.	Mousselines laine et satin, imprimés, indiennes. Ⓞ 1819; R. Ⓞ 1834 et 1839.
2262	*Grossmann* et *Wayner*. Paris, r. du Renard-Saint-Sauveur, 11.	Bretelles et instruments de chirurgie en caoutchouc.
2263	*Groult*. Paris, r. Sainte-Apolline, 16.	Pâtes et farines alimentaires. Ⓑ 1839.
2264	*Grouvelle*. Paris, r. du Regard, 19.	Fourneau de cuisine et plans de machines hydrauliques; plan de la machine hydraulique exécutée pour la commune de Brecles (Oise).
2265	*Gruel*. Paris, r. Royale-Saint-Honoré, 8.	Reliures en velours, maroquin et autres.
2266	*Guanteliat*. Paris, r. Saint-Nicolas-d'Antin, 48.	Brosses pour le pansage des chevaux, brosses baigneuses, décrottoir.
2267	*Guenaut*. Paris, r. de la Roquette, 31.	Poterie pour bâtiments et jardins.
2268	*Guenin*, à la Chapelle-Saint-Denis, rue Doudeauville, 4.	Porte-bourrelets mobile, mécanique à pastilles à l'usage des confiseurs. M. H. 1839.
2269	*Guérin*. Paris, passage Brady, 42.	Voitures d'enfants, voitures pour les malades et cheval mécanique.
2270	*Guérin - Boutron*. Paris, boulevard Poissonnière, 27.	Chocolats.
2271	*Guérin* jeune et compᵉ. Paris, r. des Fossés-Montmartre, 11.	Tissus, courroies et cordes en caoutchouc, banquettes à air.
2272	*Guglielmi* dit *Guillaume*. Paris, passage de la Trinité, 15 et 16.	Poêles, calorifères, cloche en fonte, tuyaux et coffres de tôle.
2273	*Guibout*. Paris, r. Saint-Denis, 121.	Épaulettes mécaniques, échantillons de franges, articles de mode en or et argent mifin.
2274	*Guignes* et compᵉ. Paris, chez M. Lecrosnier, r. du Temple, 69.	Impression en couleur sur peaux, rouleau de tenture en peau, fauteuil garni de maroquins illustrés, pantoufles, etc.
2275	*Guichard*. Paris, r. des Jeûneurs, 9.	Dessins pour papiers peints, pour broderies d'ameublement, pour étoffes, etc, etc. M. H. 1839.

N° d'ord.	NOMS ET DEMEURES DES EXPOSANTS.	NATURE DES OBJETS EXPOSÉS.
2276	*Guilbert.* Paris, quai Voltaire, 21 *bis.*	Livres, fac-simile de manuscrits.
2277	*Herman* et *Systermans.* Paris, boulevard Poissonnière, 8.	Piano.
2278	*Hermet.* Paris, r. Bourg-Labbé, 22.	Colliers pour chevaux.
2279	*Vaché.* Paris, faub. Saint-Martin, 285.	Machine à fabriquer les clous d'épingles.
2280	*Herr.* Paris, r. Saint-Denis, 261 et 263.	Gants.
2281	*Hervé.* Paris, r. Sainte-Avoye, 32.	Chapeaux divers, galettes tissées.
2282	*Hettier* dit *Dorigny*. Paris, r. du Marché Saint-Honoré, 9.	Dents minérales.
2283	*Heulte.* Paris, r. Pastourelle, 5.	Cuirs, peaux et feutres vernis. Ⓑ 1839.
2284	*Heuzey* et *Marcel.* Paris, r. des Fossés Montmartre, 16.	Châles cachemires.
2285	*Hildebrand.* Paris, r. Saint-Martin, 202.	Cloches, sonnettes, grelots et timbres. Ⓑ 1823; R. 1827, 1834 et 1839 : M. H. pour la catégorie musicale, 1839.
2286	*Godillot* père et fils. Paris, r. Saint-Denis, 278.	Articles de campement et de voyage, tentes, hamacs, bateaux de toile, mâlles, étuis à chapeaux, boites à robes. M. H. en 1839.
2287	*Godon.* Paris, r. Folie-Méricourt, 26.	Dessins pour ameublement.
2288	*Gombert* fils. Paris, r. de Vaugirard, 77.	Mèches nattées pour bougies. M. H. an 10 ; Ⓐ 1819 ; nouv. Ⓐ en 1827, à Gombert père et fils.
2289	*Gombert* père et fils. Paris, r. de Sèvres, 102.	Coton à coudre, coton à broder, coton à festonner, fil d'Écosse, fil de Paris, coton à tricoter, etc. M. H. 1801 ; Ⓐ 1819 et 1827.
2290	*Houdaille.* Paris, r. Saint-Martin, 171.	Garnitures de livres religieux (imitation d'or). Ⓑ 1839.
2291	*Houdin.* Paris, r. Bergère, 19.	Régulateur, montres et pendules, outils d'horloger. M. H. en 1827 et 1839.
2292	*Houette* aîné. Paris, r. du Fer-à-Moulin, 26.	Cuirs et peaux vernis.
2293	*Houllier-Blanchard.* Paris, r. de Cléry, 36.	Fusils de chasse et pistolets.

N° d'ord	NOMS ET DEMEURES DES EXPOSANTS.	NATURE DES OBJETS EXPOSÉS.
2294	*Houssaye.* Paris, r. de la Bourse, 3.	Meubles, pendule, objets d'art.
2295	*Hovelacque* frères. Paris, r. de Chabrol, 55.	Pièces de toiles vernies d'un côté, d° d° des deux côtés, et veau verni. Ⓑ à Joseph Javal et Compᵉ en 1839.
2296	*Hoyos.* Paris, r. Saint-Honoré, 241.	Fourneaux en fer, tôle, fonte et cuivre.
2297	*Hubner.* Paris, r. Saint-Joseph, 10.	Dessins pour étoffes.
2298	*Hue.* Paris, faubourg Saint-Martin, 61.	Serrure à secret.
2299	*Aubergé*, à Malassise (Seine-et-Marne).	Toisons de laine mérinos.
2300	*Gobert* (Mᵐᵉ). Paris, r. d'Enfer, 13.	Laques extraites de la garance. Ⓐ 1839.
2301	*Godard.* Paris, r. de Cléry, 40.	Batistes imprimées pour mouchoirs, cravates, chemises, robes. M. H. 1834, Ⓑ 1839, sous la raison Jolly et Godard.
2302	*Goddet.* Paris, r. Saint-Lazare, 124.	Canons de fusils. C. F. 1839, sous la raison Goddet et Alkin.
2303	*Godefroy.* Paris, r. du Gros-Chenet, 17.	Châles et étoffes imprimées pour robes, écharpes et meubles. Ⓐ 1839.
2304	*Godefroy*, à Puteaux, quai Royal, 45.	Impressions sur étoffes diverses. Ⓐ 1839.
2305	*Godemard* et *Meynier.* Paris, r. Neuve-Saint-Eustache, 5.	Châles cachemires, écharpes cachemires; châles longs et carrés.
2306	*Gérard* (Dᵉˡˡᵉ). Paris, r. Saint-Honoré, 333.	Objets divers de tapisserie, lambrequin, etc., etc.
2307	*Gérard.* Paris, r. Saint-Antoine, 195.	Établi avec outils. C. F. 1834.
2308	*Germain-Thibaut* et *Chabert.* Paris, r. Neuve-Saint-Eustache, 36.	Châles, tissus et fichus. Ⓐ 1834 et 1839.
2309	*Germinet* et Compᵉ. Paris, r. Saint-Denis, 191.	Échantillons de coutellerie fine.
2310	*Geslin.* Paris, r. Basse-du-Rempart, 36.	Lits en fer pour voyage, lits en tôle, fer et cuivre, lits brisés, fauteuil, lit à coulisse. M. H. 1834, Ⓑ 1839.
2311	Vᵉ *Gevelot.* Paris, r. Notre-Dame-des-Victoires, 24.	Amorces dites capsules. Ⓑ 1839.
2312	*Gibus* jeune. Paris, r. Beaubourg, 50.	Chapeaux mécaniques.

N° d'ord.	NOMS ET DEMEURES DES EXPOSANTS.	NATURE DES OBJETS EXPOSÉS.
2313	*Gibus* aîné. Paris, r. Vivienne, 20.	Chapeaux mécaniques et cannes-parapluies. M H. 1834 et 1839.
2314	*Gilbert.* Paris, r. des Saints-Pères, 12.	Gibernes.
2315	*Gillebert.* Paris, r. Folie-Méricourt, 38.	Bronze en poudre.
2316	*Gilliard* et *Gros.* Paris, passage Dauphine, 22.	Lettres en relief en zinc laminé.
2317	*Gillet.* Paris, r. de Charenton, 41 et 43.	Rasoirs. C. F. 1806. M. H. 1819 ; Ⓑ 1823 ; Ⓐ 1834, à Gillet père; R. Ⓐ 1839, à l'exposant.
2318	*Gimbert.* Paris, r. des Marais, 35.	Fils cachemire, fils de laine pour la fabrication des châles, tissus de cachemire, tissus de laine, articles de nouveautés, etc.
2319	*Gineston.* Paris, r. du Cimetière-Saint-Nicolas, 26.	Émaux.
2320	*Girard.* Paris, r. des Lombards, 28.	Pharmacies portatives.
2321	*Girard* (le chevalier de).	Machines diverses ; machines à dàguer et à peigner le lin, nouvelles turbines, greniers à blé, appareils pour la fabrication du sucre de betteraves, lixiviateur ; appareil évaporatoire et nouveau filtre pour la clarification des sirops, au moyen du noir fin.
2322	*Girard.* Paris, r. Saint-Martin, 84 et 86.	Compas, boîtes de mathématiques.
2323	*Girault.* Paris, Galerie Vivienne, 31.	Épreuves de gravure.
2324	*Girard.* Paris, r. Saint-Martin, 254.	Stores.
2325	*Macheteau.* Paris, r. Saint-Denis, 204.	Malles, sacs de nuit, etc.
2326	*Dumoulin* (madame). Paris, r. du 29 Juillet, 5.	Corsets sans goussets.
2327	*Macquet* et *Ramel.* Paris, r. de la Roquette, 35 et 37.	Pois, haricots, lentilles, fèves, etc., décortiqués et leurs pellicules.
2328	*Maës*, à Clichy-la-Garenne (Seine).	Cristaux variés. C. F. 1839, sous la raison Rouyer et Maës.
2329	*Maigne.* Paris, boulevard Bonne-Nouvelle, 12.	Lits, tables de nuit, lavabos, chaises, tabourets, meubles divers en fer.
2330	*Maigne* fils. Paris, r. de Roquette, 13.	Soufflets de cheminée et balais.

N° d'ord.	NOMS ET DEMEURES DES EXPOSANTS.	NATURE DES OBJETS EXPOSÉS.
2331	*Mailly*. Paris, r. Saint-Martin , 191 et 195.	Savons , pommades , bandoline , etc.
2332	*Maire*. Paris, r. Vivienne, 57.	Vase de fleurs artificielles.
2333	*Malard* fils. Paris, r. des Rosiers, 20.	Chapeaux de feutre.
2334	*Vuillaume*, à Mirecourt (Vosges).	Basse, violons.
2335	*Maldant*, à la Chapelle-Saint-Denis, r. de Chabrol, 49.	Guide-longe et colliers de chiens.
2336	*Mallet*. Paris, r. de Berry , au Marais, 14.	Table , psyché , nécessaire en ivoire et en cuivre.
2337	*Mallet* et Comp⁰, à la Villette, r. de Marseille, 7.	Sulfate et muriate d'ammoniaque, alcali volatil.
2338	*Mangin*. Paris, passage Saint-Guillaume, 11.	Cannes, ombrelles, parapluies.
2339	*Mansson-Michelson*. Paris, faubourg Saint-Denis, 186.	Charrue à train, herse à train. M. H. 1839, à son prédécesseur.
2340	*Mantois* (Mᵐᵉ). Paris, r. du Pot-de-Fer-Saint-Sulpice, 14.	Dessins anatomiques coloriés , autres dessins coloriés. M. H. 1839.
2341	*Maratuch*. Paris, r. des Marais, 11 bis.	Appareils pour prévenir les feux de cheminées.
2342	*Marcelin*. Paris, petite rue de Reuilly, 3.	Parquets et meubles en marqueterie dite mosaïque. (B) 1839, sous le nom de Jean Petyt et compagnie.
2343	*Marchal*. Paris, r. du Bac, 102.	Billards.
2344	*Maréchal*. Paris, r. de la Tâcherie , 6.	Bouquets, broches, épingles et autres bijoux en diverses pierres et en strass. (B) 1839.
2345	*Marie-Hottot* (Mᵐᵉ) et Comp⁰. Paris, place de la Bourse, 12.	Dentelles et blondes. (B) 1834; R. 1839.
2346	*Marion-Bourguignon*. Paris, passage de l'Opéra, galerie de l'Horloge, 19.	Pierres blanches et pierres de couleur montées et non montées. (B) 1827; R. (B) 1834; (A) 1839.
2347	*Marmin*. Paris, r. Neuve-des-Capucines, 1.	Cravaches en nerf filé et en vernis caoutchouc.
2348	*Marmuse*. Paris, r. du Bac, 28.	Couteaux, ciseaux, greffoir et sécateur, taille-plumes.
2349	*Marquis*. Paris, r. Chapon, 23.	Lustres en bronze et cristal de roche, lanterne d'appartement, cheminée en marbre et bronze.

N° d'ord.	NOMS ET DEMEURES DES EXPOSANTS.	NATURE DES OBJETS EXPOSÉS.
		pendules et candélabres en bronze. Ⓑ 1834 et 1839 , à Chaumont et Marquis.
2350	Mars. Paris, r. de la Cerisaye, 9.	Balance bascule.
2351	Marsaux. Paris, r. de la Perle, 14.	Ornements en cuivre estampés. R. Ⓐ 1839.
2352	Marsuzi de Aguirre. Paris, r. Royale-Saint-Honoré, 4.	Échantillons des divers emplois du chanvre imperméable, tels que bordures pour glaces, couvertures de maisons, objets divers, etc., etc.
2353	Martenot. Paris, r. d'Antin, 6.	Épreuves lithographiques. M. H. 1834; Ⓑ 1839.
2354	Martin. Paris, r. Saint-Fiacre, 20.	Dessins pour impression d'étoffes.
2355	Martin. Paris, r. des Fossés-Montmartre, 8.	Perruques et toupets.
2356	Martin. Paris, r. Philippeaux, 36.	Fusils s'amorçant seuls, sabres et épées de luxe.
2357	Martin. Paris, cité de Trévise, 18.	Amidons et macaronis.
2358	Martin. Paris, r. Neuve-Saint-Nicolas, 12 bis.	Meubles avec ornements en cuir. Cuir et carton-toile en relief.
2359	Martin jeune. Paris, r. Grénétat, 32.	Savon liquide inaltérable.
2360	Massemin. Paris, r. de la Reynie, 28.	Peaux de veaux.
2361	Masson. Paris, r. des Vieux-Augustins, 18.	Cires diverses à cacheter.
2362	Masson. Paris, galerie de Valois, 7, Palais-Royal.	Imitations de diamants et de pierres fines.
2363	Massuc. Paris, r. de Cléry, 72.	Pompes et garde-robes.
2364	Massuc. Paris, r. Aumaire, 3 et 5.	Peignes en ivoires et en buis. M. H. 1839.
2365	Mathias. Paris, quai Malaquais, 15.	Tableaux peints pour l'enseignement de la mécanique, portefeuille de l'ingénieur des chemins de fer, carnet à l'usage des ingénieurs, librairie scientifique industrielle.
2366	Mathieu. Chaillot, r. des Batailles, 5.	Lampes diverses. Ⓑ 1839.
2367	Mauduit. Paris, r. du Faubourg-du-Temple, 60.	Instrument pour dessiner en perspective.
2368	Mauduit (Mᵐᵉ). Paris, r. Neuve-Saint-Nicolas, 32, faubourg Saint-Martin.	Mannequins à l'usage des artistes.

N° d'ord.	NOMS ET DEMEURES DES EXPOSANTS.	NATURE DES OBJETS EXPOSÉS
2369	*Mauge.* Paris, r. Bailly, 8, cour Saint-Martin.	Cirage oléagineux en pâte.
2370	*Maugenet* et *Coudray.* Paris, r. Bourg-l'Abbé, 22.	Savons divers.
2371	*Maurin.* Paris, r. Saint-Honoré, 342.	Colonnes en bois de sapin et fausse cheminée. ⑬ 1839.
2372	*Mauros,* à Ivry-sur-Seine (Seine).	Camphre raffiné et divers produits chimiques.
2373	*Mayer.* Paris, r. Vivienne, 20.	Surtout, pièces de table et de toilette en orfèvrerie.
2374	*Mayer* et *Comp^e.* Paris, r. des Marais-Saint-Martin, 50 *bis.*	Porcelaine imitation de Chine ; porcelaines émaillées, monté en bronze.
2375	*Mayet.* Paris, place Maubert, 1.	Rasoirs à dos mobile et de différents modèles.
2376	*Mayet.* Paris, r. de Provence, 55.	Huiles inoxidables, animale et végétale.
2377	*Medinger.* Paris, r. St-Dominique, 19.	Bateaux mécaniques.
2378	*Meissonier.* Paris, r. des Écouffes, 29.	Produits tinctoriaux, étoffes imprimées.
2379	*Mellier.* Paris, r. de Bondy, 76.	Cuirs et peaux corroyés, châssis pour lithographie.
2380	*Melzessard.* Paris, r. Ménilmontant, 35 *bis.*	Fermetures de boutiques, persiennes, stores. ⑬ 1839.
2381	*Ménier* et Comp^e. Paris, r. des Lombards, 37.	Chocolats.
2382	*Ménier* et Comp^e. Paris, r. des Lombards, 37.	Produits pharmaceutiques. Ⓐ 1834 et 1839.
2383	*Méquignon-Marvis.* Paris, r. de l'École-de-Médecine, 3.	Statuettes d'écorchés.
2384	*Menotti.* Batignolles, r. de la Paix, 12.	Savon hydrofuge.
2385	*Mercier.* Paris, r. de la Chaussée-d'Antin, 4.	Parapluies, ombrelles, parapluie-canne, parapluie-cravache.
2386	*Mercier-Blanchard.* Paris, r. des Gravilliers, 37.	Outils pour selliers, bottiers, tailleurs, etc.
2387	*Méric* frères. Paris, r. Richer, 14.	Machine rotative pour les vendanges.
2388	*Mériet.* Paris, r. Saint-Marc, 31.	Coffre-fort.
2389	*Mertens.* Paris, chez M. Charlier, r. de la Feuillade, 3.	Modèle de locomotive, machine à teiller le lin.
2390	*Messager.* Paris, r. Saint-Avoye, 63.	Stores, cartonnages fins.

N° d'ord.	NOMS ET DEMEURES DES EXPOSANTS.	NATURE DES OBJETS EXPOSÉS.
2391	*Messier* et *Amavet-Piver*. Paris, r. Saint-Martin, 103.	Savons de toilette.
2392	*Metfrederque*. Paris, r. de la Pépinière, 23.	Vases, corbeilles en fonte, pots à fleurs en terre et Christ en fonte.
2393	*Meyer*. Paris, r. Saint-Benoît, 7.	Épreuves d'impression en couleur.
2394	*Meynadier*. Paris, r. Grange-Batelière, 1.	Étoffes imperméables. M. H. 1834; Ⓑ 1839.
2395	*Meynial*. Paris, r. de l'Arbre-Sec, 50.	Appareils culinaires, fourneaux, coquilles, fours à pâtisserie, réchauds, cafetières, etc.
2396	*Michel*, à Puteaux (Seine).	Matière colorante extraite des bois de teinture. M. H. 1839.
2397	*Michel*. Paris, r. Neuve-Saint-Martin, 22.	Taffetas, rouge végétal et sachets.
2398	*Michel*. Paris, quai de l'Horloge, 47.	Plaques pour le daguerréotype.
2399	*Michelez* fils aîné. Paris, r. de Sèvres, 159.	Cotons à coudre, à broder et à marquer, fil d'Écosse, lacets de soie, de coton, laine et fil, cordons, ganses rondes et carrées, etc. Ⓐ 1827, sous la raison Vincent et Michelez; R. Ⓐ en 1834, à Michelez; R. Ⓐ en 1839.
2400	*Micoud*. Paris, r. de Meaux, 12.	Cuirs et toiles vernis pour décorations mobiles. C. F. 1834 et 1839.
2401	*Mignard*, *Billinge* et fils, à Belleville, boulevard de la Chopinette, 28.	Tréfilerie, tubes, cordes de musique. Ⓐ 1827, R. 1834 et 1839.
2402	*Mignon-Fromentin*. Paris, r. Saint-Denis, 257.	Peignes divers.
2403	*Millet*. Paris, r. Croix-des-Petits-Champs, 20.	Décorations, ordres de tous les pays.
2404	*Millochau*. Paris, Chaussée-du-Maine, 42, (extrà muros).	Huile pour l'horlogerie.
2405	*Klein*. Paris, faubourg Saint-Antoine, 110.	Table, lit, bureau en acajou. C. F. 1839.
2406	*Millot* fils. Paris, r. La Fayette, 59.	Étoffes pour meubles.
2407	*Milly* (de). Paris, r. Rochechouart, 40.	Acide stéarique, bougies, ac'de oléique savon lampes. Ⓐ 1834, à de Milly et Motard; Ⓞ 1839, à de Milly seul.

6

Nº d'ord.	NOMS ET DEMEURES DES EXPOSANTS.	NATURE DES OBJETS EXPOSÉS.
2408	*Milori.* Paris, r. Barre-du-Bec, 4.	Couleurs. Ⓐ 1839.
2409	*Minich.* Paris, r. de la Roquette, 53.	Cheminées, fourneaux portatifs et calorifères.
2410	*Minten.* Paris, r. des Tournelles, 18.	Moulures guillochées unies et droites.
2411	*G. Mirabal* et *Moreau.* Paris, r. Fontaine-au-Roi, 39.	Couleurs.
2412	*Moisson* et *Polonceau,* à Auteuil, avenue des peupliers, 5.	Guéridon, tables en lave artificielle. M. H. 1839.
2413	*Monmory* aîné et *Raphanel.* Paris, r. Saint-Méry, 9.	Siccatif brillant.
2414	*Mojon.* Paris, boulevard Saint-Martin, 33.	Bracelets, boucles d'oreilles, châtelaines, boucles diverses. Ⓑ 1823, à M. Orbelin, prédécesseur; R. 1827 et 1834, au même.
2415	*Moisson.* Paris, r. de la Vieille-Monnaie, 21.	Savonnière-Moisson.
2416	*Moisson,* à Auteuil, avenue des peupliers, 5.	Engrais per-azoté concentré.
2417	*Monestès* (François). Paris, r. Contrescarpe-Saint-Antoine, 14.	Serrures et verrous en cuivre et en fer.
2418	*Mongin.* Paris, r. des Juifs, 11.	Outils. Ⓑ 1823; Ⓐ 1827; Ⓑ 1834 et 1839.
2419	*Monginot.* Paris, r. Neuve-des-Petits-Champs, passage des Pavillons.	Dessins de machines. G. F. 1839.
2420	*Monpelas.* Paris, r. Saint-Martin, 129.	Savons divers. Cit. F. 1834 et 1839.
2421	*Montagnac,* boulevard des Batignolles-Monceaux, 22.	Tissus en toile métallique pour moulins à l'anglaise, tamisage, etc. C. F. 1839.
2422	*Montendan* frères. Paris, r. François-Miron, 8.	Ressorts d'horlogerie. M. H. 1834.
2423	*Montels.* Paris, quai de l'École, 26.	Filets pour la pêche. C. P. 1839.
2424	*Montfort.* Paris, r. de l'Université, 108.	Vernis, cirage pour équipages, cirage en boîtes, en pot et liquide, graisse pour équipages, etc. M. H. 1839.
2425	*Mora,* Paris, r. Bourg-l'Abbé, 9.	Pendules en bronze estampé et doré, candélabres, vases, objets divers en bijouterie dorée.
2426	*Mora.* Paris, r. de Choiseul, 8 *bis*.	Dessins pour dorure sur bois.

N° d'ord.	NOMS ET DEMEURES DES EXPOSANTS.	NATURE DES OBJETS EXPOSÉS.
2427	*Morand.* Paris, r. aux Ours, 23.	Sacs de nuit, cabas, tapis de table, chancelières, tabourets, bottes de voyage, etc. C. F. 1839.
2428	*Moreau.* Paris, r. du Petit-Lion-Saint-Sauveur, 13.	Pendule, cadre, objets de fantaisie en ivoire sculpté. C. F. 1839.
2429	*Morin.* Paris, r. Saint-Martin, 29.	Appareils de daguerréotype. ◎ 1839.
2430	*Morize* aîné. Paris, r. des Mauvaises-Paroles, 12.	Gants divers.
2431	*Mornieux.* Paris, r. Mondétour, 35.	Boutons de passementerie.
432	*Mothereau.* Paris, r. Rochechouart, 64 *bis.*	Carreaux de plâtre creux, four pour la cuisson du plâtre. M. H. 1839.
2433	*Mort.* Paris, r. Popincourt, 94.	Passerelle.
2434	*Mouchot* frères, au Petit-Montrouge, 132.	Plan de fours pétrins, de machines à vapeur, appareil à gaze et autres objets relatifs à la boulangerie.
2435	*Moulin.* Paris, r. du faubourg Saint-Antoine, 75.	Robinets pour rendre le gaz d'éclairage portatif, robinets pour prévenir les explosions du gaz, appareils fumivores.
2436	*H. Mourceau* et comp^e. Paris, rue du Mail, 25.	Étoffes de laine et soie, et tapisserie pour ameublements.
2437	*Morize.* Paris, r. Saint-Antoine, 13.	Rasoirs, couteaux et ciseaux. C. F. 1839.
2438	*Nolet.* Paris, r. Montmartre, 133.	Dos élastiques et buses méchaniques pour corsets.
2439	*Mudesse.* Paris, r. des Fossés-du-Temple, 6.	Pendules, cadres en marbre plaqué sur métaux.
2440	*Muller fils* et comp^e. Paris, faubourg-Saint-Martin, 115.	Vernis et couleurs.
2441	*Mulot.* Paris, r. Grange-aux-Belles, 57.	Extraits d'essences aromatiques.
2442	*Mutel* (de). Paris, r. de Fourcy-Saint-Marcel, 7.	Huile désoxigénée, sans acide ni alcali, propre à l'horlogerie, huiles pour horlogerie et mécaniques.
2443	*Karl-Hauder* et *André.* Paris, r. des Amandiers-Popincourt, 40 *bis.*	Peinture sur verre.
2444	*Kazner* et *Dubois.* Paris, r. Saint-Maur-Popincourt, 14.	Tissus divers.
2445	*Klein.* Paris, r. Montmartre, 118.	Établi et outils pour l'ébénisterie. M. H. 1834.

N° d'ord.	NOMS ET DEMEURES DES EXPOSANTS.	NATURE DES OBJETS EXPOSÉS.
2446	*Koch.* Paris, r. aux Ours, 51.	Peignes.
2447	*Kœhler.* Paris, r. de Grenelle-Saint-Germain, 59.	Reliures. Ⓐ 1834 et 1839.
2448	*Kopp.* Paris, r. du Temple, 56.	Boîtes de ménage et jouets d'enfants.
2449	*Kœppelin.* Paris, quai Voltaire, 15.	Estampes imprimées par les différents procédés de l'imprimerie lithographique et zincographique. Ⓑ 1839.
2450	*Konner.* Paris, r. Charlot, 6.	Statuettes en bronze.
2451	*Kons.* Paris, r. Saint-Maur, 94.	Tissus de toile métallique.
2452	*Kopcynski*, à Batignolles, r. Saint-Louis, 60	Calorifère.
2453	*Krafft.* Paris, Faubourg-Saint-Denis, 82.	Gravure sur cylindres pour servir à l'impression des tissus, échantillons de dessins. M. H. 1839.
2454	L. *Krafft* et compᵉ, à Montmartre, rue du Chemin-Neuf, 5.	Sulfate d'ammoniaque, matières désinfectantes, *id.* solides désinfectées et converties en poudrette en deux jours.
2455	*Kreisser.* Paris, r. Neuve-du-Luxembourg, 30.	Meubles en bois de rose, garnis de bronze et de porcelaine, pendule en bronze, vases, service en bronze et porcelaine, épée en vermeil et pierres fines.
2456	*Labarraque* et *Lecanu.* Paris, r. Cloche-Perce, 10.	Chlorure.
2457	*Labey* et *Lemaire.* Paris, place du Caire, 2.	Toiles cirées.
2458	*Julienne*, à Sèvres, manufacture royale.	Dessins pour l'industrie.
2459	*Junod.* Paris, r. de Lesdiguières, 7.	Moulures diverses.
2460	*Junot.* Paris, r. Ménilmontant, 94.	Balances bascules, crics en fer. C. F. 1839.
2461	*Labiche* et *Tugot.* Paris, r. du Mail, 5.	Glucose de fécule.
2462	*Labouriau.* Passy, r. du Dôme, 3.	Papiers de tenture, bordure, porte et plafond décorés en carton élastique.
2463	*Lacarrière.* Paris, r. Sainte-Élisabeth, 3 bis.	Bronzes pour l'éclairage au gaz et pour bâtiment.
2464	*Lacarrière.* Paris, r. Sainte-Élisabeth, 3 bis.	Plusieurs modèles de châssis, montre en fer, devanture de

N° d'ord.	NOMS ET DEMEURES DES EXPOSANTS.	NATURE DES OBJETS EXPOSÉS.
		boutique en fer, divers articles de serrurerie pour l'éclairage au gaz. ⑬ et M. H. 1839.
2465	*Lacointu* jeune et comp^e. Paris, r. Molay, 4.	Anneaux creux sans soudure en cuivre rouge, en cuivre jaune, en zinc et en plaqué.
2466	*Millot*. Paris, r. Neuve - des - Petits-Champs, 77.	Corsets.
2467	*De Laëre*. Paris, r. Richelieu, 18.	Plantes dessinées.
2468	*Lafon*. Paris, r. Neuve-Ménilmontant, 6.	Lettres en relief et en métal.
2469	*Lafond*. Paris, r. Vivienne, 3.	Bandages et appareils herniaires. ⑬ 1834, R. ⑬ 1839.
2470	*Lafond*. Paris, r. du Marché-Popincourt, 2.	Essieux et machines diverses, roues, presse pour emboîter les roues, essieu de locomotive.
2471	*Layoutte* et fils. Paris, r. de Touraine, 2.	Tuyaux en plomb et en étain.
2472	*Lagrange*. Paris, r. du Faubourg-du-Temple, 81.	Machine à battre les graines, baratte rotative.
2473	*Lahaye*. Paris, r. du Dragon, 30.	Stucs, piédestaux, colonnes cannelées, échantillons.
2474	*Lalande*. Paris, r. de la Feuillade, 3.	Jalousies et stores, plaques émail pour cheminées, panneau dit anglais sur canevas imperméable.
2475	*Laming* et comp^e, à Clichy-la-Garenne (Seine).	Alcali volatil, carbonate d'ammoniaque en pains et en fleurs.
2476	*Lambert-Blanchard* et comp^e. Paris, r. Neuve-Saint-Eustache, 36.	Mérinos, cachemires d'Écosse, mousseline laine, etc. ⑬ 1839.
2477	*Lamotte*. Paris, faubourg Montmartre, 4.	Garderobes, pompes, machine hydraulique. M. H. 1839.
2478	*Lamy*. Paris, boulevard Beaumarchais, 63.	Baignoires pour malades. M. H. 1839.
2479	*Lamy* fils. Paris, r. Bleue, 22.	Cadres, rosaces, statues, ornements sculptés.
2480	*Landeau, Noyers* et comp^e. Paris, r. Saint-Denis, 148, chez MM. Bonjour et Verrier.	Tranches de marbre noir, gris panaché, etc.
2481	*Lanéry*. Paris, r. Ménilmontant, 61.	Mécanique à tisser.
2482	*Lange-Desmoulin*. Paris, r. du Roi-de-Sicile, 32.	Couleurs. ⑬ 1819; Ⓐ 1823; R. Ⓐ 1827, 1834 et 1839.
2483	*Langlois*, à Stains (Seine).	Taffetas gommé et toile cirée.

N° d'ord.	NOMS ET DEMEURES DES EXPOSANTS.	NATURE DES OBJETS EXPOSÉS.
2484	*Languedocq*. Paris, r. Saint-Honoré, 138.	Coutellerie de table et de fantaisie, etc. C. F. 1806, M. H. 1819, Ⓐ 1823-1827, R. Ⓐ 1834, au sieur Gavet.
2485	*Languereau*. Paris, passage Choiseul, 12 et 14.	Pâtes féculentes, farines de légumes cuits, etc.
2486	*Lainé*. Paris, r. du Maure-Saint-Martin, 6, entrée princip. r. St-Martin, 96.	Boîtes en carton, cartes et papeterie. C. F. 1834 et 1839.
2487	*Lanne*. Paris, r. du Temple, 42.	Rasoirs, cuirs à rasoirs, couteau. C. F. 1834; M. H. 1839.
2488	*Lapied* et *Martinet*. Paris, r. du Faubourg-Saint-Denis, 176.	Tableaux en verre peint.
2489	*Laporte*. Paris, r. des Filles-Saint-Thomas, 20.	Objets de coutellerie. Ⓑ 1827 et 1839.
2490	*Lardière*. Paris, r. Louis-le-Grand, 30.	Livres et albums reliés. Ⓑ 1839.
2491	*Larenoncule*. Paris, r. des Gravilliers, 29.	Outils pour la ferblanterie.
2492	*Larmoyer*. Paris, r. des Vieux-Augustins, 57.	Cirages et vernis.
2493	*Laroche*. Paris, r. Saint-Roch-Poissonnière, 8.	Dessins de châles, de robe, de rubans; dessins pour meubles.
2494	*Larocque*. Paris, r. du Faubourg-Saint-Martin, 11.	Corbeilles de fleurs artificielles.
2495	*Larrabure*.	Zincs laminés. Ⓐ 1839.
2496	*Larrivé*. Paris, r. des Petits-Champs-Saint-Martin, 2.	Boutons en métal.
2497	*Larroumets*. Paris, r. Sainte-Marguerite-Saint-Antoine.	Tapis, toile et papier cirés.
2498	*Lasserre* frères et compᵉ. Paris, boulevard Bonne-Nouvelle, 25.	Bitume, carreau pour dallage.
2499	*Lelieurre de l'Aubépin*. Paris, r. du Bac, 55.	Char-à-banc à 6 roues dit voiture de sûreté.
2500	*Laurent*. Paris, r. Saint-Denis, 227.	Boutons de soie et lasting, boutons à griffe, agréments de passementerie. M. H. 1834.
2501	*Schlumberger* (Nicolas) et compᵉ, à Guebwiller (Haut-Rhin).	Carde à étoupe, banc à broches. Ⓙ 1839.
2502	*Grün*, à Guebwiller (Haut-Rhin).	Métiers et machines diverses pour la filature du lin et du coton.
2503	*Laurent* et compᵉ. Paris, r. Neuve-Ménilmontant, 115.	Vitraux peints.

N° d'ord.	NOMS ET DEMEURES DES EXPOSANTS.	NATURE DES OBJETS EXPOSÉS.
2504	*Laurent et Ferry*. Paris, r. Chapon, 5.	Caves à liqueurs, boîtes à ouvrage, pupitres, etc. ; portefeuilles divers, buvards et albums.
2505	*Gouet*, aux Thernes, barrière du Roule.	Découpoirs à levier concentrique. M. H. 1839.
2506	*Ruaud*, à Limoges (Haute-Vienne).	Faux, acier.
2507	*Laury*, Paris, r. Tronchet, 31.	Cheminées calorifères.
2508	*Bourgeois* et comp°, à Sionne (Vosges).	Essieux, fers laminés. Ⓑ 1839, au sieur Muel, prédécesseur.
2509	*Casalis*, à Saint-Quentin (Aisne).	Machine à vapeur de la force de 12 chevaux. Ⓐ 1819 et 1827; Ⓞ 1839, aux sieurs Casalis et Cordier.
2510	*Midy*, à Saint-Quentin (Aisne).	Charrue-semoir à quatre socs, machine à battre le grain.
2511	*Godin* aîné, à Châtillon-sur-Seine (Côte-d'Or).	Laines.
2512	*Huret*, Paris, passage du Caire, 38.	Corsets.
2513	*Redarce*. Paris, r. de la Boucherie, Gros-Caillou, 9.	Indicateurs mobiles pour sonnettes.
2514	*Redier*. Paris, place du Châtelet, 2.	Horloges marines, montres, compteur et instrument de précision.
2515	*Maitre* (Joseph), à Villotte-sur-Ource (Côte-d'Or).	Laines.
2516	*Regnault*. Paris, r. Geoffroy-l'Angevin, 3.	Corbins en corne et poires à poudre en corne, cuivre, zinc, etc.
2517	*Tassart*, Paris, r. du Bac, 65.	Chocolat.
2518	*Régnier*. Paris, quai Jemmapes, 146.	Bougies et cierges. C. F. 1839.
2519	*Reine*. Paris, place du Vieux-Marché-Saint-Martin, 11.	Appareils de daguerréotypes.
2520	*Rémon*. Paris, r. Royale-Saint-Antoine, 16.	Gravure en relief sur cuivre.
2521	*Rémy*. Paris, r. de Grenelle-St-Honoré, 30.	Flûtes, hautbois, cors anglais, clarinettes, baryton.
2522	*Renard*. Paris, r. Sainte-Avoye, 58.	Échantillons de serrurerie.
2523	*Renard*. Paris, r. des Gravilliers, 28.	Outils et instruments pour la gravure. C. F. 1834; Ⓑ 1839.

N° d'ord.	NOMS ET DEMEURES DES EXPOSANTS.	NATURE DES OBJETS EXPOSÉS.
2524	*Renaudière.* Paris, r. du Sentier, 3.	Mousselines et rideaux. Ⓑ 1839.
2525	*Rennes.* Paris, r. de l'Aiguillerie, 2.	Brosses et balais.
2526	*Reulos.* Paris, r. du Jardin-du-Roi, 15.	Peaux de cheval corroyées et tannées. Ⓐ 1839.
2527	*Réveilhac* fils et comp°. Paris, r. de la Roquette, 2.	Feuilles de cuivre jaune. Ⓑ 1834, à Réveilhac; R. Ⓑ 1839, à Réveilhac et fils.
2528	*Reydor* frères. Paris, r. St-Martin, 155.	Tournebroche à ressort, horloge.
2529	*Croisat.* Paris, r. des Fossés-Montmartre, 3.	Tours, perruques et faux toupets. C. F. 1839.
2530	*Reynaud-Chapelain.* Paris, r. Grénetat, 2.	Montres d'enfants, médaillons, cadres en cuivre estampé, épingles.
2531	*Rheins.* Paris, r. Saint-Martin, 223.	Tapis en drap imprimé, cabas; moquettes de laine, de coton, de tissus, de drap imprimé. M. H. 1839.
2532	*Ricaux* fils et comp°. Paris, r. Neuve-de-Lappe, 3.	Châles, tissus et écharpes.
2533	*Richard.* Paris, r. Saint-Martin, 139.	Peignes, bracelets, croix pastorales, collier, chaînette, boucles, broches, etc. Ⓑ 1827; R. Ⓑ 1834 et 1839.
2534	*Rioussec*, à Saint-Mandé (Seine).	Montre plate chronographe, petite montre. Ⓑ 1839.
2535	*Rigollot.* Paris, quai de l'École, 22.	Appareils gazoscopiques.
2536	*Ringaud* jeune. Paris, r. de la Roquette, 73.	Cyanure de potassium, bleu de Prusse, vert de chrôme et autres produits chimiques.
2537	*Roard de Clichy* et comp°. Paris, faubourg Montmartre, 18.	Céruse, minium et autres produits chimiques. Ⓞ 1819; R. Ⓞ 1823 et 1830.
2538	*Robert.* Paris, r. Cléry, 42.	Registres divers. M. H. 1834; Id. 1839.
2539	*Robert.* Paris, r. de la Verrerie, 34.	Dessins pour tapisseries et broderies.
2540	*Robert*, à Grenelle, r. Violet, 10.	Chauffoirs pour voitures.
2541	*Robert.* Paris, boulevard St-Denis, 19.	Régulateurs, montres, pièces astronomiques et petites pièces de voyage. C. F. 1839.
2542	*Robert* (A) et comp°, à la Villette, quai de la Marne, 26.	Divers métaux affinés et lingots de cuivre affiné.

N° d'ord.	NOMS ET DEMEURES DES EXPOSANTS.	NATURE DES OBJETS EXPOSÉS.
2543	*Robert-Houdin.* Paris, r. de Vendôme, 9.	Pendules et automates mécaniques. Ⓑ 1839.
2544	*Robin.* Paris, r. de la Harpe, 14.	Encriers.
2545	*Robinot.* Paris, quai Valmy, 81.	Dessins de machines et d'architecture.
2546	*Robine.* Paris, r. de l'Arcade, 33.	Pains de gluten et de fécule, appareil pour apprécier les farines.
2547	*Rocle.* Paris, boulev. Beaumarchais, 43.	Cheminée sculptée en marbre de Carrare.
2548	*Rodel.* Paris, r. de la Chaussée-d'Antin, 44.	Candélabres, pendule en bronze.
2549	*Roger.* Paris, quai Malaquais, 15.	Machines à mélanger le béton et à broyer le mortier.
2550	*Roger.* Paris, place du Panthéon.	Acier à cuire et tubes à étirer, battants - brocheurs. C. F. 1834 ; Ⓑ 1839.
2551	*Roitin.* Paris, r. du Faubourg-Saint-Antoine, 103.	Limes. Ⓞ 1827, R. 1834 à Musseau et Roitin, R. Ⓞ 1839
2552	*Rojon.* Paris, r. de la Tannerie, 35.	Émeri préparé et perfectionné à l'usage de l'optique et de la mécanique ; ponce et tripo'i pulvérisés pour polir les plaques de daguerréotype.
2553	*Boland.* Paris, r. et île Saint-Louis, 60.	Appareil aleuromètre propre à apprécier les propriétés panifiables de la farine de froment. M. H. 1839.
2554	*Romagnesi* aîné. Paris, r. de Paradis-Poissonnière, 24.	Sculptures en carton-pierre Ⓑ 1823 ; Ⓐ 1827 ; R. Ⓐ 1834 et 1839.
2555	*Rosé* et comp*r*. Paris, r. Feydeau, 26.	Machines pour battre les grains, pour hacher les fourrages ; pour couper les légumes ; appareil pour la production du gaz de houille ; voiture pour transporter le gaz non comprimé. R. Ⓐ 1834, sous la raison Rafin et Rosé ; R Ⓐ 1839, à Rosé seul.
2556	*Émery.* Paris, r. Saint-Antoine, 31.	Perruques.
2557	*Rosselet.* Paris, r. du Faubourg - Saint-Honoré, 26.	Nettoyage de dorures, candélabres, pendules, cadres dorés, reliures de livres dorés, etc. ; chaînes, broches, dessus de paniers, etc.

6*

N° d'ord.	NOMS ET DEMEURES DES EXPOSANTS.	NATURE DES OBJETS EXPOSÉS.
2558	*Rosset*. Paris, r. Vivienne, 48.	Châles indous et cachemires, écharpes.
2559	*Roswag* et fils. Paris, r. St-Denis, 321.	Toiles métalliques, passoires, garde-feux, etc Ⓐ 1806 ; M. H. 1819 ; Ⓞ 1823 ; R. Ⓞ 1834 et 1839.
2560	*Rouen*. Paris, r. Neuve-St-Martin, 5 *bis*.	Appareils divers d'éclairage. Ⓑ 1839.
2561	*Roudier*, à Vaugirard, avenue d'Issy, 215.	Briques et boisseaux, caniveaux, chaperons. Ⓑ 1823, 1827, 1834 et 1839, à Gourlier son prédécesseur.
2562	*Rouffet*. Paris, r. de Perpignan, 42.	Tour, machines à percer, étaux. Ⓑ 1827, R Ⓑ et C. F. 1834: R. Ⓑ 1839.
2563	*Rouillard*, à Belleville, r. du Puits-St-Laurent, 7.	Mesures de tonnellerie, entonnoirs, brocs, etc.
2564	*Roumestant*. Paris, r. Montmorency, 10.	Registres, presses à copier, presses de voyage, cire à cacheter. M. H. pour cire à cacheter, 1834 ; C. F. pour registres, 1834 : Ⓑ pour cire à cacheter, 1839 ; Ⓑ pour registres, 1839.
2565	*Rousseau*. Paris, r. des Cinq-Diamants, 42.	Conserves de fruits assortis.
2566	*Rousseau*, *Robierre* et comp^e. Paris, r. de l'École-de-Médecine, 9.	Acétate de p'omb, substance blanche proposée pour remplacer la céruse, appareil propre à la distillation et à la concentration de différents liquides et en particulier de l'acide sulfurique.
2567	*Rousseau et Poisson*. Paris, impasse de la Pompe, 13, r. de Bondy.	Feuilles métalliques contre l'humidité. C. F. 1839, à Clanceau, prédécesseur.
2568	*Roussel* (V^e A) *et Courtépée*. Paris, r. du Renard-Saint-Sauveur, 11.	Peaux de bœufs tannées ; peaux de vaches tannées et corroyées ; peaux de veaux, de cheval, tiges de bottes corroyées et cambrées.
2569	*Rousserovx*. Paris, r. Mandar, 5.	Fourneaux et calorifères. C. F. 1839
2570	*Roussel* (L) *et Desprez*. Paris, r. du Faubourg-Montmartre, 40.	Vaches vernies pour capotes de cabriolets, veaux vernis pour chaussures, etc.

Nº d'ord.	NOMS ET DEMEURER DES EXPOSANTS.	NATURE DES OBJETS EXPOSÉS.
2571	*Rousseville*. Paris, r. Saint-Martin, 155.	Couverts en étain, clysomonolos-kèue et seringues. M. H. 1839.
2572	*Roux-Duremère*. Paris, r. Michel-le-Comte, 33.	Collier de cabriolet en cuir verni rempli d'air.
2573	*Rosé*. Paris, quai des Ormes, 2.	Pendules avec globes terrestres mobiles, sphères de Copernic, leviers chronométriques, géocycliques.
2574	*Roze*. Paris, r. Chapon, 15.	Assortiment de vases sacrés, couverts de table, etc., etc.
2575	*Rypinski*. Paris, r. Bourbon-Villeneuve, 5.	Dessins de fichus, foulards, châles, papiers peints, tapis et moquettes. M. H. 1839.
2576	*Sabatier*. Paris, r. Saint-Honoré, 84.	Couteaux pour le service de table et pour l'usage de la cuisine. M. H. 1819; Ⓑ 1834; Ⓐ 1839.
2577	*Sabatier-Blot*, Paris, Palais-Royal, 137.	Portraits au daguerréotype.
2578	*Van Sabran* et *G. Jessé*. Paris, r. Saint-Joseph, 3.	Tissus et châles. Ⓐ 1834, R. Ⓐ 1839 à Sabran frères.
2579	*Sayet*. Paris, r. Sainte-Élisabeth, 7.	Appareils d'éclairage de ville, pour locomotives, administrations; fanaux, signaux, appareils divers, Ⓞ 1834, à Bordier-Marcel, son prédécesseur.
2580	*Sujov*. Paris, r. de la Barillerie, 17.	Dessins pour tapisserie.
2581	*Saint-Étienne* fils. Paris, r. d'Arcole, 3.	Machine à râper la pomme de terre, appareil pour faire la gomme de fécule, le sagou et le tapioka. Ⓑ 1839.
2582	*Saint-Maurice Cabopy* (Mᵐᵉ Vᵉ). Paris, r. Sainte-Avoye, 57.	Registres et articles de papeterie. M. H. 1839.
2583	*Saint-Quirin, Cirey et Monthermé* (compagnie des manufactures de glaces et verres de). Paris, r. Saint-Denis, 313.	Glaces Ⓐ 1819, 1823, 1827, Ⓞ 1834, 1839.
2584	*Saint-Étienne* père. Paris, r. des Ursulines, 6.	Appareil pour extraire la fécule de pomme de terre, extracteur de gluten, machine à bluter la fécule et le noir animal. Ⓑ 1834 et 1839.
2585	*Saint-Paul* (Vᵉ) et fils. Paris, boulevard des-Filles-du-Calvaire, 44.	Toiles métalliques. B. Ⓐ 1839.
2586	*Champeaux*. Paris, r. de l'Arbre-Sec, 2.	Perruques.

N° d'ord.	NOMS ET DEMEURES DES EXPOSANTS.	NATURE DES OBJETS EXPOSÉS.
2587	*Sallandrouze-Lamornaix.* Paris, boulevard Poissonnière, 23.	Tapis, portières, rideaux, tentures d'appatement, etc. Ⓞ 1834.
2588	*Sallandrouze.* Paris, r. Taitbout, 15.	Tapisserie, tapis velouté. Ⓑ 1839.
2589	*Salleron.* Paris, r. des Blancs-Manteaux, 22.	Papiers découpés et de fantaisie pour bonbons. C. F. 1839.
2590	*Salmon.* Paris, r. des Arcis, 22.	Pièces de poterie de grès fin.
2591	*Salomon.* Paris, r. Montmartre, 39.	Dessins de machines polygraphes et mécanographes, produits des machines.
2592	*Sampson.* Paris, r. Beauregard, 16.	Siéges et fauteuil pour cabinet et appartement.
2593	*Samson.* Paris, r. de l'École-de-Médecine, 30.	Instruments de chirurgie et membres artificiels. Ⓐ 1839.
2594	*Sanders.* Paris, r. Soly, 13.	Bouillottes, fontaines en cuivre bronzé.
2595	*Sandoz.* Paris, place Dauphine, 1.	Scarificateurs.
2596	*Sangouard* père et fils. Paris, r. des Fossés-Montmartre, 14.	Linge damassé et châles eu étoffes diverses.
2597	*Rouland.* r. Neuve-St-Augustin, 15 *bis.*	Cirage et vernis.
2598	*Sanrey et Ulysse.* Paris, r. du Rocher, 8.	Théâtre mécanique pour enfants.
2599	*Saulnier.* Paris, r. Saint-Ambroise-Popincourt, 5.	Engrenage en fonte, écrous faillés par une machine spéciale, planche en acier préparée pour la gravure, dessins de machines. Ⓐ 1827; Ⓞ 1834; R. Ⓞ 1839.
2600	*Le Saulnier.* Paris, passage Radziwill.	Presse à timbre humide.
2601	*Saunier.* Paris, r. Bourg-Labbé, 50.	Brosses et pinceaux. M. H. 1839.
2602	*Sauvage.* Paris, r. Neuve-Ménilmontant, 6.	Statue en marbre réduite.
2603	*Savard.* Paris, r. Montmorency, 1.	Hausse-col en doublé or.
2604	*Savary.* Paris, r. du Roule, 5.	Stores. C. F. 1839.
2605	*Savouré.* (Mme). Paris, r. Notre-Dame-de-Nazareth, 12.	Articles de pêche et de chasse, lignes cannes, etc. C. F. 1839.
2606	*Savoye.* Paris, r. d'Angoulême-Saint-Honoré, 11.	Ciment en poudre, échantillons d'application.
2607	*Sanoux* (Mme V^e). Paris, r. des Moulins, 9.	Lin, fil écru non retors, fil retors en deux et blanchi.
2608	*Schellinck.* Paris, r. Saint-Honoré, 91.	Encens.
2609	*Schierts.* Paris, r. de la Huchette, 29.	Appareils de daguerréotype.

N° d'ord.	NOMS ET DEMEURES DES EXPOSANTS.	NATURE DES OBJETS EXPOSÉS.
2610	*Schmitt*. Paris, r. de la Tanneric, 12.	Enclumes, étaux. Ⓑ 1839.
2611	*Schmidt*, à Belleville, chaussée de Ménilmontant, 24.	Limes diverses. Ⓑ 1823; Ⓐ 1827; R. Ⓐ 1839.
2612	*Schönenberger*. Paris, boulevard Poissonnière, 28.	Musique gravée, traité d'instrumentation de Berlioz, méthode de piano de Bertini, partition du Chalet. C. F. 1839.
2613	*Schweig*. Paris, r. Richelieu, 18.	Instruments de physique, balance de précision, électromètre, pince thermoscopique, etc., etc.
2614	*Seguin*. Paris, r. d'Assas, 12.	Autel, cheminées, médaillons, portraits, ornements en marbre sculpté.
2615	*Seguin* (Mme). Paris. r. des Capucines, 7.	Mécanisme pour chapeau de femme.
2616	*Soidel*. Paris, r. des Gravilliers, 23.	Panneaux pour meubles antiques, dessus de toilette en marqueterie.
2617	*Seigneurgens*. Paris, r. Saint-Antoine, 110 bis.	Bonneterie de toute espèce.
2618	*Páris*. Paris, passage Choiseul, 25.	Perruques, tours et toupets C. F. 1839.
2619	*Serpinet*. Paris, r. Plumet, 4.	Carmins d'indigo.
2620	*Serpolet*. Paris, r. Culture-Sainte-Catherine, 48.	Peluche de Paris.
2621	*Serrurot*. Paris, r. Richelieu, 89.	Pendules, candélabres, lustres, surtouts et bronzes divers. Ⓑ 1827, 1834, 1839.
2622	*Isnard, Maubert* et *Pinard* (Alphonse). Paris, r. Saint-Merry, 16.	Eau de fleurs d'oranger, et essences diverses.
2623	*Jacotier*. Paris, r. Buffon, 13.	Gravures au burin, lithographie et vignettes. Ⓑ 1834; M. H. 1839.
2624	*Jacquot*. Paris, r. Saint-Roch-Poissonnière, 14.	Persiennes.
2625	*Jacquin*. Paris, r. de la Feuillade, 3.	Pendules.
2626	*Jacquemart*. Paris, r. des Vinaigriers, 24.	Toiture avec châssis, crémones. M. H. 1839.
2627	*Jaeglin* et *Fuchs*. Paris, r. des Jeûneurs, 16.	Dessins industriels.
2628	*Jam net*. Paris, r. du Four-Saint-Germain, 26, et Sainte-Marguerite, 19.	Fontaine démonstrative des procédés de filtrage, depuis leur origine jusqu'aux polyfiltres;

N° d'ord.	NOMS ET DEMEURES DES EXPOSANTS.	NATURE DES OBJETS EXPOSÉS.
		fontaines et appareils de filtrage. M. H. 1839.
2629	*Janin*. Paris, r. du Rocher, 20.	Un indicateur, pièce mécanique pour le service des hôtels garnis, etc.
2630	*Jannet*. Paris, r. des Trois-Bornes, 1.	Vases contenant des orseilles et couleurs.
2631	*Jannin*, à Fontenay-aux-Roses (Seine).	Porcelaines.
2632	*Javal* (J.) et compe. Paris, r Neuve-des-Mathurins, 47.	Fusils et pistolets.
2633	*Jeanne*. Paris, pass. Choiseul, 66 et 68.	Grand cadre doré. C F. 1839.
2634	*Jeannin*. Paris, r. des Boucheries-Saint-Germain, 31.	Table en marqueterie, queues de billard.
2635	*Jelmini*. Paris, r. Saint-Louis, 89.	Piano.
2636	*Joliot*. Paris, Palais-Royal, galerie d'Orléans 10 et 12.	Tabatières diverses en bois, en écaille et en métal. M. H. 1839.
2637	*Jolly*. Paris, r. Albouy, 5.	Porte-plumes sans soudures. M. H. 1839.
2638	*Jomeau* (Louis). Paris, r. Cloche-Perce, 12.	Modèle d'un système de ponts à combles, modèle de passerelles, plans de ces modèles, fermetures de fours.
2639	*Jouanneau*. Paris, passage Valence, 7 (quartier Saint-Marcel).	Peaux de moutons.
2640	*Joulin*, Paris, r. du Renard-Saint-Sauveur, 7.	Gants.
2641	*Jourdain*. Paris, r. Neuve-des-Petits-Champs, 52.	Fruits conservés.
2642	*Jourdan*. Paris, r. de Charonne, 169.	Étoffes de crin, soie végétale et laine.
2643	*Jugier*. Paris, r. Saint-Nicolas Saint-Antoine, 20.	Serrures pour meubles, pivots et loquetaux.
2644	*Jullian*. Paris, r. Saint-Denis, 247.	Mécaniques pour fixer les œillets métalliques et pour serrer les lacets. M. H. 1839, à Coulliez, prédécesseur.
2645	*Julien*. Paris, r. Neuve-St-Eustache, 39.	Fleurs artificielles, corbeille et vases.
2646	*Naylies* et compe. Paris, r. du Chemin-Vert, 7.	Meules à moulins.
2647	*Naze*. Paris, r. du Gros-Chenet, 23.	Dessins pour étoffes.

N° d'ord.	NOMS ET DEMEURES DES EXPOSANTS.	NATURE DES OBJETS EXPOSÉS.
2648	*Patinot* et comp^e. Paris, r. de Condé, 13.	Tuyaux en terre cuite.
2649	*Passerieux.* Paris, r. des Vinaigriers, 25.	Sonnettes et cordons acousti-ques. M. H. 1839.
2650	*Parzudaki.* Paris, r. du Bouloi, 2.	Objets d'histoire naturelle. M. H. 1839.
2651	*Parrizot.* Paris, r. d'Enfer, 22.	Garderobes et cuvettes pour la descente des eaux ménagères.
2652	*Purquin.* Paris, r. Popincourt, 74.	Articles en cuivre, cafetières, casseroles, articles de table en plaqué. Ⓐ 1827; R. Ⓐ 1834 et 1839.
2653	*Parisot.* Paris, r. Richelieu, 113, et r. Saint-Sauveur, 22.	Assortiment de coutellerie et pe-tite orfèvrerie de table. Ⓑ en 1827 et R. Ⓑ en 1834, à Tou-ron, prédécesseur.
2654	*Paris* et *Bocquet.* Paris, r. du Cadran, 20.	Charrues, herse, versoir, etc.
2655	*Paris* frères. Paris, r. d'Anjou-Dau-phine, 11.	Tapis. Ⓐ 1839.
2656	*Noël* père et comp^e. Paris, r. de Buf-fault, 19.	Couvertures oropholithes, écri-teaux, tapis, dallage, etc.
2657	*Noël.* Paris, r. du Temple, 101.	Yeux artificiels. Ⓑ 1834 et 1839.
2658	*Nodler.* Paris, r. Lafayette, 10.	Moulins à blé.
2659	*Niot.* Paris, r. Mandar, 10.	Horloges, mécaniques, tourne-broches à ressorts, cadrans, cadran de la rose des vents. R. Ⓑ 1839.
2660	*Niepce* et *Etoffe.* Paris, r. des Vieux-Augustins, 23.	Objets de sellerie.
2661	*Neumann* (Ferdinand). Paris, r. de la Pépinière, 72.	Un essieu à l'huile à double ro-tation.
2662	*Neveue.* Paris, r. des Bourguignons, 12.	Cuirs.
2663	*Neville* et comp^e. Paris, r. d'Angou-lême, 25.	Modèle d'un pont.
2664	*Nicolle.* Paris, r. Amelot, 64.	Lustres, lampes, lanternes, robi-nets.
2665	*Niedrée.* Paris, passage Dauphine, esca-lier E.	Reliure.
2666	*Noblet.* Paris, r. du Grand-Chantier, 1.	Montres, ébauches de montres, pendules.
2667	*Nédellec.* Paris, quai de l'Horloge, 53.	Tableau à horloge à musique,

N° d'ord	NOMS ET DEMEURES DES EXPOSANTS.	NATURE DES OBJETS EXPOSÉS.
		régulateur, pendules, compteur portatif.
2668	*Neumann.* Paris, r. de Seine, 56.	Pendules, régulateurs, montre de poche, outils d'horlogerie.
2669	*Neumann.* Paris, r. de Seine, 56.	Anémomètres, hydromètres, pédomètre, odomètre.
2670	*Noiret.* Paris, r. Guénégaud, 31.	Appareil pour remédier à la rupture des essieux sur les chemins de fer.
2671	*Giroux.* Paris, galerie Montmartre, passage des Panoramas, 12.	Chocolat.
2672	*Numa Louvet.* Paris, r. Jean-Jacques-Rousseau, 18.	Poinçons pour la gravure héraldique.
2673	*Nys* et compe. Paris, r. de l'Orillon, 27.	Cuirs vernis. ◎ 1839.
2674	*Collet* (mad.). Paris, r. Montmartre, 167.	Corsets.
2675	*Obré.* Paris, r. du Temple, 13.	Fourreaux de sabres.
2676	*Oger*, à Clignancourt-Montmartre (Seine), r. Marcadet, 9.	Bourres en feutre pour armes à feu.
2677	*Oger.* Paris, r. Culture-Ste-Catherine, 17.	Savons de ménage et de toilette. Ⓐ 1827; R. Ⓐ 1834 et 1839.
2678	*Ogereau.* Paris, r. de Buffon, 5.	Maroquins de couleur, maroquins noirs, moutons maroquinés, chamois, cuirs forts. ◎ 1839.
2679	*D'Orbigny.* Paris, r. de Seine, 47.	Planches du *Dictionnaire universel d'histoire naturelle.*
2680	*Ory.* Paris, r. des Gravilliers, 28.	Rouet, corbeilles, objets divers en bois tourné.
2681	*Ottman-Duplanil.* Paris, r. du Four-Saint-Germain, 67.	Reliures.
2682	*Oudinot-Lutel.* Paris, r. St-Joseph, 3.	Étoffes de crin. Ⓑ 1839.
2683	*Ouvrier.* Paris, r. de la Planchette, 6.	Comptoir, cuvette, fontaine en étain pour marchand de vins. C. F. 1839.
2684	*Ozouf*, à Grenelle, r. des Entrepreneurs, 31.	Peaux de vache et de veaux vernies, capote de cabriolet.
2685	*Legey.* Paris, r. de Verneuil, 54.	Niveaux, boussoles, instruments de mathématiques. Ⓐ 1834, R. Ⓐ 1839.
2686	*Paillard.* Paris, r. de la Perle, 3.	Candélabre en fonte de fer.

No d'ord.	NOMS ET DEMEURES DES EXPOSANTS.	NATURE DES OBJETS EXPOSÉS.
2687	*Paillard.* Paris, r. de la Perle, 3.	Candélabre en bronze, pendules, lustres, etc. Ⓐ 1839.
2688	*Pailiette.* Paris, r. du Bac, 15.	Brosses et balais.
2689	*Pailliette.* Paris, r. de la Montagne-Sainte-Geneviève.	Soufflets de forge. M. H. 1839.
2690	*Paisant.* Paris, pass. des Panoramas, 29.	Chapeaux soie et castor. C. F. 1839.
2691	*Palmer.* Paris, r. Montmorency, 16.	Étirage au banc de cuivre, fer, acier, etc.
2692	*Parguez.* Paris, r. du Mail, 13.	Dessins pour les manufactures.
2693	*Páris.* Paris, r. du Temple, 40.	Bracelet, genre gothique.
2694	*Paris*, à Bercy (Seine), Grande-Rue, 53.	Émaux sur or, argent, platine, maillechort, cuivre, fer.
2695	*Paublan.* Paris, r. Saint-Honoré, 366.	Coffres-forts. M. H. 1839.
2696	*Paul.* Paris, r. du Jardin-du-Roi, 12.	Peaux tannées.
2697	*Pavy* et compᵉ. Paris, r. Castellane, 19.	Pâtes de papiers et papiers.
2698	*Pechiney* aîné. Paris, quai Valmy, 45.	Échantillons de fils étirés et plaques laminées en maillechort et objets divers d'orfèvrerie. M. H. 1834 ; Ⓐ 1839.
2699	*Lecavelier - Langlois* (Mᵐᵉ Vᵉ), à Bayeux (Calvados).	Cuvettes, cornues, creusets, mortiers, capsules, pots, vases, cafetières, objets divers en porcelaine dure.
2700	*Péghaire.* Paris, r. Molay, 4.	Bijouterie d'or, d'argent, de vermeil, etc.
2701	*Fousseret.* (madame). Paris, r. du Bac, 64.	Corsets.
2702	*Pellier.* Paris, faubourg Saint-Martin, 11.	Mors-Pellier pour arrêter les chevaux, système de *sauterelle* pour barrage des chevaux.
2703	*Penant.* Paris, r. de l'Arbre-Sec, 60.	Cafetières en cristal, en porcelaine et en ferblanc.
2704	*Penot.* Paris, r. de la Vrillière, 6.	Bottes, souliers et bottines ; chaussures sans couture.
2705	*Pérardel.* Paris, r. de Malte, 36.	Couleurs.
2706	*Pérès* père. Paris, faubourg Saint-Martin, 116.	Dorure et peinture sur verre.

N° d'ord.	NOMS ET DEMEURES DES EXPOSANTS.	NATURE DES OBJETS EXPOSÉS.
2707	*Périllieux-Michelez.* Paris, r. des Lombards, 41.	Tapisserie à l'aiguille, canevas.
2708	*Perin-Lepage.* Paris, r. de la Chaussée-d'Antin, 24.	Fusils, pistolets. Ⓑ 1834, R. Ⓑ 1839.
2709	*Perot.* Paris, r. des Fossés-Montmartre, 18.	Incrustations sur pierres fines et métaux.
2710	*Perrenot-Gonord.* Paris, r. Grange-aux-Belles, 34.	Plaques, assiettes, tasses, cabaret, porte-cigares en porcelaine. Ⓑ 1806; Ⓞ 1819, sous la raison Gonord; R. Ⓞ 1823, sous la raison veuve Gonord.
2711	*Perret.* Paris, r. Cadet, 11.	Voiture, dessins.
2712	*Perrève* (chevalier de). Paris, r. de la Ferme-des-Mathurins, 13.	Cheminées d'usine en appareil d'air chaud, tuyaux doublant la chaleur des tuyaux ordinaires. Ⓑ 1839.
2713	*Perrot.* Paris, r. de la Bourse, 12.	Fleurs artificielles, bouquets en plumes.
2714	*Perrot.* à Vaugirard, r. de Sèvres, 64.	Machines à imprimer les tissus, le papier, la lithographie, appareil à détente variable (vapeur). Ⓞ 1839.
2715	*Perrot.* Paris, boulevard Bonne-Nouvelle, 27.	Lettres et enseignes en zinc et en tôle vernie au four.
2716	*Perrot et Malbec.* Paris, r. de la Barillerie, 1.	Meules artificielles en silex, pierres plates en émeri.
2717	*Person.* Paris, r. Montmartre, 95.	Châles et écharpes.
2718	*Pétard.* Paris, r. des Enfants-Rouges, 11.	Soieries teintes, velours cerise et rose pour fleurs artificielles, arbustes artificiels.
2719	*Petit.* Paris, r. de la Cité, 19.	Clysopompes d'un nouveau mécanisme.
2720	*Petit.* Paris, r. de Provence, 27.	Cheminée-poêle et calorifère, calorifères, appareils de chauffage, vasistas. M. H. 1839.
2721	*Petitbon.* Paris, r. de la Bourbe, 12.	Caractères d'imprimerie, vignettes, polytypages. C. F. 1834.
2722	*Petit-Colin.* Paris, r. de Cléry, 84.	Bougies pour sondes. M. H. 1839.
2723	*Petit et Lemoult.* Grenelle (Seine), r. Croix-Nivert, 45.	Bougies stéariques.
2724	*Petitpas.* Paris, r. Castex, 5.	Patères pour meubles, rosaces et objets d'ornement.

N° d'ord.	NOMS ET DEMEURES DES EXPOSANTS.	NATURE DES OBJETS EXPOSÉS.
2725	*Vygen*. Paris, r. Neuve-Saint-Martin, 19.	Pianos.
2726	*Taborin*. Paris, r. Amelot, 52.	Limes.
2727	*Tachy*. Paris, r. Dauphine, 30 et 32.	Rouets à filer, métiers à broder, à dentelle, boîtes.
2728	*Poupin*. Paris, r. Chapon, 14.	Pendules régulateurs, roues, petit tour universel.
2729	*Peyen* (A.) et comp°. Paris, r. de l'Orillon, 17.	Châssis de jardin.
2730	*Philippe*. Paris, r. de Charonne, 32.	Tas poli, bigornes, bigorneau, marteaux, cisailles et autres outils.
2731	*Philippe*. Paris, r. Montorgueil, 96.	Gants de peau.
2732	*Philippe*. Paris, r. Thibautodé.	Montres diverses, pièces détachées.
2733	*Piat*. Paris, r. Saint-Maur-Ménilmontant, 38.	Engrenages droits, engrenages d'angle ; une roue d'angles à dents de bois. (B) 1839.
2734	*Beauvais*, à Gastins (Seine-et-Marne).	Toisons de laine de Naz.
2735	*Picault*. Paris, r. Dauphine, 52.	Couteaux et fourchettes à découper, serpettes, rasoirs, ciseaux, canifs, etc.
2736	*Pichenot*. Paris, r. des Trois-Bornes, 5.	Faïence appliquée aux poêles, cheminées et baignoires.
2737	*Pichot*. Paris, r. du Faubourg-Saint-Antoine, 84.	Limes diverses.
2738	*Picot*. Paris, r. Saint-Martin, 291.	Cachemires teints, teintures sur soie et laine, broderie et mousseline de l'Inde, étoffe de Perse, etc. C, F. 1839.
2739	*Picquet*. Paris, quai Conti, 17.	Cartes géographiques. (A) 1834, (A) 1839.
2740	*Pidaut*, à Batignolles, Clos-des-Cerisiers, 9.	Fusils.
2741	*Pieren*. Paris, r. Quincampoix, 18.	Théières et fontaines en métal anglais, fontaine en bronze verni. (B) 1839.
2742	*Pigeault*. Paris, r. des Vieux-Augustins, 53.	Cirages. C. F. 1839
2743	*Pigné* et *Pigache*, à Puteaux, r. Saint-Denis, 93.	Cylindres pour gravure.
2744	*Pilliaud*. Paris, r. Vieille-du-Temple, 44.	Cuivre estampé.

N° d'ord.	NOMS ET DEMEURES DES EXPOSANTS.	NATURE DES OBJETS EXPOSÉS.
2745	*Pinard.* Paris, r. Saint-Martin, 172.	Plateaux en tôle vernie, objets de fantaisie en carton et bois laqués, porte-mouchettes, porte-carafes, etc.
2746	*Pinaud.* Paris, r. Saint-Martin, 230.	Savons animal, végétal, de toilette, etc., etc.
2747	*Pinette.* Paris, r. d'Enfer, 99.	Gymnase industriel et gymnase hygiénique, instruments divers.
2748	*Pinson.* Paris, r. du Ponceau, 12.	Nécessaires, objets d'ébénisterie, coffrets, etc., en écaille, ivoire, nacre, etc. Ⓑ 1839.
2749	*Pitet* aîné. Paris, r. Saint-Martin, 257.	Pinceaux et brosses pour peintres.
2750	*Pivert* jeune. Paris, chez M. Héricard de Thury, r. de l'Université, 29.	Câbles plats et ronds en fil de fer et en chanvre.
2751	*Place* et *Letalec.* Paris, r. du Temple, 76.	Appareils pour cabinets d'aisance, châssis à tabatière en zinc, modèle de couverture en ardoises de zinc. C. F. 1839.
2752	*Plataret.* Paris, r. Pavée-Saint-Antoine, 7, 9, 11, 13, 15.	Tissus, tricots feutrés, fil, coton, laine et coton, coton et cachemire, etc. Ⓐ 1834, sous la raison Plataret et Payen.
2753	*Plattot* frères. Paris, r. Montmorency, 39.	Cuirs vernis, ustensiles de voyage vernis.
2754	*Pleyel* et compᵉ. Paris, r. Rochechouard, 20.	Pianos à queue, grand et petit modèle, carrés à 3 et à 2 cordes, droits à cordes obliques et verticales. Ⓞ 1827, R. Ⓞ 1834, R. Ⓞ 1839.
2755	*Plumier.* Paris, r. Vivienne, 36.	Épreuves daguerréennes.
2756	*Poinsot.* Paris, r. Saint-Avoye, 57.	Chapeaux de dames. Ⓐ 1839.
2757	*Poirier.* Paris, r. du Faubourg-Saint-Martin, 35.	Presses autozincographiques, presses à copier, presse à timbre sec, néopresses, registres. Ⓑ 1839
2758	*Poisat* oncle et compᵉ, à la Folie-Nanterre (Seine).	Acides sulfurique et nitrique, pains d'acide stéarique, acides oléique et oxalique, sulfate d'aluminium, sulfates de soude et de zinc, cristaux de soude.
2759	*Poisson.* Paris, r. Vendôme, 17.	Manches de porte-plumes, peigne à retaper, couvert, souvenir, feuille à peindre, et bille de billard.

Nº d'ord.	NOMS ET DEMEURES DES EXPOSANTS.	NATURE DES OBJETS EXPOSÉS.
2760	*Poiterin*. Paris, r. de Bondy, 86.	Tricots.
2761	*Poli* et compᵉ, à Grenelle (Seine), quai de la Gare, 15.	Barres de fer. Ⓑ 1839, à Thoury et compagnie.
2762	*Poliot*. Paris, r. Mazarine, 42.	Fourneaux pour limonadiers et restaurants, calorifères.
2763	*Pompon*. Paris, r. du Temple, 105.	Lustres et candélabres en bronze. Ⓑ 1839.
2764	*Pompon*. Paris, r. du Temple, 105.	Tubes en fer et en cuivre.
2765	*Poncy Demesse* et compᵉ. Paris, r. du Gazomètre, place Lafayette.	Veaux cirés, peau de cochon blanche, veau verni, etc.
2766	*Pons* (de Paul). Paris, r. Cassette, 20.	Horloges astronomiques portatives. Ⓐ 1806, 1819; Ⓞ 1823, 1827; R. Ⓞ 1834 et 1839.
2767	*Poreaux* et compᵉ. Paris, r. de Richelieu, 92.	Velours, peluches et soieries.
2768	*Possot*. Paris, r. des Vinaigriers 19 bis.	Fils et tissus cachemires. Ⓐ 1834: R. Ⓐ 1839.
2769	*Potel*. Paris, r. Beaubourg, 50.	Peignes, broches, boucles d'oreilles et autres objets en jais.
2770	*Portier*. Paris, r. Montmorency, 32.	Formes à papiers, filigrane d'argent. Ⓑ 1823; R. Ⓑ 1827.
2771	*Pathier*. Paris, r. Saint-Jean-de-Beauvais, 13.	Brides pour sabots.
2772	*Pougeois*. Paris, r. Saint-Sauveur, 30 bis.	Cadrans indicateurs pour voitures publiques, compteur pour presse mécanique. C. F. 1839.
2773	*Poulet*. Paris, r. Saint-Martin, 171, et Passage de l'Ancre, 12.	Bandages herniaires.
2774	*Poulet*. Paris, r. Fontaine-au-Roi, 16.	Plombs filés.
2775	*Poupinel* jeune. Paris, r. Galande, 57.	Couvertures en laine et en coton. M. H. 1827; Ⓐ 1834 et 1839.
2776	*Pradier*. Belleville, r. Saint-Laurent, 63.	Couteaux et rasoirs, nécessaires de coutellerie. Ⓐ 1823; R. Ⓐ 1827, 1834 et 1839.
2777	*Prélat*. Paris, place Vendôme, 24.	Fusils et pistolets.
2778	*Presbourg*. Paris, r. Quincampoix, 56.	Pinceaux de toute nature.
2779	*Prévault*. Paris, chez M. Paguet, r. Beaurepaire, 14.	Modèle de pont suspendu, pièce détachée, tableaux explicatifs.
2780	*Prévost*. r. des Quatre-Fils, 11.	Tableau représentant un bouquet de fleurs en bronze.

N° d'ord.	NOMS ET DEMEURES DES EXPOSANTS.	NATURE DES OBJETS EXPOSÉS.
2781	*A. Prévost.* Paris, r. Saint-Maur-Popincourt, 26.	Laine filée et tissus en laine peignée. ⓞ 1839.
2782	*Prévost* jeune. Paris, r. Phélipeaux, 4.	Chocolats.
2783	*Prevost-Wenzel.* Paris, r. Saint-Denis, 290.	Fleurs artificielles et matières premières pour fleurs naturelles ou de fantaisie. Ⓑ 1839.
2784	*Prieur-Appert.* Paris, r. Folie-Méricourt, 4.	Conserves alimentaires, gélatines, etc. ⓞ 1827. R. ⓞ 1839.
2785	*Normandin* frères. Paris, r. Neuve-des-Petits-Champs, 5.	Perruques, toupets, tours postiches en cheveux. M. H. 1834.
2786	*Prost* (Jean), Paris, à l'École-Militaire.	Machine à tailler les limes.
2787	*Prudhomme.* Bercy, près Paris.	Boulons en fer. Ⓑ 1839.
2788	*Prunier, Poinsot* et comp°. Paris, r. de Rivoli, 24.	Bougies, acide stéarique.
2789	*Pupil.* Paris, r. des Bourguignons, 23.	Limes. Ⓑ 1839.
2790	*Putin.* Paris, r. Saint-Denis, 135, et à Beaumont (Seine-et-Oise).	Galons pour voitures et livrées.
2791	*Lemesle.* Paris, r. du Chemin-Vert, 21.	Albâtre brut en morceaux et en poudre.
2792	*Lemoitre.* Paris, r. de la Planche, 9.	Lits en fer.
2793	*Lemoitre.* Paris, boulevard des Italiens, 17 et 19.	Coffres-forts, serrures à combinaison.
2794	*Lemonnier.* Paris, r. du Coq-Saint-Honoré, 13.	Ouvrages en cheveux.
2795	*Lemoyne.* Paris, r. des Lombards, 50 et 52.	Pièces en sucre, bonbons divers. C. F. 1839.
2796	*Lenseigne.* Paris, r. Saint-Guillaume-en-l'Ile, 5.	Moule à balles, taraudoirs, limes, cadenas, règles, mandrins, équerres, etc. C. F. 1827; M. H. 1834; Ⓐ 1839.
2797	*Le Page-Moutier.* Paris, r. Richelieu, 13.	Fusils de chasse, carabines, pistolets, lames de Damas, sabres, pistolet à quatre et douze coups. M. H. 1819; Ⓐ 1823, 1827; R. Ⓐ 1834 et 1839.
2798	*Léon Vallès* et *Bouchard.* Paris, faubourg Poissonnière, 34.	Laine peignée en bobines, chaînes et trame pour tissus, en écheveaux pour bonneterie, pour broderies; diverses laines pour nouveautés. M. H. 1839.

N° d'ord.	NOMS ET DEMEURES DES EXPOSANTS.	NATURE DES OBJETS EXPOSÉS.
2799	*Léon.* Paris, r. Crussol, 3 et 5.	Vernis divers. Ⓑ 1839.
2800	*Léonard.* Paris, r. des Trois-Couronnes, 30.	Meubles en fer.
2801	*Girard* (le chevalier de).	Trémolophones, pianos.
2802	*Girard* (le chevalier de).	Bois et cahons de fusil.
2803	*Tachy.* Paris, r. Dauphine, 30 et 32.	Porte-crochets en corail, pierres fines, argent, vermeil, or, garnitures de bourses en or et en argent.
2804	*Tachy.* Paris, r. Dauphine, 30 et 32.	Mercerie, tapisserie, broderie, etc.
2805	*Tammassia,* passage Brady, 75.	Feuilles de sparterie et petits paquets de tresse de fil et de bois.
2806	*Tangre* (Constant). Paris, r. Saint-Maur, 47.	Toiles métalliques, bluteries pour moulins à farine, tamis pour fonderie et tissus métalliques. C. F. 1839.
2807	*Tangre* aîné. Paris, r. Saint-Maur-du-Temple, 122.	Toiles métalliques.
2808	*Tard.* Paris, r. des Amandiers-Saint-Jacques, 14.	Objets en imitation de bronze. Cit. F. 1839.
2809	*Tard.* Paris, quai de Billy, 2.	Appareils en fer étamé, cuivré, fer et cristal.
2810	*Tarin.* Paris, r. Saint-Honoré, 335 *bis.*	Gants et fermoirs pour gants.
2811	*Taveau.* Paris, r. des Vieux-Augustins, 35.	Savons.
2812	*Taysse.* Paris, r. du Vieux-Colombier, 5.	Parapluies, ombrelles.
2813	*Tesson,* à Colombes (Seine).	Huile de pieds de bœuf, colle-forte. M. H. 1827, 1834, 1839.
2814	*Tesson.* Paris, r. Saint-Maur, 63 et 65.	Creusets réfractaires, fourneaux de chimie, cornues, capsules, moules de grande dimension pour les cuissons de fonds durs, M. H. 1839.
2815	*Texier,* à Montmartre, r. Sainte-Marie-Blanche.	Statues en pierre factice. C. F. 1834.
2816	*Dubus* (Théodore) et comp°. Paris, Faubourg-Saint-Denis, 190.	Tissus de verre pour meubles et ornements d'église. M. H. 1839.
2817	*Thibaudet.* Paris, r. Saint-Jacques, 23.	Timbres, cachets gravés, etc. C. F. 1834 et 1839.
2818	*Thibert.* Paris, r. du Mont-Parnasse, 8.	Pièces artificielles d'anatomie pathologique en relief reproduite

N° d'ord.	NOMS ET DEMEURES DES EXPOSANTS.	NATURE DES OBJETS EXPOSÉS.
		par le carton-pierre et la peinture. Ⓐ 1839.
2819	*Fanfernot* et *Dulac*, à Belleville, r. de l'Orillon, 45.	Tapis, châles, manteaux et articles en velours gauffré. Ⓑ 1839.
2820	*Thierry* frères. Paris, cité Bergère, 1.	Dessins au crayon et à la plume, en noir et en couleur, cartes, objets d'écritures commerciales, etc. Ⓐ 1839.
2821	*Thierry-Suffroy*. Paris, r. Montmartre, 133.	Sommiers élastiques.
2822	*Thierry*. Paris, r. du Faubourg-Saint-Antoine, 130.	Carreaux en plâtre.
2823	*Thirion-Guidon*. Paris, r. Neuve-Saint-Martin, 31.	Étagères, coffres, flambeaux, porte-montres, buvard en ébénisterie.
2824	*Thomas*. Paris, r. Saint-Martin, 63.	Objets d'étalage en cuivre ciselé.
2825	*Elliot* et *Saint-Paul*, Paris, r. Fontaine-au-Roi, 39.	Chaînes, mors, étriers, boucles, soc de charrue et autres instruments en fonte de fer.
2826	*Thomas*. Paris, r. du Helder, 13.	Machines à calculer.
2827	*Thomas* et *Vallery*. Paris, à l'Entrepôt-des-Marais.	Grenier mobile destiné à la conservation des grains. Ⓞ 1839, à Vallery seul.
2828	*Thoumin* et *Corbière*. Paris, r. Saint-Antoine, 165.	Patères, palmettes, galeries, châssis ou baldaquins de lit, cadres, rosaces, etc., en cuivre estampé.
2829	*Thouret*. Paris, place de la Bourse, 31.	Montre à secondes.
2830	*Thuvion*. Paris, place de l'Odéon, 4.	Presses lithographiques. C. F. 1839.
2831	*De Tillancourt* et compⁱᵉ. Paris, r. du Chemin-de-Versailles, 15.	Soie grége filée. C. F. 1839.
2832	*Tiné*. Paris, r. des Colonnes, 8.	Coffres pour l'emballage.
2833	*Tinet*, r. du Bac, 29.	Vases, cabarets et service de table en porcelaine.
2834	*Tirrart*. Paris, impasse Sandrié, 4 *bis*.	Sculpture en carton-pierre, candélabre, anges, etc. Ⓑ 1834. R. Ⓑ 1839.
2835	*Tissier*. Paris, quai Napoléon, 27.	Collection de pierres gravées, épreuves sous verre. Ⓑ 1839, sous la raison Tissier Beugé, pour la serrurerie.

N° d'ord.	NOMS ET DEMEURES DES EXPOSANTS.	NATURE DES OBJETS EXPOSÉS.
2836	*Tollay* et *Martin*. Paris, r. Saint-Nicolas-d'Antin, 5.	Irrigateurs en cuivre, étain, cristal, etc.
2837	*Torcy* et *Gérard*. Paris, r. Vaucanson, 4.	Encriers, boîtes à jeu, dévidoirs.
2838	*Touaillon*, à Saint-Denis.	Machine à rhabiller les meules.
2839	*Tourel*. Paris, place des Victoires.	Velours cachemire.
2840	*Tournier*. Paris, r. Saint-Sauveur, 24.	Ornements en cuivre estampé. M. H. 1839.
2841	*Vinken*, Paris, r. Saint-Honoré, 315.	Fontaines, bouilloires, cafetières en cuivre ou en bronze, réchauds. M. H. 1834, R. 1839.
2842	*Travers* fils. Paris, r. du Faubourg-Poissonnière, 122.	Modèles de serres-chaudes, d'orangerie et de galerie avec échantillons en barrés et échantillons d'assemblage. M. H. 1839.
2843	*Trélon* et *Langlois-Sauer*. Paris, r. de Chabrol, 33.	Boutons dorés et ciselés, boutons ordinaires et d'uniforme, médailles de religion. C. F. 1839.
2844	*Trempé* jeune, oncle et neveu. Paris, r. des Écluses-Saint-Martin, 28.	Peaux de chevreau pour chaussures. M. H. 1827. ⑬ 1834.
2845	*Tresca*. Paris, r. de la Sorbonne, 3.	Bougies. Ⓐ 1839.
2846	*Tricotel* et *Chapuis*. Paris, r. Paradis-Poissonnière, 40.	Peinture à l'hydroléine, un grand tableau, six petits panneaux. M. H. 1839.
2847	*Trintzius*. à Batignolles, r. d'Antin, 14.	Serrures et verrous.
2848	*Tripier-Deveaux*, à la Villette, r. de Flandres, 39 *bis*.	Vernis divers.
2849	*Tronchon*. avenue de Saint-Cloud, près de la barrière de l'Étoile.	Grillages pour parcs et jardins.
2850	*Tronel* et compᵉ. Paris, r. Saint-Denis, 257.	Gauffrages en couleur sur carton.
2851	*Tronquoy*. Paris, r. du Faubourg-Saint-Denis, 108.	Dessins de machines. ⑬ 1839.
2852	*Trotry-Latouche*. Paris, r. Chapon, 5.	Bonnets à l'orientale et tapis de pieds. Ⓐ 1827, R. Ⓐ 1834 et 1839.
2853	*Trousseau*. Paris, r. des Filles-du-Calvaire, 4.	Cloches à soupapes.
2854	*Trouvé*. Paris, passage Violet, 5.	Cadres avec ornements en pâte.
2855	*Truchy*. Paris, r. de Jouy, 19.	Boutons de soie en tissu-galon. C. F. 1839.

N° d'ord.	NOMS ET DEMEURES DES EXPOSANTS.	NATURE DES OBJETS EXPOSÉS.
2856	*Trucky.* Paris, r. du Petit-Lion-Saint-Sauveur, 18.	Perles fausses. Ⓑ 1839.
2857	*Truffaut.* Paris, r. du Temple, 63.	Objets de tabletterie fine en ivoire, sculpture, pendule, écrans, statuettes, nécessaires, étuis, etc.
2858	*Vacheron.* Paris, r. Notre-Dame-de-Nazareth, 18.	Tissus caoutchouc pour bretelles.
2859	*Vaillat.* Paris Palais-Royal, 48.	Appareils de Daguerréotype, modèles divers.
2860	*Valérius.* Paris, r. du Coq-Saint-Honoré, 7.	Orthopédie mécanique et bandages herniaires. Ⓑ 1839.
2861	*Vallé.* Paris, r. de l'Arbre-Sec, 3.	Toiles et panneaux pour la peinture et le dessin au pastel, couleurs, huiles pour la peinture.
2862	*Vallet.* Paris, r. Neuve-Bourg-Labbé, 2.	Instruments pour perfectionner les échappements de montres, mouvement de montre à cylindre.
2863	*Vallet.* Paris, r. Fontaine-au-Roi, 4.	Cadenas de différentes formes.
2864	*Vallier.* Paris, r. Popincourt, 14.	Draps et feutres sans coutures. Ⓑ 1827 et 1839.
2865	*Vandelle,* à Choisy-le-Roi (Seine).	Tourne broches à ressort et à poids; miroir à alouettes, ressorts de porte en fer et en cuivre : moulinet pour la pêche.
2866	*Varlet.* Paris, place du Trône, faubourg Saint-Antoine, 3.	Ustensiles de ménage en tôle, fer blanc et zinc estampés, réchauds, brûloirs, etc. Ⓑ 1834.
2867	*Vasserot.* Paris, r. Notre-Dame-de-Nazareth, 25.	Boutons en métal et en étoffes.
2868	*Vaujeois.* Paris, r. Mauconseil, 1.	Épaulettes en or et en argent, ceintures, cordons, habits et ornements d'église.
2869	*Vaulot.* Paris, r. Saint-Martin, 222.	Nappe en étain pur pour comptoir de marchand de vins, montée sur bois et marbre.
2870	*Vauquelin.* Paris, boulevard de l'Hôpital, 40.	Veau ciré, culée de cheval, basane pour pantalons, vache et tiges d'Afrique.
2871	*Vauthier.* Paris, r. Dauphine, 40.	Couteaux de chasse, de table, de dessert, ciseaux, sécateurs. M. H. 1827 et 1834; Ⓑ 1839.

N° d'ord.	NOMS ET DEMEURES DES EXPOSANTS.	NATURE DES OBJETS EXPOSÉS.
2872	*Vautier*. Paris, r. du Temple, 57.	Bijouterie en acier poli. M. H. 1834; Ⓑ 1839.
2873	*Vayson, Porel* et comp^e. Paris, r. du Faubourg-Saint-Jacques, 53.	Tapisserie. M. H. 1839.
2874	*Pauilhac*, à Montauban (Tarn-et-Garonne),	Machine à tondre les draps.
2875	*Verreaux*. Paris, r. Jean-Robert, 26.	Garderobe, flèche et points cardinaux. C. F. 1839.
2876	*Nivel* (Mme) Paris, pas. Bourg-l'Abbé, 15.	Corsets.
2877	*Verreaux*. Paris, boulv. Montmartre, 6.	Animaux empaillés, un daim attaqué par des chiens, singes, oiseaux. Ⓑ 1839.
2878	*Verstaen*. Paris, r. Beaujolais-du-Temple, 6.	Caisses de sûreté, nouveau modèle. C. F. 1839.
2879	*Vervelle*. Paris, r. Neuve-Montmorency, 1.	Corbeilles de mariage, caves à liqueurs, nécessaires et Christ en chapelle, etc.
2880	*Veyron*. Paris, r. Neuve-Coquenard, 4, cour Saint-Guillaume.	Cafetières en fer blanc.
2881	*Vialon*. Paris, r. de la Bourse, 1.	Gravures sur étain. C. F. 1839.
2882	*Viard*. Paris, r. Saint-Martin, 54.	Couleurs pour préserver les murs de l'humidité.
2883	*Bourgogne* (Mad.). Paris, r. Hauteville, 28.	Corsets.
2884	*Wickham*. Paris, r. Saint-Honoré, 257.	Bandages herniaires et appareils mécaniques. M. H. 1839, à Wickham et Hart.
2885	*Victor* (Mme Constance). Paris, r. Villedot, 15.	Blanchissage de dentelles et blondes.
2886	*Vidron*. Paris, r. Rambuteau, 43.	Pièces de tabletterie.
2887	*Viennot*. Paris, r. Neuve-Bourg-l'Abbé, 2.	Bijouterie de deuil. M. H. 1839.
2888	*Viette*. Paris, r. de la Ferme-des-Mathurins, 13.	Fusils et pistolets.
2889	*Viguié* et comp^e. Paris, faubourg-Saint-Martin, 84.	Plans de machines propres à la coutellerie, machine à forger à froid l'acier des lames, pièces brutes.
2890	*Vila-Kœnig*. Paris, r. des Gravilliers, 7.	Jumelles.
2891	*Vilcoq* frères. Paris, r. Basse-du-Rempart, 10.	Cheminées diverses (stuc, ciment anglais), vasques, moulages,
2892	*Villeneuve* (de). Paris, r. de l'Ouest, 5.	Lait solidifié pur, au thé et au café. M. H. 1839.

N° d'ord.	NOMS ET DEMEURES DES EXPOSANTS.	NATURE DES OBJETS EXPOSÉS.
2893	*Villeneuve*. Paris, faubourg Poissonnière, 35.	Cuirs et peaux pour chaussures.
2894	*Villerey*. Paris, r. Saint-Jacques, 41.	Mandats, billets, lettres de change.
2895	*Villeroi*. Paris, r. Mazarine, 29.	Bas-reliefs, incrustations, etc., en galvanoplastique. Ⓑ 1839 pour presses lithographiques.
2896	*Villion*. Paris, r. Vannes, 5.	Tuyaux en fil sans couture.
2897	*Vincent* aîné. Paris, r. de Beauce, 4.	Tabatières, albums, boîtes à cigares, pièces de cadres, ébène et bronzes dorés. C. F. 1834.
2898	*Vincent*. Paris, r. des Marais-du-Temple, 54.	Chaînettes et jalousies.
2899	*Vincent*. Paris, r. Neuve-Saint-François, 14.	Console renaissance, médaillons et Christ, objets moulés.
2900	*Vincent*. Paris, r. Geoffroy-l'Angevin, 15.	Peaux de moutons pour la chapellerie.
2901	*Paturel*. Paris, r. Saint-Martin, 98.	Cravaches, fouets, sticks, cannes pour monter à cheval.
2902	*De Vinoy*. Paris, r. des Trois-Bornes, 15.	Tuyaux en fer étiré.
2903	*Violet*. Paris, r. Saint-Denis, 317.	Savons de toilette et de ménage. C. F. 1827, raison Violet et Guénot; *id*. 1834, Violet et Montpelas; M.H. 1839, à Violet.
2904	*Senn* (Mᵉ veuve), à Paris, r. Montholon, 12.	Corsets en gros de Naples et à élastiques.
2905	*Voyt*. Paris, r. de la Roquette, 74.	Poêles et panneaux de cheminées.
2906	*Voisin*. Paris, r. des Quatre-Fils, 18.	Gravures sur métaux, marbres, pierres.
2907	*Volff*. Paris, r. du Bac, 79.	Jalousies.
2908	*Volkert* (Michel). Paris, passage de la Bonne-Graine, 22, faubourg Saint-Antoine.	Découpures en bois teint et en nacre de perle et métaux.
2909	*Wagner*. Paris, r. Montmartre, 118.	Grosses horloges, lampes de phares, machines de rotation pour phares, métronomes, tourne-broches. Ⓐ 1839.
2910	*Wagner* (Bernard-Henri). Paris, r. du Cadran, 39.	Horloge de précision, horloges diverses, cadrans de jour et de nuit. Ⓐ 1819, 1823 et 1827 R. Ⓐ 1839.

N° d'ord.	NOMS ET DEMEURES DES EXPOSANTS.	NATURE DES OBJETS EXPOSÉS.
2911	*Waidèle.* Paris, r. du Jardin-du-Roi, 9.	Cabriolet à quatre roues et à train mobile pouvant avec facilité servir de char à bancs, calèche.
2912	*Wallet-Huber.* Paris, r. Bergère, 20.	Ornements de plafonds, dessus de portes, panneaux, groupes divers en carton-pierre. Ⓑ en 1823; Ⓐ 1827; R. Ⓐ 1834; nouvelle Ⓐ 1839.
2913	*Warée.* Paris, r. de Crussol, 11.	Point nouveau pour bourses.
2914	*Weiler.* Paris, r. Michel-le-Comte, 14.	Psychés, toilettes à tiroirs, miroirs de voyage et autres.
2915	*Wernet* père et fils. Paris, r. du Bac, 32,	Bougies. M. H. 1827 et 1834.
2916	*Winnerl.* Paris, r. Laurétte, 7.	Montres marines, chronomètres de poche. Ⓞ 1839.
2917	*Wuy* et *Butet*. Paris, r. de la Verrerie, 54.	Bleu pour linge et bleu de Prusse, et divers autres produits chimiques.
2918	*Zacharie.* Paris, r. Richelieu, 102.	Descente de lit en plumes d'autruche, écrans de cheminées, parures en plumes.
2919	*Zier* (vᵉ) et fils, à Belleville, boulevard des Couronnes, 9.	Chandeliers modèles, colonnes cannelées.
2920	*Bernardet.* Paris, r. des Petits-Hôtels, 10.	Gazéificateurs pour lampes.
2921	*Chatel* jeune. Paris, r. des Trois-Pavillons, 18, au Marais.	Lampes.
2922	*Boitel* (Amédée) et comp., à Nemours (Seine-et-Marne).	Colle de gélatine.
2923	*Cornu.* Paris, cité Trévise, 5.	Chemins de fer, locomotives.
2924	*Cornu.* Paris, cité Trévise, 5.	Poêles calorifères.
2925	*Lecerf.* Paris, r. Montholon, 15.	Fourneaux, cheminées et calorifères.
2926	*Pauchet.* Paris, r. du Faubourg-Poissonnière, 10 *bis*.	Fourneaux de cuisine et de limonadiers.
2927	*Forey.* Paris, r. Bellefond, 32.	Calorifères à eau chaude.
2928	*Despinoy.* Paris, r. du Faubourg-Saint-Denis, 81 et 83.	Fourneaux, calorifères et cheminée.
2929	*Valson.* Paris, r. des Nonaindières, 2.	Lampes nouvelles à gaz.
2930	*Marinet.* Paris, r. des Francs-Bourgeois, 4, au Marais.	Glaces.
2931	*Lenud.* Paris, passage de l'Industrie, 15.	Calorifère.
2932	*Gélin.* Paris, r. du Harlay, 6, au Marais.	Tôles, poêles, cheminées et brûloirs à café.

N° d'ord.	NOMS ET DEMEURES DES EXPOSANTS.	NATURE DES OBJETS EXPOSÉS.
2933	*Pottier-Journel*. Paris, r. du Faubourg-Saint-Martin, 41.	Fourneaux divers et rotissoirs.
2934	*Renodier*, à Saint-Etienne (Loire).	Coutellerie commune, quincaillerie.
2935	*Lavaux*. Paris, r. de Charenton, 38.	Outils en fer, râteaux, etc.
2936	*Lavigne*. Paris, r. du Paon-Saint-André, 4.	Ouvrages de librairie illustrés.
2937	*Larille et Poumaroux*. Paris, r. Simon-le-Franc, 8.	Chapeaux.
2938	*Lorrain et Guillet*, à Lyon (Rhône).	Châles, robes et nouveautés.
2939	*Le Bachellé*. Paris, r. Lavoisier, 18.	Charrue.
2940	*Lebatard*. Paris, r. Coquillière, 45.	Chasse-mouches pour les chevaux, carniers pour la chasse, filet à déliter les vers à soie.
2941	*Lebert et Muller*. Paris, r. du Gros-Chenet, 23.	Dessins pour étoffes et pour papiers peints.
2942	*Lebœuf, Milliet et comp*ᵉ. Paris, faubourg Poissonnière, 37.	Services de table, toilettes, cabarets en faïence. ◎ 1834, raison Louis Lebœuf et Thibault; ◎ 1839, à Louis Lebœuf.
2943	*Leblais*. Paris, r. Saint-Martin, 124.	Taille-plumes.
2944	*Leblanc*. Paris, r. Ménilmontant, 38.	Crémones, etc.
2945	*Le Blanc*. Paris, r. Saint-Martin, 285.	Dessins industriels ou de machines. Ⓑ 1839.
2946	*Leblanc* (Mᵐᵉ vᵉ). Paris, faubourg Saint-Martin, 44.	Gravures.
2947	*Leblond*, à Saint-Denis (Seine), r. des Ursulines, 18 *bis*.	Modèle de couverture en zinc.
2948	*Lebœuf*. Paris, r. des Lombards, 17.	Cordages divers, échelle en corde, cordes en fil de fer pour paratonnerre, fil de laiton, etc.
2949	*Le Bordais*. Paris, r. de Charenton, 96.	Vernis pour bois.
2950	*Lebourg*. Paris, r. Corbeau, 9.	Fleurs et peintures sur porcelaines.
2951	*Lebrun*. Paris, r. du Faubourg-du-Temple, 31.	Ceintures de sauvetage et tuteurs hygiéniques.
2952	*Lebrun*. Paris, r. de Grenelle-Saint-Germain, 426.	Reliures diverses. C. F. 1839.
2953	*Lecharpentier*. Paris, r. Saint-Denis, 121.	Fleurs artificielles et ornements en perles.

N° d'ord.	NOMS ET DEMEURES DES EXPOSANTS.	NATURE DES OBJETS EXPOSÉS.
2954	*Lechevalier-Humon.* Paris, r. Saint-Martin, 295.	Bazanes, veau, vache, etc.
2955	*Lecocq et comp^e.* Paris, r. des Francs-Bourgeois, 14, au Marais.	Appareils de chauffage et de cuisine.
2956	*Lecocq et comp^e.* Paris, r. des Francs-Bourgeois, 14, au Marais.	Ornements en cuivre estampé, modèles de corniches volantes et rosaces de plafond.
2957	*Lecœur.* Paris, cité Bergère, 2 *bis*.	Lettres et médailles en relief.
2958	*Lecouvey.* Paris, r. Grénetat, 41.	Biberon-pompe, pompe-seringue, clyso-pompe, etc. C. F. 1839.
2959	*Lefebure* frères et fils. Paris, r. de Charenton, 100.	Colle-forte. ⑧ 1834.
2960	*Lefebvre.* Paris, r. des Francs-Bourgeois, 4.	Pièces d'horlogerie.
2961	*Lefebvre-Chabert.* Paris, r. de Charenton, 127.	Amidons diaphanes, mucilage Lefebvre.
2962	*Lefèvre.* Paris, r. de Sèvres, 4.	Cordes de chanvre, étendelles de crin pour la fabrication stéarique et de l'huile.
2963	*Lefort* frères. Paris, r. Mauconseil, 12.	Étoffes pour feuillages et fleurs artificiels, apprêts divers, arbustes.
2964	*Lefaure.* Paris, boulevard Poissonnière, 9.	Fusils et pistolets. ⑧ 1839.
2965	*Legrand (Marcellin).* Paris, r. du Cherche-Midi, 99.	Cadres de spécimens de caractères fondus et châssis mobiles. Ⓞ 1819, 1823 et 1827, à son prédécesseur; à lui Ⓐ 1839.
2966	*Legrand.* Paris, r. Saint-Merry, 28.	Savons de ménage et savons fins.
2967	*Legras.* Paris, r. Vivienne, 57.	Chapeaux de paille, feuilles de sparterie, tresses de paille.
2968	*Lehodey.* Paris, r. François-Miron, 15 *bis*.	Clysoléide.
2969	*Lejeune.* Paris, r. Saint-Honoré, 97.	Chapeau mécanique, chapeau de soie.
2970	*Lejeune* fils. Paris, r. de Charenton, 83.	Charnières, volet en tôle, moulins à café. M. H. 1839.
2971	*Lelièvre.* Paris, r. du Puits-Blancs-Manteaux, 8.	Couverts, cuillers à café, truelles à poisson, cuillers à punch en maillechort. C. F. 1839.
2972	*Lelong.* Paris, r. du Temple, 49.	Bracelets, chaînes, etc., bijou-

N° d'ord.	NOMS ET DEMEURES DES EXPOSANTS.	NATURE DES OBJETS EXPOSÉS.
		terie dorée. Ⓑ 1823 ; R. Ⓑ 1827, 1834 et 1839.
2973	*Lelogé.* Paris, r. Saint-Étienne-Bonne-Nouvelle , 15.	Fontaines, filtres, pierre, marbre, ardoise. Ⓑ 1839.
2974	*Leloutre.* Paris, r. du Caire, 10.	Coffres-forts. Ⓑ 1827, sous la raison sociale Bécasse.
2975	*Lemaire-Daimé.* Paris, r. du Petit-Carreau , 1.	Cannes et pommes de cannes.
2976	*Le Maire.* Paris , r. du Dragon, 10.	Verrières coloriées.
2977	*Lemare* (veuve), à Paris, quai Conti, 3.	Caléfacteur, cylindre de bain, cafetière, couvoir, lampe-bougeoir, chocolatière, réchauds, Ⓐ 1823 ; R. Ⓐ 1834.
2978	*Lemaître*, à Paris, r. Monsieur-le-Prince, 8.	Cadres de gravures de machines.
2979	*Lemercier.* Paris, r. de Seine-Saint-Germain , 55.	Épreuves de lithographies, au crayon, aux deux crayons, en couleur, à l'estompe et au lavis sur pierre. Ⓐ 1839, sous la raison Lemercier et Benard.
2980	*Bach-Pérès.* Paris, faubourg Saint-Denis , 105.	Stores peints. C. F. 1834 ; M. H. 1839, à Pérès, prédécesseur.
2981	*Baillot.* Paris, r. Plumet, 25.	Bougies.
2982	*Bailly* aîné et *Belnot.* Paris, r. Simon-le-Franc, 25.	Casquettes.
2983	*Bailly.* Paris, r. Saint-Jean-de-Beauvais , 11.	Volumes dorés sur tranche.
2984	*Balaine.* Paris , r. du Faubourg-du-Temple, 93.	Service de table complet pour 25 personnes , et service de thé également complet en orfèvrerie plaquée or et argent. Ⓑ 1827 ; Ⓐ 1834 ; R. Ⓐ 1839.
2985	*Balland.* Paris , r. Saint-Philippe, 1.	Lits en fer et en fonte.
2986	*Bally.* Paris , r. Notre-Dame-de-Nazareth, 25.	Pendules à boîtes en cuivre et en marbre.
2987	*Bapterosses* et *Feldtrapp*, à Paris, faubourg Saint-Denis, 152.	Coupe-mèches circulaires.
2988	*Bara* et *Gérard.* Paris, r. des Poitevins , 7.	Gravures sur bois et en typographie.
2989	*Barbaroux de Mégy*, à Paris, faubourg Poissonnière, 2 et 4, chez M. Lauremberg.	Coraux taillés et gravés, Ⓐ 1839.

N° d'ord.	NOMS ET DEMEURES DES EXPOSANTS.	NATURE DES OBJETS EXPOSÉS.
2990	*Barbeau* aîné. Paris, quai de la Mégisserie, 32.	Cheminées calorifères, poêles. C. F. 1839.
2991	*Barbé-Proyart* et *Bosquet*. Paris, r. de Cléry, 42.	Métier à la Jacquart et mécanique à séparer les tissus brochés.
2992	*Barbou*. Paris, r. Montmartre, 58.	Mécanismes indicateurs pour remplacer les sonnettes. C. F. 1834, pour un télégraphe domestique.
2993	*Bargès*. Paris, r. Aumaire, 13.	Bidets injecteurs, cuvettes clysopompes.
2994	*Barouille*. Paris, r. Neuve-Saint-Eustache, 18.	Châles divers.
2995	*Barre*. Paris, hôtel des Monnaies, quai Conti, 11.	Épreuves de gravure des billets de la Banque de France et de la Banque de Rouen. ⑮ 1839.
2996	*Barré*, à Paris, r. Ménilmontant, 50.	Serrures, cadenas, crémones, mors divers et objets d'art. M. H. 1839.
2997	*Barrier*, à Paris, r. Saint-Joseph, 10 bis.	Châles longs et carrés.
2998	*Bauchet*, *Raullier* et frère, à Paris, r. de Vendôme, 9.	Pendules pilastre, cadres incrustés et pièce de voyage à quantième.
2999	*Basely*. Paris, place Dauphine, 11.	Aiguilles de montres.
3000	*Basnier*, à Belleville, r. des Lilas, 7.	Bronzes estampés pour décoration d'églises ; un autel, chandeliers, encensoirs, crosse, croix.
3001	*Bastien*. Paris, r. St-André-des-Arts, 60.	Globes, sphères, jeux d'enfants.
3002	*Bataille*. Aux Thernes, Cité de l'Étoile, 29.	Dégras obtenu sur chamois, dégras pur, dégras purgé d'eau.
3003	*Bataille*. Paris, r. de la Pépinière, 74.	Lit en fer, tables, sommiers élastiques, chaises, meuble de salon Pompadour.
3004	*Batault*. Paris, r. Montorgueil, 17.	Boîte de toilette en velours, boîtes à bijoux, pupitre de bureau, écrins.
3005	*Baube*. Paris, r. de la Tixeranderie, 25.	Couleurs alcooliques. C. F. 1839.
3006	*Baucheron*, Paris, r. de Richelieu, 64.	Fusils et pistolets. M. H. 1834 1839.

N° d'ord	NOMS ET DEMEURES DES EXPOSANTS.	NATURE DES OBJETS EXPOSÉS.
3007	*Baud* et *Jovinet*, à Colombes (Seine).	Gélatine.
3008	*Baudin*, Paris, r. Vendôme, 13.	Four pour boulanger.
3009	*Baudouin* frères. Paris, r, des Récollets, 3.	Cuirs vernis, toile cirée, havre-sacs, manteaux, étoffes diverses enduites d'un seul côté, Ⓐ. 1839.
3010	*Baudrimont*. Paris, r. des Mathurins-Saint-Jacques, 10.	Tonneau.
3011	*Baudril*. Paris, r. de Malte, 22.	Armatures en fer.
3012	*Baudy* Paris, r. du Faubourg-Saint-Martin, 26.	Serpettes, sécateurs. C. F. 1839.
3013	*Baumier* et comp⁵. r. des Marais-Saint-Martin, 49.	Tissus pour gilets.
3014	*Bayoset*. Paris, r. Saint-Étienne-Bonne-Nouvelle.	Bronzes, pendules et candélabres.
3015	*Beaufuy*. Chemin de ronde de la barrière Ménilmontant.	Creusets et fourneaux en terre.
3016	*Beaulès* frères. Paris, r. Saint-Julien, 4.	Encres. Ⓑ 1834.
3017	*Beaumont*. Paris, r. Bourbon-Villeneuve, 56.	Colonnes et petit monument en pierre guillochée et miniatures, candélabres en ivoire.
3018	*Beauvois* (Mˡˡᵉ) et comp⁵. Paris, r. Vivienne, 57.	Broderies. M. H. 1839.
3019	*Béchard*. Paris, r. de Tournon, 15.	Appareils pour les déviations de la taille, des jambes et des pieds, appareils pour bandages.
3020	*Becker*. Paris, r. Neuve-St-Augustin, 4.	Drap préparé avec l'apprêt hydrofuge. M. H. 1839.
3021	*Becquet*. Paris, r. du Petit-Thouars, 23.	Tableau de tréfilerie, chassis à rideaux, garde-feux, montres à coulisses, cannes à sièges, C. F. 1839.
3022	*Bedier-Dotin*. Paris, r. Chapon, 13.	Email peint, gravé et ciselé.
3023	*Bec*. Paris, r. des Cinq-Diamants, 10.	Vernis.
3024	*Boine* (de). Paris, r. Mercier, 2.	Sacs, tuyaux en fil sans couture, et coutil pour pantalons de chasse. M. H. 1827 et 1834, Ⓑ 1839.
3025	*Boissière*. Paris, r. du Faubourg-Saint-Antoine, 164.	Modèle de couverture vitrée recouverte en zinc.

N° d'ord.	NOMS ET DEMEURES DES EXPOSANTS.	NATURE DES OBJETS EXPOSÉS.
3026	*Bolfield-Lefévre*. Paris, Place de la Concorde, 8.	Plaques photographiques.
3027	*Johannot*, à Vienne (Isère).	Bonbonnes, bouteilles et carafes. — Verrerie.
3028	*Court* et comp^e, à Renage (Isère).	Papiers divers. M. H. 1839.
3029	*Loire*. Paris, r. Saint-Martin, 253.	Bijoux en argent, émaillés par un vernis imitant l'émail.
3030	*Cannichel*, à Grenay (Isère).	Sucres.
3031	*Breton*, à Grenoble (Isère).	Papiers divers.
3032	*Blanchet* et *Kléber*, à Rives (Isère).	Papiers divers.
3033	*Frerejean*, à Vienne (Isère).	Différents objets eu cuivre rouge. ⓞ 1827. R. 1834, 1839.
3034	*Montrozier*, à Chatonnay (Isère).	Pointes de Paris à la mécanique.
3035	*Gentil*, à Vienne (Isère).	Cartons d'apprêts.
3036	*Millioz*, à Grenoble (Isère).	Avant-trains.
3037	*Bail* et *Boffard*, à Villeurbanne (Isère).	Savons, cierges, bougies.
3038	*Perrotin*, à Grenoble (Isère).	Façades de bois de lits sculptés.
3039	*Bernard*, à Grenoble.	Chemin. et consoles en marb. noire
3040	*Perroncel* fils aîné et Ce, à la Mure (Isère).	Consoles et plat. en marbre noir.
3041	*Sappey*, à Vizille (Isère).	Plateaux de marbre blanc.
3042	*Landiny*, à Grenoble (Isère).	Colles. Ⓑ 1839.
3043	*Mesny* et *Jurard*, à Vienne (Isère).	Savons.
3044	*Charrière*, à Allevard (Isère).	Fer pour essieux de locomotives, barres de fer. M. A. 1834 à Giroud père, son prédécesseur; R. 1839 au même.
3045	*Malton*, à Grenoble (Isère).	Gants. Ⓑ 1839.
3046	*Ozier*, à Pont-Chéruy (Isère).	Argent fin en feuilles.
3047	*Carrière*, à la Porte de France (Isère).	Ciments.
3048	*Aimé* (Abraham), à Grenoble (Isère).	Gants.
3049	*Gabert* frères, à Vienne (Isère).	Draps dviers. Ⓑ 1834. Ⓐ 1839.
3050	*Rigat*, à Vienne (Isère).	Draps.
3051	*Berthaud* et *Portus* frères, à Vienne (Isère).	Draps M. H. 1834, à M. Berthaud fils et Manichet. Ⓑ 1839, à M. Berthaud.
3052	*Gourju*, à Beaupertuis (Isère).	Boltes et barres d'acier. Ⓑ 1839.
3053	*Bourjat*, à la Trouche (Isère).	Peaux de veaux bronzées et peaux de moutons.

N° d'ord.	NOMS ET DEMEURES DES EXPOSANTS.	NATURE DES OBJETS EXPOSÉS.
3054	*Gamel*, à St-Martin-d'Hère (Isère).	Cartons, bonbonneries.
3055	*Perrucat*, à Grenoble (Isère).	Gants. M. H. 1839.
3056	*Boussu*, à Vienne (Isère).	Draps teints.
3057	*Patouliad*, à Vienne (Isère).	Draps.
3058	*Pouchon* fils aîné, à Vienne (Isère).	Draps.
3059	*T'hiolier*, à Vienne (Isère).	Draps.
3060	*Maniguot*, à Vienne (Isère).	Draps.
3061	*Jouvin* et compᵉ, à Grenoble (Isère).	Gants. Ⓑ 1839.
3062	*Allire-Boubon*, à Chatte (Isère).	Purgeoirs en verre pour le moulinage et le dévidage, et organsin de soie. Ⓑ 1839.
3063	*Meunier-Bourdat*, à Voiron (Isère).	Toiles damassées pour nappes et serviettes.
3064	*Reynier*, à Grenoble (Isère).	Gants.
3065	*Tournier* et compᵉ, à Renage (Isère).	Acier en feuilles et en barres.
3066	*Badin* et *Lambert*, à Vienne (Isère).	Draps. Ⓐ 1819: R. 1823, 1827, 1834: Ⓞ 1839.
3067	*Revillod* et compᵉ, à Vizille (Isère).	Robes, châles et rideaux.
3068	*Brochier*, à Grenoble (Isère).	Gants.
3069	*Mollard*, à Vienne (Isère).	Machine à fileter, tourner, percer et alézer le fer.
3070	*Buisson*, à Tullius (Isère).	Appareils pour passer les huiles.
3071	*Pancra-Duchavany* et compᵉ, à Pontchéry (Isère).	Gavettes, bobines et canetile en argent faux, etc.
3072	*Desroches*, à Grenoble (Isère).	Sabots et socques.
3073	*Giroud*, à Screzin-du-Rhône (Isère).	Couvertures en mérinos et en laine.
3074	*Domy-Doineau* et compᵉ, à Aubusson (Creuse).	Tapis ras de table, en laine et soie, etc.
3075	*Castel*, à Aubusson (Creuse).	Tapis divers.
3076	*Sallandrouze* (J.), à Aubusson (Creuse).	Dessins de tapis.
3077	*Bollat* aîné, à Aubusson (Creuse).	Tapis variés et portières ornées. Ⓐ 1839.
3078	*Tabard* aîné, à Aubusson (Creuse).	Tapis divers.
3079	*Langlade*, à Aubusson (Creuse).	Dessins de tapis.
3080	*Wotouski* et *Maufus*, (Mᵐᵉˢ), à Aubusson (Creuse).	Mouchoirs, cols et manchettes brodées.
3081	*Duranton*, à Aubusson (Creuse).	Volets en fer et régulateurs pour métiers à filer.

N° d'ord.	NOMS ET DEMEURES DES EXPOSANTS.	NATURE DES OBJETS EXPOSÉS.
3082	*Murguo et Lauge*, à St.-Etienne (Loire).	Fusils,
3083	*Schneider* frères, au Creusot (Saône-et-Loire).	Bielles, marteaux-pilons et machines à percer et à river les tôles, etc. Ⓞ 1839.
3084	*Malétra* et fils, au Petit-Quévilly (Seine-Inférieure).	Produits chimiques.
3085	*Duforestel-Lefebvre*, à Rouen (Seine-Inférieure).	Calicots. Ⓐ 1839.
3086	*Fernand, Deloyse, Pelletier* et comp°, à Rouen (Seine-Inférieure).	Toile coton, calicots.
3087	*Fessard*, à Maromme (Seine-Inférieure).	Cotons filés.
3088	*Darcel*, à Amfreville-la-mi-Voie (Seine-Inférieure).	Prussiate de potasse et autres produits chimiques.
3089	*Lambert*, à Rouen (Seine-Inférieure).	Poterie d'ornement et un vase en poterie peinte.
3090	*Gervais*, à Auffay (Seine-Inférieure).	Feuilles de cuir tanné.
3091	*Delamarre-Deboutteville*, à Fontaine-le-Bourg (Seine-Inférieure).	Cotons filés.
3092	*Debu* père et fils, à Blosseville-Bon-Secours (Seine-Inférieure).	Calicot blanc.
3093	*Benoist*, à Rouen (Seine-Inférieure).	Métier dit *taille-mèches*. Ⓑ 1839.
3094	*Grandsire*, à Ponts-et-Marais (Seine-Inférieure).	Serrure dite à la Sabatier.
3095	*Lalizel*, à Malaunay (Seine-Inférieure).	Cotons filés. C. F. 1839.
3096	*Lalizel* aîné, à Barentin (Seine-Inférieure).	Cotons filés. Ⓑ 1834 et 1839.
3097	*Labarroque*, au Havre (Seine-Inférieure).	Brai-chauffard.
3098	*Quibel*, à Rouen (Seine-Inférieure).	Appareil pour empêcher les cheminées de fumer.
3099	*Glatigny* (Vᵉ), à Rouen (Seine-Inférieure).	Rouenneries.
3100	*Gaudray-Loisiel*, à Rouen (Seine-Inférieure).	Tissus pour meubles.
3101	*Chatain* fils, à Rouen (Seine-Inférieure).	Rouenneries.
3102	*Delacrétaz*, à Graville (Seine-Inférieure).	Produits chimiques. Ⓑ R. 1827. Ⓑ 1834, à MM. Ador et Bonnaire, Ⓐ 1839, à M. Delacrétaz.
3103	*Pouyer-Hellouin*, à Rouen (Seine-Inférieure).	Cotons filés. Ⓐ 1839.
3104	*Dupasseur*, à Rouen (Seine-Inférieure).	Fils de lin et fils d'étoupe.

N° d'ord.	NOMS ET DEMEURES DES EXPOSANTS.	NATURE DES OBJETS EXPOSÉS.
3105	*Dutuit*, à Barentin (Seine-Inférieure).	Fils de lin et d'étoupe.
3106	*Dumoulin*, à Rouen (Seine-Inférieure).	Carabine à levier et un pistolet-arbalète.
3107	*Fauquet-Lemaître*, à Rouen (Seine-Inférieure).	Coton filé, fils de lin et d'étoupes. ◎ 1834; R. ◎ 1839.
3108	*Vermont* et compᵉ, à Rouen (Seine-Inférieure).	Étoffes apprêtées.
3109	*Legrand*, à Rouen (Seine-Inférieure),	Calicots.
3110	*Vautier*, à Rouen (Seine-Inférieure).	Étoffes de coton pour parapluies. Ⓑ 1839.
3111	*Gentet* et *Godefroy*, à Ingouville (Seine-Inférieure).	Pompes rotatives en cuivre foulantes et aspirantes.
3112	*Voussard*, à Notre-Dame-de-Bondeville (Seine-Inférieure).	Calicots et cotons filés. Ⓐ 1839.
3113	*Le Juif*, à Rouen (Seine-Inférieure).	Cordage enroulé, en fil de fer.
3114	*Héron* et compᵉ, à Rouen (Seine-Inférieure).	Bougies stéariques.
3115	*Pons de Paul*, à Saint-Nicolas-d'Aliermont (Seine-Inférieure).	Mouvements de pendules et de montres.
3116	*Cuvellier*, à Blangy (Seine-Inférieure).	Savons divers. C. F. 1839.
3117	*Picquot - Deschamps*, à Rouen (Seine-Inférieure).	Cotons filés. Ⓐ 1839.
3118	*Montier-Huet*, à Bolbec (Seine-Inférieure).	Mouchoirs de coton. Ⓑ 1839.
3119	*Lemonnier*, à Yvetot (Seine-Inférieure).	Rouenneries, mouchoirs. Ⓑ 1839.
3120	*Courtois*, à Forges-les-Eaux (Seine-Inférieure).	Pipes. C. F. 1839.
3121	*Gallet*, au Havre (Seine-Inférieure).	Noir animalisé pour engrais, noir d'os.
3122	*Rousée*, à Darnetal (Seine-Inférieure).	Calicots.
3123	*Foucher*, à Rouen (Seine-Inférieure).	Cardes.
3124	*Viard*, à Rouen (Seine-Inférieure).	Balances.
3125	*Lognon*, à Rouen (Seine-Inférieure).	Cuirs pour rota-frotteurs.
3126	*Neveu* et *Marion*, à Rouen et à Malaunay (Seine-Inférieure).	Coton filé, tête de Mull.-Jenny.
3127	*Nion*, à Dieppe (Seine-Inférieure).	Seaux à incendie, guêtres, sac.
3128	*Dupré*, à Forges-les-Eaux (Seine-Inférieure).	Sulfate de fer. M. H. 1839.

N° d'ord.	NOMS ET DEMEURES DES EXPOSANTS.	NATURE DES OBJETS EXPOSÉS.
3129	*Baromé-Délépine*, à Dieppe (Seine-Inférieure).	Mouvements d'horlogerie. M. H. 1839.
3130	*Brunel* et *Bienaymé*, à Dieppe (Seine-Inférieure).	Pendules et mouvements d'horlogerie.
3131	*Laverdin*, à Rouen (Seine-Inférieure).	Cylindre en cuivre gravé, impressions sur calicots.
3132	*Destigny* et *Langlois*, à Rouen (Seine-Inférieure).	Régulateur à horloge appliqué aux moteurs à vapeur.
3133	*Miroude*, à Rouen (Seine-Inférieure).	Cardes. M. H. 1834 ; Ⓐ 1839.
3134	*Fleury* (Mme), directrice de l'école manufacturière de dentelles de Dieppe (Seine-Inférieure).	Dentelles.
3135	*Fumière*, à Rouen (Seine-Inférieure).	Cardes. Ⓑ 1839.
3136	*Godin*, à Rouen (Seine-Inférieure).	Billard.
3137	*Granger*, à Rouen (Seine-Inférieure).	Régulateur pour les roues hydrauliques.
3138	*Mabire*, au Havre (Seine-Inférieure).	Plomb de divers numéros.
3139	*Papavoine* et *Châtel*, à Rouen (Seine-Inférieure).	Machine à égaliser le cuir des cardes, machine à égaliser et aiguiser les dentures des rubans de carde.
3140	*Rowcliffe* frères, à Rouen Seine-Inférieure).	Clous à vis.
3141	*Hall* (John), *Powell* et *Scott*, à Rouen (Seine-Inférieure).	Machine à fouler les draps. M. H. 1839.
3142	*Fourcroy*, à Rouen (Seine-Inférieure.)	Rota-frotteur.
3143	*Maroury*, à Notre-Dame-de-Bondeville (Seine-Inférieure).	Machine à faire de la brique.
3144	*Aubin*, à Rouen (Seine-Inférieure).	Cylindres à impression et pompes à incendie.
3145	*Gaudry*, à Rouen (Seine-Inférieure).	Appareils pour blanchir les toiles.
3146	*Mazeline* frères, à Graville (Seine-Inférieure).	Moulins à écraser la canne à sucre et machines à vapeur. M. H. 1839.
3147	*Alcard* et *Budicom*, au Petit-Quevilly (Seine-Inférieure).	Locomotives et tenders.
3148	*Flamant*, à Elbeuf (Seine-Inférieure).	Draps lisses et croisés.
3149	*Osmond* et *Boismard*, à Elbeuf (Seine-Inférieure).	Draps lisses et croisés.
3150	*Dumor-Masson*, à Elbeuf (Seine-Inférieure).	Draps lisses. Ⓐ 1839.

N° d'ord.	NOMS ET DEMEURES DES EXPOSANTS.	NATURE DES OBJETS EXPOSÉS.
3151	*Touzé*, à Elbeuf (Seine-Inférieure).	Draps lisses.
3152	*Javal* et *May*, à Elbeuf (Seine-Inférieure).	Drap lisses. (B) 1834; R. (B) 1839.
3153	*Durécu* (A), et comp°, à Elbeuf (Seine-Inférieure).	Draps lisses. (B) 1839.
3154	*Delarue* (Augustin), à Elbeuf (Seine-Inférieure).	Draps et nouveautés. (A) 1834; R. 1839.
3155	*Chefdrue* et *Chauvreulx*, à Elbeuf (Seine-Inférieure).	Draps et nouveautés. (O) 1834; R. 1839.
3156	*Chennevière*, à Elbeuf (Seine-Inférieure).	Étoffes et satins. (O) 1839.
3157	*Sévaistre* aîné et *Legris*, à Elbeuf (Seine-Inférieure).	Draperies et nouveautés. &c.
3158	*Charvet*, à Elbeuf (Seine-Inférieure).	Draps et nouveautés.
3159	*Vimont* frères, à Elbeuf (Seine-Inférieure).	Draps et nouveautés.
3160	*Thillard*, à Elbeuf (Seine-Inférieure).	Draps lisses.
3161	*Bois-Guillaume* et fils, à Elbeuf (Seine-Inférieure). .	Draps et nouveautés.
3162	*Rastier* fils, à Elbeuf (Seine-Inférieure).	Draps. (B) 1839.
3163	*Aroux* (Félix), à Elbeuf (Seine-Inférieure).	Draps. (A) 1834; R. 1839.
3164	*Reynault* et *Pellier*, à Elbeuf (Seine-Inférieure).	Draps lisses.
3165	*Barbier* (V.), à Elbeuf (Seine-Inférieure)	Draps lisses et nouveautés. (B) 1834; (A) 1839.
3166	*Flavigny* (Charles), à Elbeuf (Seine-Inférieure).	Draps lisses et nouveautés. (O) 1834; R. 1839.
3167	*Silva*, à Paris, r. Saint-Honoré, 290 bis.	Perruques.
3168	*Couprée*. *Marcel* et comp°, à Elbeuf (Seine-Inférieure).	Draps lisses. (B) 1839.
3169	*Fouré* (Charles), à Elbeuf (Seine-Inférieure).	Draps lisses et nouveautés. (A) 1839.
3170	*Flavigny* (Louis), à Elbeuf (Seine-Inférieure).	Draps lisses et nouveautés. (O) 1834; R. 1839.
3171	*Ménage* et comp°, à Elbeuf (Seine-Inférieure).	Fils.
3172	*Decaux*, à Elbeuf (Seine-Inférieure).	Draps lisses.
3173	*Beer Morel*, à Elbeuf (Seine-Inférieure).	Draps et nouveautés.

N° d'ord.	NOMS ET DEMEURES DES EXPOSANTS.	NATURE DES OBJETS EXPOSÉS.
3174	*Brisson*, à Elbeuf (Seine-Inférieure).	Draps.
3175	*Bigot* aîné et *Renaux*, à Elbeuf (Seine-Inférieure).	Appareils générateurs de vapeur.
3176	*Blersy*, à Elbeuf (Seine-Inférieure).	Déssicateurs pour les draps et machines à sécher la laine.
3177	*Malteau*, à Elbeuf (Seine-Inférieure).	Machines rotatives à fouler les draps et une machine propre à laver la laine.
3178	*David*, au Havre (Seine-Inférieure).	Chaînes et cordes pour la marine.
3179	*Merlié-Lofebvre*, au Havre (Seine-Inférieure).	Cordages.
3180	*Polliard*, à Rouen (Seine-Inférieure).	Objets divers tournés, mécanisme de sauvetage pour les incendiés, guéridons et tables de travail, etc.
3181	*Jacob*, à St-Nicolas-d'Aliermont (Seine-Inférieure).	Chronomètres.
3182	*Thomas*, à Rouen (Seine-Inférieure).	Réveil.
3183	*Brasil*, à Rouen (Seine-Inférieure).	Piano harmonomètre.
3184	*Oldrini*, à Rouen (Seine-Inférieure).	Machine à chiner les cotons.
3185	*Minior*, à Rouen (Seine-Inférieure).	Machine servant à dresser les métaux.
3186	*Nillus*, au Havre (Seine-Inférieure).	Machine à écraser la canne à sucre, machine à vapeur. M. H. et Ⓐ 1839.
3187	*Crépol* aîné, à Rouen (Seine-Inférieure).	Fils provenant des côtes de l'Algérie. Ⓐ 1839.
3188	*Kœttinger* et fils, à Rouen (Seine-Inférieure).	Indiennes. Ⓐ 1834; Ⓞ 1839.
3189	*Boismard*, à Rouen (Seine-Inférieure).	Indiennes.
3190	*Grenet* fils, à Rouen (Seine-Inférieure).	Gélatine. Ⓐ 1834; R. Ⓐ 1839.
3191	*Pimont* aîné, à Rouen (Seine-Inférieure).	Indiennes. Ⓐ 1834: R. Ⓐ 1839.
3192	*Léveillé*, à Rouen (Seine-Inférieure).	Cotons filés et teints. Ⓐ 1839.
3193	*Michol*, à Rouen (Seine-Inférieure).	Machine à bouter les plaques de cardes.
3194	*Auber* (Louis) et compᵉ, à Rouen (Seine-Inférieure).	Étoffes pour meubles, robes et manteaux. Ⓞ 1834, R. Ⓞ 1839.
3195	*Lacroix* fils, à Rouen (Seine-Inférieure).	Machine à fouler les draps.
3196	*Pauly*, à Rouen (Seine-Inférieure).	Machine dite *armure sans car-*

N° d'ord.	NOMS ET DEMEURES DES EXPOSANTS.	NATURE DES OBJETS EXPOSÉS.
		tons adaptée aux métiers à la Jacquart.
3197	*Capron* fils aîné, à Darnetal (Seine-Inférieure).	Tissus pour bretelles, tissus divers.
3198	*Stackler*, à Rouen (Seine-Inférieure).	Indiennes. M. H. 1834 et 1839.
3199	*Dechancé*, à Rouen (Seine-Inférieure).	Indiennes.
3200	*Barbet* (Henri) et compʳ, à Rouen (Seine-Inférieure).	Indiennes.
3201	*Tricot* jeune, à Rouen (Seine-Inférieure).	Tissus.
3202	*Hémet* et compᵉ, à Rouen (Seine-Inférieure).	Tissus de laine et de coton.
3203	*Mayné* (Célestin), à Rouen (Seine-Inférieure).	Sucreries.
3204	*Fauquet*, à Rouen (Seine-Inférieure).	Indiennes.
3205	*Bluet*, à Rouen (Seine-Inférieure).	Rouenneries.
3206	*Hazard* frères, à Rouen (Seine-Inférieure).	Indiennes. Ⓐ 1839.
3207	*Kœchlin*, à Darnetal (Seine-Inférieure).	Indiennes. Ⓑ 1839.
3208	*Girard* et compᵉ, à Rouen (Seine-Inférieure).	Indiennes. Ⓞ 1839.
3209	*Layoyuée*, à Maromme (Seine-Inférieure).	Un batteur étaleur à coton.
3210	*Pellouin* et *Bobé*, à Rouen (Seine-Inférieure).	Toile-coton.
3211	*Bataille*, à Rouen (Seine-Inférieure).	Foulards coton. Ⓑ 1839.
3212	*Quesnel-Massif*, à Rouen (Seine-Inférieure).	Rouenneries.
3213	*Speiser*, à Rouen (Seine-Inférieure).	Indiennes.
3214	*Caighard*, à Rouen (Seine-Inférieure).	Rouenneries. Ⓐ 1839.
3215	*Visquesnel*, à Rouen (Seine-Inférieure).	Rouenneries. Ⓑ 1839.
3216	*Bernard*, à Rouen (Seine-Inférieure).	Régulateur de pompes à feu.
3217	*Govet*, à Rouen (Seine-Inférieure).	Rouenneries.
3218	*Lerat*, à Rouen (Seine-Inférieure).	Étoffes pour meubles en laine et soie.
3219	*Beaudouin*, à Rouen (Seine-Inférieure).	Poudre de bois pour teinture. C. F. 1839.
3220	*Bélicard* et *Chesneau*, à Montmartre, r. et chaussée des-Martyrs, 10.	Appareils de garderobes.

N° d'ord.	NOMS ET DEMEURES DES EXPOSANTS.	NATURE DES OBJETS EXPOSÉS.
3221	*Bellenot* et compᵉ. Paris, r. du Pont-aux-Choux, 17.	Pendules en métal composé.
3222	*Belmas.* Paris, r. Ribouté, 1.	Bandages.
3223	*Belorgé.* Paris, r. Saint-Denis, 268.	Tissus pour bretelles.
3224	*Belton* et *Jumeau.* Paris, r. Salle-au-Comte, 14.	Poupées.
3225	*Bémy* (de). Paris, r. Phélippeaux, 10.	Écrans, boîtes, corbeilles en cartonnage.
3226	*Bengel.* Paris, r. Chapon, 19.	Nécessaires.
3227	*Benoît-Langlassé.* Paris, r. des Blancs-Manteaux, 46.	Pendules, candélabres, écritoires, flambeaux, etc.
3228	*Béranger, Roussel* et compᵉ. Paris, r. Mouffetard, 321.	Cuirs pour semelles. ⓞ 1839.
3229	*Berce.* Paris, place de Laborde, 10.	Boutons de livrée et d'uniforme. C. F. 1839.
3230	*Berger-Walter.* Paris, r. de Paradis-Poissonnière, 27.	Boutons de portes, de commodes, etc., en cristal.
3231	*Bergerat* et *Letellier.* Paris, r. de la Vieille-Monnaie, 9.	Produits chimiques.
3232	*Bergeron.* Paris, passage de l'Ancien-Grand-Cerf, 44.	Appareils pour les déviations de la taille, pour le redressement des pieds-bots, bandages herniaires. M. H. 1839.
3233	*Bergeron* fils et *Couput.* Paris, r. Sainte-Croix-de-la-Bretonnerie, 9.	Bleus pour le linge, pour la teinture, la peinture et la papeterie, prussiate de potasse, cyanure rouge, produits ammoniacaux.
3234	*Béringer.* Paris, r. du Coq-Saint-Honoré, 6.	Fusils et pistolets. Ⓑ 1839.
3235	*Bernard.* Paris, avenue de Lamotte-Piquet, 8.	Canons de fusils de chasse. M. H. 1827 ; Ⓑ 1834 ; Ⓐ 1839.
3236	*Bernard.* Paris, r. Marbeuf, 22.	Canons de fusils doubles. Ⓑ 1839.
3237	*Buffard,* à Lyon (Rhône).	Machine à ourdir et à plier.
3238	*Bernard.* Paris, r. Saint-Jacques, 218.	Sécateurs, ciseaux à tondre, pince à œilletoner les ananas, serpettes.
3239	*Bernaudo.* Paris, quai de Orfèvres, 32.	Tabatières en or et en platine, demi-parure en brillants, cassolettes, chaines, bagues, clefs de montres, creusets et capsu-

N° d'ord.	NOMS ET DEMEURES DES EXPOSANTS.	NATURE DES OBJETS EXPOSÉS.
		les de platine pour la chimie. Ⓑ 1823; R. en 1827 et 1834; nouvelle Ⓑ 1839.
3240	*Bernier* aîné et frères. Paris, r. du Faubourg-Saint-Antoine, 94.	Établi, varlopes, outils divers. M. H. 1834, à Klein père.
3241	*Berrolla* frères. Paris, r. de la Tour, 2.	Pendules de voyage, chronomètres pour la marine, montres. Ⓑ 1839.
3242	*Berrus* fils et compᵉ. Paris, r. d'Enghien, 22.	Dessins de châles longs, carrés et dessins d'écharpes.
3243	*Bertauts* Paris, r. Saint-Marc, 14.	Cadres d'impressions lithographiques.
3244	*Berteau*. Paris, r. Mouffetard, 273.	Poteries communes pour ménage.
3245	*Berthet* et *Peret*. Paris, r. Montmorency, 43.	Toilette en argent, nécessaires, trousses, maroquinerie, objets d'ébénisterie.
3246	*Berthemot* et *Ponsar*. Paris, r. Jacob, 43.	Acide borique et divers autres produits chimiques. Ⓞ 1839, à M. Joseph Pelletier.
3247	*Parpaite* aîné, à Carignan (Ardennes).	Machine à récolter les graines de trèfle.
3248	*Berthommé* et *Sarrazin* aux Thernes, r. de Villiers, 17 (Seine).	Guéridon, cheminées, vases et pièces diverses en marbre factice.
3249	*Bertin*, à la Villette, quai de Seine, 49.	Biberons.
3250	*Maire-Contal*, à Mirecourt (Vosges).	Archets.
3251	*Bosset*. Paris, r. des Gravilliers, 26.	Lettres en zinc, en cuivre et en ferblanc.
3252	*Best, Leloir* et compᵉ. Paris, r. Poupée-Saint-André-des-Arts, 7.	Gravure typographique. Ⓑ1834, raison Andrew, Best et Leloir; Ⓐ 1839.
3253	*Beudon*. Paris, r. Saint-Victor, 164.	Couvertures en laine et en coton.
3254	*Box* (Vᵉ.) Paris, r. Basse-du-Rempart, 20 et 24.	Stuc, ciment anglais, terre cuite et mosaïque.
3255	*Bézanger*. Paris, r. Saint-Jacques, 22.	Encre. M. H. 1839.
3256	*Biais*. Paris, r. du Pot-de-Fer-Saint-Sulpice, 4.	Ornement d'église, broderies or, argent et soie. R. Ⓑ 1839.
3257	*Bicheron*, à Paris, r. Saint-Martin, 115.	Baleines pour cannes, fouets et buscs d'acier.
3258	*Biet*, à Paris, passage du Grand-Cerf, 7.	Instruments de physique. serrures et cadenas. C. F. 1839.

N° d'ord.	NOMS ET DEMEURES DES EXPOSANTS.	NATURE DES OBJETS EXPOSÉS.
3259	*Bignon*, à Paris, r. Bellefonds, 15.	Peintures pour décors, mosaïque, marbres pour décors.
3260	*Lilloret*, à Paris, r. du faub. Saint-Antoine, 75.	Sommiers élastiques, lit mécanique.
3261	*Billy*, à Paris, r. Pigale-Saint-George, 30.	Biscuits de chine.
3262	*Binet*, à Paris, r. et impasse Saint-Sabin, 8 et 9.	Poteries. (B) 1839.
3263	*Bir*, à Courbevoie (Seine).	Boîtes à incubation.
3264	*Bisson* fils, à Paris, r. Saint-Germain-l'Auxerrois, 65.	Épreuves de daguerréotype.
3265	*Bisson*, à Paris, faubourg Saint-Martin, 45.	Châssis en fer, lits en fer, lucarne en fonte de fer.
3266	*Bitterlin*, à Paris, boulevard Poissonnière, 14.	Diamant coupeur de verres et glaces.
3267	*Blaise*, à Paris, r. du Bac, 68.	Volumes reliés.
3268	*Blanc*. Paris, r. de Tracy, 1.	Cannes à parapluies, à ombrelles, parapluies à coulisses sans ressort, etc.
3269	*Blanchart et Cabirol*. Paris, r. des Fossés-Montmartre, 7.	Bâteau, baignoire, bouée de sauvetage, vêtements, tuyaux et autres objets en caoutchouc.
3270	*Blanchet*. Paris, r. Chapon, 13.	Camées.
3271	*Blérye*. Paris, faubourg St-Denis, 24.	Passementerie, mantelet.
3272	*Blève*. Paris, r. de Lancry, 4.	Ornements estampés pour tentures. M. H. 1834.
3273	*Boas* frères et comp°. Paris, r. de Cléry, 27.	Châles de diverses dimensions.
3274	*Bobéo* (V°) *et Lemire*, à Choisy-le-Roy (Seine).	Produits chimiques. ◎ 1839.
3275	*Bobœuf-Casaubon*. Paris, r. St-Fiacre, 20.	Fleurs artificielles.
3276	*Boche*. Paris, faubourg-St-Martin, 89.	Divers articles de chasse. C. F. 1827, sous la raison Boche et Aubiné ; (B) 1839, à Boche.
3277	*Bocquat*. Paris, r. Notre-Dame-des-Victoires, 24.	Bracelets divers, parures, guirlandes.
3278	*Bocquet*. Paris, r. du Temple, 103.	Réveil perpétuel, avance-retard à pas comptés, régulateur de précision.
3279	*Bodeur*. Paris, place Dauphine, 2 et 4.	Baromètres, thermomètres, aréomètres, instruments de précision. M. H. 1839.

N° d'ord	NOMS ET DEMEURES DES EXPOSANTS.	NATURE DES OBJETS EXPOSÉS.
3280	*Bodin* (Charles) et comp^e. Paris, r. Vivienne, 38.	Cafetières.
3281	*Boisseaux, Detot* et comp^e. Paris, r. Vivienne, 26.	Service de table doré et argenté.
3282	*Boisset et Gaillard*. Paris, r. de la Verrerie, 66.	Bougies diaphanes et stéariques. M. H. 1839.
3283	*Boissonneau*. Paris, r. Neuve-des-Mathurins, 38.	Yeux.
3284	*Bon*. Paris, r. Vaucanson, 4.	Faus. pier. précieuses. Ⓐ 1839.
3285	*Bon et Pirlot*. Paris, r. Vaucanson, 4.	Fausses pierres précieuses, émaux.
3286	*Bonafoux et Gaillard Saint-Ange*, Paris, r. du Faubourg-Saint-Denis, 120.	Papiers de fantaisie.
3287	*Bonafoux et Gaillard Saint-Ange*, Paris, r. du Faubourg-Saint-Denis, 120.	Rouleaux gravés.
3288	*Bonfils, Michel* et comp^e. Paris, r. Neuve-Saint-Eustache, 32.	Châles.
3289	*Bonnet*, à Clamart (Seine).	Plans de Paris.
3290	*Boquet*. Paris, r. de Richelieu, 1.	Encriers-pompes. C. F. 1839.
3291	*Boquillon*. Paris, r. Saint-Martin, 208.	Produits électrotypiques, pièces dorées et argentées.
3292	*Bordeaux*. Paris, r. Saint-Sauveur, 12.	Ornements en cuivre estampé et bois doré. Ⓑ 1839.
3293	*Bordon*. Paris, r. Coquenard, 34.	Deux fourneaux portatifs de cuisine en tôle forte, sans maçonnerie.
3294	*Borrel*. Paris, r. Neuve-Saint-Méry, 13.	Épaulettes et pompons.
3295	*Hulin-Delatouche*, à Try-le-Château (Eure).	Cuirs de buffles, peaux de cheval, de chien et de veau.
3296	*Fabre-Bosquillon*. Paris, r. Neuve-Saint-Eustache, 24.	Châles.
3297	*Cabanes et Marine-Heit*. Paris, faubourg Saint-Martin, 13.	Éventails.
3298	*Cabeu*. Paris, r. de la Grande-Friperie, 21.	Lampes à niveau constant par un régulateur plongeant à courant d'air et bouchon fixe. M. H. 1839.
3299	*Cabouret* aîné et *Leroy* frères et *Taulet*. Paris, r. du Four-St-Honoré, 9, r. Marcadet, à Montmartre, 3 bis.	Appareil pour la fonderie du suif, un pain de suif et chandelles. Ⓑ 1839, à Taulet.
3300	*Cabrol* (Forges de Decazeville). Paris, r. Grange-Batelière, 22.	Rails, fers en barres, tôles, feuillards. Ⓞ 1839.

N° d'ord.	NOMS ET DEMEURES DES EXPOSANTS.	NATURE DES OBJETS EXPOSÉS.
3301	*Cacheux*. Paris, r. Charlot, 19.	Mouvement de pendule.
3302	*Fraigneau*. Paris, Palais-Royal, 114, galerie de Valois.	Chronomètres de poche.
3303	*Coletta-Lefebvre*. Paris, r. Mandar, 9.	Tabatières. M. H. 1823, 1827 et 1834 ; Ⓑ 1839.
3304	*Collier*, à Saint-Denis, grande rue St-Marcel, 6.	Appareil pour fabriquer le gaz, machines à blanchir le linge.
3305	*Collier* (Vᶜ) *et James-Hall*, à Saint-Denis (Seine).	Machine à peigner la laine, pompes à feu, machines à tondre le drap, à planer, à découper les métaux, échantillons de laine peignée. Ⓞ 1819, sous la raison baron de Neuflize, Sevenne et Collier 1819 ; Ⓞ 1823, à Collier seul ; R. Ⓞ 1827, à Collier ; R. Ⓞ 1834, à Collier ; R. Ⓞ 1839, à madame veuve Collier.
3306	*Cagniard*. Paris, r. de l'Échiquier, 10.	Dessin pour velours mosaïque.
3307	*Cahier*. Paris, r. de la Fontaine-Molière, 26.	Châsse en bronze doré. Ⓞ 1819, 1823, 1827.
3308	*Cahouet*, r. de Pontoise, 10.	Moules à cierges, cierges en stéarine, mandrins en acier, machine à percer les siéges. M. H. 1839
3309	*Calard* père et fils. Paris, r. Notre-Dame-des-Champs, 46 ter.	Cribles et passoirs, tôles et cuivres percés pour le nettoyage des grains.
3310	*Calla*. Paris, r. du Faubourg-Poissonnière, 92.	Fontaine à double vasque, vases, grille, statue de saint Louis, candélabres en bronze, portes et fonts baptismaux de l'église Saint-Vincent-de-Paule. Ⓞ 1839.
3311	*Callaud*, à Paris, r. Montesquieu, 6.	Chronomètre, pendule météorologique, compteur astronomique, pendule de voyage, montre de poche, etc. M. H. 1834 ; Ⓑ 1839.
3312	*Calmels*, à Paris, r. Neuve-des-Bons-Enfants, 24.	Pendules à balancier circulaire.
3313	*Camaret*, à Paris, r. du Caire, 24.	Cadres, panneaux, dessus de portes, ciels-de-lits, culs-de-lampes, vases, corbeilles.

N° d'ord.	NOMS ET DEMEURES DES EXPOSANTS.	NATURE DES OBJETS EXPOSÉS.
3314	*Cambacérès*, à Paris, r. Hauteville, 89.	Huile de cheval et engrais musculaire.
3315	*Picot*, à Paris, r. Saint-Honoré, 287.	Table de nuit, bois de lit, armoires à glace, prie-Dieu, etc.
3316	*Leblanc*, à Paris, r. de la Madeleine, 22.	Lits et petits meubles en ébène.
3317	*Cherrier*, à Paris, r. Saint-Denis, 277.	Brosses à dents, à ongles, à tête.
3318	*Bodson*, à Paris, r. St.-Martin, 232.	Panneaux de marqueterie.
3319	*Aniel*, à Paris, r. Amelot, 60.	Parquets, rampes.
3320	*Bonhomme*, à Paris, r. des Fossés-St-Germain-l'Auxerrois, 29.	Chevalets, échelle pour les peintres.
3321	*Pluchet*, à Trappes (Seine-et-Oise).	Laines en suint.
3322	*Bozonet*, à Paris, r. des Mauvaises-Paroles, 5.	Articles de bonneterie.
3323	*Braconnier*, à Paris, r. d'Arcole, 3.	Bas, guêtres, robes, etc., écharpes, mitaines, pantoufles pour dames. C. F. 1834.
3324	*De Braux d'Anglure*, à Paris, r. Castiglione, 8 et r. d'Astorg, 15.	Statuettes, figurines, bustes et statuettes équestres en bronze. Ⓑ 1839.
3325	*Breguet et Boquillon*, quai des Lunettes.	Machine à tailler les engrénages hélicoïdes.
3326	*Breguet* neveu et compᵉ, à Paris, place de la Bourse, 4, et quai de l'Horloge, 79.	Horlogerie et mécanique. Ⓞ 1827; R. Ⓞ 1834.
3327	*Breul*, à Paris, faubourg St-Martin, 99.	Corbeille, vases, candélabres en bronze.
3328	*Bresquignan*, à Paris, r. des Gravilliers.	Coutellerie pour selliers. M. H. 1839.
3329	*Bresson*, à Paris, r. du Faubourg-Saint-Denis, 206.	Fils d'Irlande et d'Écosse et de coton, à coudre, à broder, à marquer, etc.; ganses de coton et chaînes pour fabrique. Ⓑ 1839; C. F. 1834.
3330	*Breton* (Mᵐᵉ), boulevard Saint-Martin, 3 *bis*.	Biberons et tétines. Ⓑ 1827; R. Ⓑ 1834; N. Ⓑ 1839.
3331	*Breton*, à Paris, r. du Petit-Bourbon-St-Sulpice, 9.	Machine pneumatique, balance, appareils électro-magnétique et dynamique, microscope solaire. M. H. 1839.

N° d'ord.	NOMS ET DEMEURES DES EXPOSANTS.	NATURE DES OBJETS EXPOSÉS.
3332	*Breuzin*, à Paris, r. du Bac, 13.	Lampes et lustres. Ⓑ 1839.
3333	*Bricard et Gauthier* aîné, à Paris, r. Pavée-St-Sauveur, 3.	Serrures d'armoires, de voitures, de sûreté, becs de canne, targettes, espagnolettes, etc. M. H., sous la raison Sterlin ; Ⓑ 1839, sous la raison Bricard et Gauthier.
3334	*Brie* aîné, à Paris, r. Jean-Jacques-Rousseau, 42.	Modèles d'emporte-pièces pour la ganterie et échantillons.
3335	*Briet*, à Paris, r. Notre-Dame-de-Nazareth, 29.	Vases propres à contenir les liquides gazeux et à les fabriquer.
3336	*Brioude Saurefus* et compᵉ, à Paris, r. de l'Asile-Popincourt, 43.	Balles, ballons, gomme pour papeterie, objets en caoutchouc.
3337	*Brocot*, à Paris, r. d'Orléans, 15 (Marais).	Pendules, compteurs, etc. Ⓑ 1827 et 1834 ; Ⓐ 1839.
3338	*Broquette et Le Comte*, à Paris, r. de l'Échiquier, 46.	Teinture sur tissus, laine, etc.; objets pour châles, robes, fichus, etc.
3339	*Brouillet*, à Paris, r. Aubry-le-Boucher, 28.	Alambics pour la pharmacie, serpentins propres à la distillation, en poterie d'étain. C. F. 1839.
3340	*Cambray*, à Paris, r. St-Martin, 223.	Décors en cartonnage. C. F. 1839.
3341	*Cambray* père, à Paris, r. St-Maur-du-Temple, 47.	Machines à couper le jonc épineux, à couper les racines de paille, moulins à bras, hache-paille, etc. Ⓐ 1834.
3342	*Camille Jubé*, à Paris, r. de la Bourse, 10.	Fusils et pistolets. Ⓑ 1839, sous la raison Lefaucheux.
3343	*Camus*, à Paris, r. de Viarmes, 18.	Balances à bascule, brouettes, marteaux de moulin, moufles, tendeurs, pinces à plomber, etc. Ⓑ 1834, à Camus-Rochon ; Ⓑ 1839, à Camus.
3344	*Campan*, à Paris, r. de Choiseul, 6.	Cadres d'armoiries peintes.
3345	*Poisson* (Mᵐᵉ), à Paris, quai Malaquais, 9.	Corsets.
3346	*Camus*, à Paris, r. de Viarmes, 33.	Marteaux, haches, tas polis, ciseaux, etc. Ⓑ 1839.
3347	*Capitain*, à Paris, r. Batfroid, 15.	Papiers peints.
3348	*Capitain*, à Paris, r. du Faubourg-Saint-Martin, 40.	Fers en barres et en bottes, tôles, essieux, pièces forgées, pointes, etc.

8

N° d'ord.	NOMS ET DEMEURES DES EXPOSANTS.	NATURE DES OBJETS EXPOSÉS.
3349	*Capt*, à Paris, r. d'Alger, 13.	Montres et autres pièces.
3350	*Carlier*, à Paris, r. Neuve-Bourg-Labbé, 2.	Portefeuilles, étuis à cigares, encriers à ressort, étuis à lunettes.
3351	*Caron*, à Paris, passage de l'Opéra, 20.	Fusils et carabines. M. H. 1839.
3352	*Caron*, à Paris, place des Victoires, 5.	Contrôleurs de ronde.
3353	*Carpentier*, à Paris, r. de Cléry, 83.	Lettres de zinc en relief. C. F. 1839.
3354	*Carré*, à Paris, r. Beauregard, 42.	Tapis. Ⓑ 1839.
3355	*Carré et Barrande*, à Paris, r. des Cinq-Diamants, 11.	Peaux de diverses couleurs.
3356	*Carteaux et Chaillou*, à Paris, r. du Helder, 5.	Études anatomiques en relief.
3357	*Cartier fils et Grieu*, à Paris, r. de Paradis, 12, au Marais.	Acides nitrique, sulfurique, muriatique, sels de soude et chlorure de chaux. M. H. 1823 ; Ⓑ 1827 ; R. Ⓑ 1834 ; Ⓑ 1839.
3358	*Casadavent*, à Sèvres (Seine).	Bouteilles de diverses natures et formes.
3359	*Cattier*, à Paris, r. de Lancry, 12.	Épreuves de dessins lithographiques. Ⓐ 1823 ; R. Ⓐ 1827 et 1834, à M. Motte, prédécesseur.
3360	*Cayol* (Mme), à Paris, r. Charlot, 12.	Canne-pupitre
3361	*Cazal*, à Paris, boulevard des Italiens, 23.	Cannes, parapluies, fouets et cravaches. Ⓑ 1839.
3362	*Célis*, à Paris, r. du Faubourg-du-Temple, 50.	Pierres à brunir. M. H. 1839.
3363	*Cerbelaud*, à Paris, r. d'Anjou-Saint-Honoré, 60.	Calorifères. Ⓑ 1839.
3364	*Cercueil*, à Paris, r. Traversière-Saint-Antoine, 9.	Laines teintes et moulues.
3365	*César*, à Paris, r. Charlot, 19.	Mouvement de pendule, mouvement pour tableau à tirage.
3366	*Chabrié et Neuburger*, à Paris, r. de la Monnaie, 9, et rue Vivienne, 4.	Lampes solaires, pendules, objets en bronze. M. H. 1839.
3367	*Chagot frères*, à Paris, r. Richelieu, 81.	Fleurs artificielles et plumes. M. H. 1834 ; Ⓑ 1839.
3368	*Chagot*, à Paris, faubourg du Temple, 46.	Caractères métalliques, étiquettes de noms de rues, numéros pour mettre dans les lanternes.

N° d'ord.	NOMS ET DEMEURES DES EXPOSANTS.	NATURE DES OBJETS EXPOSÉS.
3369	*Scheibel* et *Loos*, Thann, (Haut-Rhin).	Machine à filer le coton, dite *selfacting*.
3370	*Chambellan*, à Paris, r. des Fossés-Montmartre, 8.	Châles-cachemires. Ⓐ 1834 ; R. Ⓐ 1839, sous la raison Chambellan et Duché.
3371	*Chamblant*, à Épinay (Seine).	Articles en verre pour les laboratoires de chimie, les pharmaciens, parfumeurs, services de table, verroterie, tubes, etc. ; nouveaux appareils pour la fabrication des produits chimiques, cristaux de couleur, objets de fantaisie, etc.
3372	*Chamouton*, à Paris, r. François-Miron, 13.	Enclumes, bigornes, étaux, etc. Ⓑ 1834 ; Ⓐ 1839.
3373	*François*, à Paris, faubourg du Temple, 23.	Poupées et jouets d'enfants pour théâtres.
3374	*Champion*, à Charonne, r. Fontarabie, 31.	Toile semi-métallique, tissus hygiéniques imperméables. M. H. 1819 et 1823 ; Ⓑ 1827 ; R. Ⓑ 1834 et 1839.
3375	*L. Champion* et *Ch. Gérard*, à Paris, r. Neuve-Saint-Eustache, 15.	Châles indoux et cachemires. Ⓑ 1839, sous la raison sociale Bachelot.
3376	*Chanson* (Dˡˡᵉ) et compᵉ, à Paris, r. Sainte-Anne, 51 bis.	Métiers à tapisserie de diverses formes et ouvrages à l'aiguille.
3377	*Chapelle*, à Belleville, r. des Lilas, 7.	Couleurs M. H. 1834 ; R. M. H. 1839.
3378	*Chapon*, à Paris, r. Saint-Maur, 88.	Serrures. M. H. 1839.
3379	*Chappée*, à Paris, quai du Marché-Neuf, 20.	Yeux en émail. M. H. 1839.
3380	*Charbounier*, à Paris, rue Saint-Honoré, 347.	Modèles de seringues.
3381	*Charbonnier*, à Paris, r. des Francs-Bourgeois, 6, au Marais.	Modèles de crémones, une croisée montée.
3382	*Chardon*, à Paris, r. Racine, 3.	Gravures, impressions de différentes grandeurs.
3383	*Charles*, à Paris, r. Montmorency, 25.	Bijouterie dorée.
3384	*Charles* et compᵉ, à Paris, r. Jacob, 14.	Buanderies portatives.
3385	*Charlot*, à Paris, r. Montmorency, 1.	Couteaux, flambeaux, encriers émaillés.

N° d'ord.	NOMS ET DEMEURES DES EXPOSANTS.	NATURE DES OBJETS EXPOSÉS.
3386	*Charpentier*, à Paris, r. Saint-Jacques, 201.	Modèle de scierie mécanique.
3387	*Charoy*, à la Chapelle-Saint-Denis.	Appareil de pyrotechnie, bombe de guerre à parachute.
3388	*Charpentier* fils, à Paris, r. de la Ferronnerie, 10 et 12.	Balance-bascule à ponts.
3389	*Charrière*, à Paris, r. de l'École-de-Médecine, 6.	Outils de coutellerie et de chirurgie, orthopédie, bandages, bras artificiels. Ⓐ 1834; Ⓞ 1839.
3390	*Chassiron* (de), à Paris, r. Neuve-des-Mathurins, 53.	Soie-grége.
3391	*Chataignet*, à Paris, r. Corbeau, 9.	Fleurs, panier en porcelaine.
3392	*Chatain*, à Paris, r. du Vieux-Colombier, 19.	Machines pour l'horlogerie, huile pour l'horlogerie.
3393	*Chatelain*, à Paris, r. du Pont-aux-Choux, 21.	Tableaux-baromètre avec mouvement de pendule, *id.* reliquaires dorés, or mat et or vermeil, fond velours cramoisi, etc.; pendules, ornements, cuivre doré mat, etc., baromètre, bois doré, découpé, extra-riche; tableau-reliquaire avec glace devant.
3394	*Chatillon*, à Paris, galerie Vivienne, 26.	Pâtes et farines.
3395	*Chaudun*, à Paris, r. du Faubourg-Montmartre, 4.	Fusils, pistolets, capsules, cartouches.
3396	*Chaussenot* jeune, à Paris, quai de Billy, 18.	Calorifère, appareil à distiller dans le vide, petits appareils pour la fermentation de la de la bière. Ⓑ 1834; Ⓐ 1839.
3397	*Chauviteau* et comp^e, à Paris, r. du Havre, 5.	Feuilles de zinc laminé, enseignes en zinc.
3398	*Vegni* et comp^e, à Paris, r. Grange-aux-Belles, 7 ter.	Câbles en fils de fer.
3399	*Chaventré*, à Paris, r. Saint-Denis, 254.	Couverts en métal, clyso, seringues, lampes mécaniques, etc.
3400	*Chavineau*, à Paris, r. Chapon, 12.	Pendule à échappement avec une ancre de Graham, boîte de pendule, articles divers en pierres fines.
3401	*Chebeaux*, à Paris, r. Saint-Fiacre, 1.	Dessins pour tapis, châles, robes et étoffes.

No d'ord.	NOMS ET DEMEURES DES EXPOSANTS.	NATURE DES OBJETS EXPOSÉS.
3402	*Chedeaux* et comp^e, à Paris, r. Notre-Dame-des-Victoires, 36.	Batistes blanches et imprimées.
3403	*Chemelat*, à Paris, r. de la Vieille-Bou-clerie, 5.	Rasoirs. M. H. 1839.
3404	*Cheret* jeune, à Paris, r. de la Fidélité, 4.	Ardoises de zinc, pompe, robinets fixés sur des conduites de plomb sans soudures.
3405	*Cherrier*, à Paris, r. Christine, 3.	Vignettes gravées sur bois et sur métaux. ⑬ 1839.
3406	*Chesneaux*, à Paris, r. Navarin, 13.	Chemins de fer, wagons et trains de wagons.
3407	*Chevalier*, à Paris, r. Saint-Antoine, 232.	Calorifères portatifs, poêles, chauffe-assiettes, baignoires, pédiluve, etc., cuisinières économiques, fourneaux de cuisine, appareils à légumes, tabouret à eau bouillante, etc. C. F. 1839.
3408	*Chevalier*, à Paris, quai de l'Horloge, 77 ter.	Baromètr., manomètre et daguerréotype. ⊙ 1834 ; R. ⊙ 1839.
3409	*Chevalier Curt*, à Paris, r. des Ursulines, 10.	Fourneaux calorifères. ⑬ 1839.
3410	*Chevalier Curt*. Paris, r. Saint-Jacques, 264 bis.	Fourneau et ses accessoires. ⑬ 1839.
3411	*Chevallier*. Paris, r. Neuve-Ménilmontant, 9.	Outils. C. F. 1834. 1839.
3412	*Chibon* fils. Paris, r. de Charonne, 51.	Couverture de bâtiment, plomberie, zinc.
3413	*Chinard* fils et comp^e. Paris, r. de Cléry, 9.	Châles indoux, soie trame et broché pure laine. C. F. 1839.
3414	*Chiquet*. Paris, r. de la Croix, 15.	Objets de tabletterie.
3415	*Chomeau*. Paris, rue Quincampoix, 63.	Chocolats.
3416	*Chomeau* et *Champion*. Paris, avenue de Lamotte-Picquet, 1.	Essieux.
3417	*Christofle* et comp^e. Paris, r. de Bondy, 52.	Parures, bracelets, épingles, bagues, divers objets dorés et argentés. ⊙ 1839.
3418	*Chriten*, à Belleville, r. des Couronnes, 33.	Blocs de verre de couleur et d'émail, creusets émaillés ou non émaillés, fourneaux.
3419	*Ciechanski*. Paris, r. des Bernardins, 34.	Goniomètre, sphéromètres, niveaux à bascule, niveaux simples.

N° d'ord.	NOMS ET DEMEURES DES EXPOSANTS.	NATURE DES OBJETS EXPOSÉS.
3420	*Ciuli*. Paris, r. des Beaux-Arts, 3 bis.	Mosaïque représentant une chienne, composée avec des cailloux de la Seine.
3421	*Claudé*. Paris, r. Beaubourg, 53.	Peigne en corne et en buffle imitant l'écaille.
3422	*Claudet*, à Choisy-le-Roy (Seine).	Épreuves de daguerréotype.
3423	*Claudin*. Paris, r. Joquelet, 1.	Fusils et pistolets. Ⓑ 1839.
3424	*Clauss*. Paris, r. Pierre-Levée, 8.	Porcelaine. M. H. 1839.
3425	*Virebent* (Auguste), *Doat* et compᵉ, à Toulouse (Haute-Garonne).	Marbres.
3426	*Clément* père et fils, à Belleville, r. des Bois, 12.	Carillons à musique.
3427	*Clerc*. Paris, r. du Buisson-Saint-Louis, 16.	Barattes rotatives, coupe-légumes, etc., presse purée, etc., hache paille. Ⓑ 1827 ; C. F. 1834.
3428	*Bruyer*. Paris, r. Saint-Martin, 259.	Papiers filets pour l'éducation des vers à soie. C. F. 1834 et 1839.
3429	*Bry*. Paris, r. du Bac, 134.	Lithographie, paysages, portraits et figures au lavis et à l'estompe.
3430	*Quévrain*. Paris, r. Saint-Martin, 134.	Cuirs vernis.
3431	*Fénoux*. Paris, r. de Grenelle-Saint-Honoré, 51.	Portefeuilles ; pupitres, trousses de voyage, nécessaires, albums, buvards, etc. M. H. 1827 ; Ⓑ 1834, à Huzard. R. Ⓑ 1839 au même.
3432	*Bouyot*. Paris, faubourg Saint-Martin, 167.	Moulin à pulvériser les grains.
3433	*Wolf*. Paris, r. de Berry, 5.	Articles de bureau, statuettes ; divers objets en tabletterie.
3434	*Buxmann*. Paris, r. Neuve-de-Nazareth, 36.	Enseignes.
3435	*Dublaing et Sombret*. Paris, r. du Sentier, 18.	Dentelles brodées, tulles brodés, imitation de dentelles. Ⓐ 1827, à Dublaing, Estabel père et compᵉ. R. Ⓐ 1834, à Dablaing, Estabel et Thomassin.
3436	*Dachés et Duverger*. Paris, r. Neuve-Saint-Eustache, 7.	Châles.
3437	*Dafrique*. Paris, r. Saint-Martin, 103.	Objets de bijouterie. Ⓑ 1839.

N° d'ord.	NOMS ET DEMEURES DES EXPOSANTS.	NATURE DES OBJETS EXPOSÉS.
3438	*Dalican*, à Paris, r. Censier, 13.	Maroquins, peaux de moutons et de veaux. Ⓐ 1806 ; Ⓞ 1819 ; R. Ⓞ 1823 ; 1834 et 1839, à Mattler.
3439	*Daliot*, à Paris, r. du Pourtour-Saint-Gervais, 4.	Statues en carton-pierre.
3440	*Damême*, Paris, r. des Saints-Pères, 34.	Vernis.
3441	*Dameron*, à Paris, r. du Dragon, 25 et 31.	Voitures, coupés de ville, berline de ville.
3442	*Daran*, à Paris, r. Git-le-Cœur, 4.	Forceps, brise-pierre, couteau à amputation, scarificateur, lancettier.
3443	*Darbo*, à Paris, passage Choiseul, 86.	Bouts de sein, biberons, pompes à sein, etc. M. H. 1834 et 1839.
3444	*Darche* (Mᵐᵉ Vᵉ), à Paris, boulevard du Temple, 25.	Brûloir mécanique, poêles divers et fourneaux. C. F. 1839.
3445	*Dard*, fils aîné, à Paris, chez M. Armingaud, r. du Pont-Louis-Philippe, 13.	Machine à rhabiller les meules de moulin, machine à distribuer le blé.
3446	*Darsy* fils. Paris, r. du Fer-à-Moulin, 14.	Veaux couleur bois avec odeur de Russie pour reliure, portefeuilles, etc., veau ciré pour chaussure.
3447	*Descat* (Théodore), à Lille (Nord).	Impressions et apprêts.
3448	*Dausse*, Paris, r. de Lancry, 10.	Cafetières variées.
3449	*Davril*, à Paris, r. Cimetière-Saint-Nicolas, 12 et 14.	Claies coconnières et échelles ascensionnelles montées aux claies.
3450	*Deaddé*, à Paris, r. Montmartre, 9.	Vaches, veaux pour sellerie, moutons, veaux noirs pour chaussures, peaux de chèvres, etc.
3451	*Debergue*, à Paris, r. Neuve-Saint-Nicolas, 32.	Métier à tisser les toiles de lin. Ⓐ 1834 ; R. Ⓐ 1839.
3452	*Debeyne*, à Paris, r. Saint-Sauveur, 33.	Revers de bottes. Ⓑ 1839.
3453	*Debieux* frères, à Saint-Denis, r. du Port, 15.	Étoffes imprimées.
3454	*Delmas et compᵉ* à Paris, r. des Fossés-Montmartre, 19.	Châles longs et carrés, écharpes. Ⓐ 1839.
3455	*Delray*, à Paris, r. du Faubourg-Saint-Denis, 93.	Bitumes de Bastennes. M. H. 1839.

N° d'ord.	NOMS ET DEMEURES DES EXPOSANTS.	NATURE DES OBJETS EXPOSÉS.
3456	*Dechany*, à Paris, r. Pierre-Levée, 15.	Fermetures de portes et fenêtres, crémones.
3457	*Decou*, à Paris, r. du Cimetière-Saint-Nicolas, 8.	Cannes-parapluies mécaniques.
3458	*Defis*, à Paris, r. de la Croix-Saint-Martin, 6 bis.	Meules (nouveau système).
3459	*Déjardin*, à Paris, r. du Perche, 14.	Tableaux à horloge.
3460	*Delacour*, à Paris, r. Vieille-du-Temple, 51.	Étoffes de soie végétale et crin pour meubles. ⑬ 1834.
3461	*Delacour*, à Paris, r. aux Fers, 20.	Épées, sabres, uniforme d'officier supérieur, couteau de chasse et glaive.
3462	*Delacretaz*, *Fourcade* et compᵉ, à Vaugirard, banlieue de Paris.	Produits de chrome et produits du suif saponifié. ⑬ 1834, sous la raison Bonnaire et Delacretaz; Ⓐ 1839, sous la raison Delacretaz.
3463	*Delacroix*, à Paris, passage Choiseul, 35.	Coutellerie de table en argent, nacre, etc., rasoirs, ciseaux, couteaux et couteaux de chasse, etc., etc. C. F. 1834; M. H. 1839, sous la raison Foubert.
3464	*Delafont*, à Paris, r. Notre-Dame-de-Nazareth, 6.	Liquide-gaz ou huile essentielle, lampes pour la combustion dudit liquide.
3465	*Delaforge*, à Paris, r. de Pontoise, 14.	Forges et soufflets de forges. ⑬ 1834.
3466	*Delage-Montignac*, à Paris, r. Saint-Honoré, 414.	Articles de pêche, filets, cannes à pêche, etc. M. H. 1839.
3467	*Delagrange*, à Paris, r. Saint-Martin, 210.	Serrures, verrous, cadenas, espagnolettes, etc.
3468	*Delahaye* et compᵉ, à Paris, r. de Reuilly, 3.	Or en feuilles, bronze en poudre.
3469	*Delahaye*, à Paris, r. Chapon, 20.	Débitants à rouleaux d'acier fondu, unis et gravés.
3470	*Delaire*, à Paris, r. Férou, 28.	Fusils.
3471	*Majesté*, à Paris, Palais-Royal, Galerie Montpensier, 1 et 2.	Perruques.
3472	*De la Morinière*, *Gonin* et *Michelot*, Paris, quai de Béthune, 2.	Impressions sur tissus de laine, soie et coton, robes, châles et écharpes.
3473	*Delannoy* (Mᵐᵉ Vᵉ), Paris, r. Neuve-des-Petits-Champs, 69.	Jupes en tissus à côtes.

N° d'ord.	NOMS ET DEMEURES DES EXPOSANTS.	NATURE DES OBJETS EXPOSÉS.
3474	*Pardoux-Dupont*, à Veyre (Puy-de-Dôme).	Régulateur de moulins à vent.
3475	*Delaroque*. Paris, quai Malaquais, 15.	Oiseaux sur des arbustes, animaux empaillés.
3476	*Delarue*. Paris, r. Notre-Dame-des-Victoires, 16.	Impressions lithographiques, lithochromie, impression en couleur, impression infalsifiable, fac-simile de toutes les cartes connues, écrans et abat-jour. Ⓑ 1834; R. Ⓑ 1839.
3477	*Delataille*. Paris, r. Montmorency, 40.	Baignoires et appareils pour chauffer les bains.
3478	*Delatour*. Paris, r. Bayard, 5.	Patins-nageoires.
3479	*Delepine*. Paris, r. Coquillière, 27.	Chronomètre, compteur astronomique (nouveau système).
3480	*Rouget-Delisle*. Paris, passage des Petites-Écuries, 15 et 20.	Couleurs, impressions, dessins et tapisseries.
3481	*Delnef*. Paris, r. de la Poterie-des-Arcis, 22.	Jus de réglisse parfumé.
3482	*Delondre* (Auguste). Paris, r. Vieille-du-Temple, 19.	Produits chimiques, cyanure jaune et rouge de potassium et de fer. Ⓑ 1834, à Delondre; R. Ⓑ 1839, sous la raison Pelletier, Delondre et Levaillant.
3483	*Delvigne*. Paris, r. de Chartres-du-Roule, 21.	Carabines, mousquetons, pistolets. Ⓐ 1839.
3484	*Demarson* et compᵉ. Paris, r. Saint-Martin, 15.	Savons de toilette et de ménage. Ⓑ 1839.
3485	*Demoiseau*. Paris, quai de Béthune, 4.	Toile écrue teinte en noir, toile à seaux et à tuyaux.
3486	*Demont*, au Petit-Monrouge, route d'Orléans, 113.	Terre cuite imitant la pierre et fontaine fabriquée avec cette matière.
3487	*Demy-Doineau* et compᵉ. Paris, r. Vivienne, 16.	Tapisseries pour fauteuils, chaises et tapis de table. M.H. 1839.
3488	*Denison*, à Grenelle, quai de Javel.	Feuilles de colle forte.
3489	*Dennebecq*. Paris, r. Saint-Nicolas-d'Antin, 66.	Restauration de vieux tapis.
3490	*Denoyelle* frères. Paris, r. du Sentier 2.	Batiste, foulards de fil imprimés.
3491	*Déon*. Paris, r. de la Paix, 4 bis.	Conques acoustiques.
3492	*Depoully* et compᵉ, à Puteaux, (ancien château).	Impressions sur mousselines de laine, cachemires, etc. Rap-

N° d'ord.	NOMS ET DEMEURES DES EXPOSANTS.	NATURE DES OBJETS EXPOSÉS.
		pel en 1839, pour impressions sur étoffes de laine et de soie, de la médaille d'or qu'il avait obtenue en 1819 et 1823 pour étoffes de soie, à Lyon.
3493	*Dépoully-Gonin*. Paris, faubourg Poissonnière, 5.	Draps feutrés pour vêtements, tapis, tentures et portières.
3494	*Deraye*. Paris, r. Corbeau, 12 ter.	Machine à vernir les boutons.
3495	*Dericquehem*. Paris, faubourg Saint-Honoré, 118.	Cirages et vernis. M. H. 1839.
3496	*Déroland*. Paris, r. de Charonne, 25.	Limes et outils pour la fabrication des limes. C. F. 1839.
3497	*De Roy*. Paris, r. Saint-Thomas-du-Louvre, 42.	Dessins de broderies.
3498	*Derussy*. Paris, r. des Prouvaires, 3.	Instruments pour le daguerréotype, portraits au daguerréotype.
3499	*Desbassayns*, (comte de Richemont). Paris, faubourg Saint-Honoré, 90.	Chalumeaux aérhydriques, chalumeaux à vapeur, fers à souder., soudure autogène du plomb. ○ 1839.
3500	*Deschamps*. Paris, r. du Hazard, 8.	Fermoirs de gants, gants. Ⓑ 1834. R. 1839.
3501	*Deshayes*, Paris, r. du Foin-St.-Jacques, 8.	Modèles de gravure.
3502	*Desnyau*. Paris, r. J.-J.-Rousseau, 5.	Fusils. Ⓑ 1839.
3503	*Desormes*. Paris, r. du Roi-de-Sicile, 43.	Ruches en paille et en bois, modèle de laboratoire pour la manipulation de la cire et du miel. M. H. 1839.
3504	*Despierres et comp*. Paris, r. Sainte-Apolline, 2.	Parapluies.
3505	*Desprès*. Paris, faubourg St-Martin, 174.	Suifs, chandelles, bougies et cierges.
3506	*Devisme*. Paris, boulevard des Italiens, 26.	Fusils et pistolets ; fusil à six coups, tonnerres tournants ; pistolet à six coups tournant, carabine de précision. M. H. 1839.
3507	*Dewaret*. Paris, r. Saint-Ambroise-Popincourt, 3 *bis*.	Tissus blanchis.
508	*Dewaret*. Paris, r. Saint-Ambroise-Popincourt, 3 *bis*.	Machine pour blanchir les étoffes avec accessoires, machine à dérouler et battre les tissus.

N° d'ord.	NOMS ET DEMEURES DES EXPOSANTS.	NATURE DES OBJETS EXPOSÉS.
3509	*Dezobry*. Paris, r. du Faubourg-Poissonnière, 4.	Fruits et légumes conservés. M. H. 1839.
3510	*D'Hennin*. Paris, r. des Fossés-Saint-Germain-l'Auxerrois, 14.	Selles, harnais, brides de nouveaux modèles.
3511	*Didier*. Paris, place du Palais-Royal, 225.	Dents minérales.
3512	*Dier*. Paris. r. Saint-Honoré, 347.	Habits remis à neuf.
3513	*Dietz* jeune. Paris, r. Pascal, 17 *bis*.	Peaux forte et moyenne, basane.
3514	*Dieu* aîné. Paris, faub. St-Antoine, 52.	Cadres en bois.
3515	*Dieudonné*. Paris, r. de Bondy, 2.	Sièges mobiles inodores.
3516	*Dobignard*. Paris, r. de la Cité, 15.	Bouches de fours de boulangers et pâtissiers.
3517	*Doderet* (Vᵉ). Paris, r. Beaurepaire, 24.	Ecrans à main et de cheminée, sachets, ornements d'église. M. H. 1834.
3518	*Doë* frères et compᵉ, à Charenton-St-Maurice (Seine).	Barres et bottes de fer laminé. Ⓑ 1839.
3519	*Donninger*. Paris, r. Montorgueil, 64.	Pipes et objets de physique amusante.
3520	*Dordet*. Paris, r. des Fossés-Montmartre, 9.	Couteaux de table, couverts salade, etc. C. F. 1834, M. H. 1839.
3521	*Doré*. Paris, r. Saint-Honoré, 144.	Coffre-forts. C. F. 1839.
3522	*Doré*. Paris, r. Contrescarpe-St-Marcel, 21 et 23.	Fourneaux à reverbère perfectionnés.
3523	*Doremus et Enfer*. Paris, r. de Malte, 32.	Appareils de ventilation, soufflets, forges, soufflet hydraulique, soufflet pour faire le vide, instruments pour la chimie, la physique et la mécanique. M. H. à M. Enfer seul, 1839.
3524	*Dormoy*. Paris, r. Saint-Denis, 46.	Couvertures en laine et en coton.
3525	*Dorval*. Paris, r. Neuve-Montmorency, 1.	Coffres de sûreté.
3526	*Belhomme et Ducos*. Toulouse, (Haute-Garonne).	Marbres pour la statuaire.
3527	*Dournay* et compᵉ. Paris, r. Neuve-St-Jean, 4 *bis*, faubourg St-Martin.	Sable asphaltique, bitume, calcaire asphaltique, plaque id., papier bitumé. Ⓑ 1823. R. Ⓑ 1827, 1834 et 1839.
3528	*Doyen*. Paris, r. Saint-Guillaume, 5.	Serrures de sûreté, verrous.
3529	*Drains*, Paris, r. des Fossés-Saint-Germain-l'Auxerrois, 26.	Pinceaux pour la miniature, l'aquarelle, l'architecture, la li-

N° d'ord.	NOMS ET DEMEURES DES EXPOSANTS.	NATURE DES OBJETS EXPOSÉS.
		thographie, la peinture sur porcelaine, brosses pour la peinture à l'huile. M. H. 1824. Ⓑ 1839.
3530	*Draps et Goudenove.* Paris, r. Vivienne, 31.	Broderies et lingeries, nouveautés. M. H. 1839, à M. Draps.
3531	*Dreuille.* Paris, r. Grange-Batelière, 17.	Mouchoirs, cols et manchettes brodés. Ⓑ 1839.
3532	*Droux* et compᵉ, à Batignolles-Monceaux.	Bougie stéarique.
3533	*Droux* et compᵉ, à Batignolles-Monceaux.	Savons.
3534	*Dubochet.* Paris, r. de Seine, 33.	Librairie. Ⓐ 1839.
3535	*Dubois.* Paris, r. des Lombards, 35.	Bougie stéarine, bougie de cire, ᴄ.
3536	*Dubos* père. Paris, impasse des Feuillantines, 10.	Battant mécanique à boîtes à rotation, pour la fabrication des châles.
3537	*Ducel* fils. Paris, r. des Quatre-Fils, 22.	Vasques, croix, fonts baptismaux, flambeaux d'église, bas-reliefs, pilastres, vases, châssis, bancs de jardin, etc., en fonte moulée.
3538	*Duché* aîné et compᵉ. Paris, r. des Petits-Pères, 3.	Châles longs et carrés. R. Ⓐ 1839, sous la raison Chambellan et Duché.
3539	*Duchêne* aîné. Paris, r. Geoffroy-l'Angevin, 7.	Chapeaux.
3540	*Du Colombier.* Paris, r. de la Pépinière, 77.	Horloge et moufle.
3541	*Ducommun.* Paris, boulevard Poissonnière, 14.	Filtres, fontaines filtrées au charbon, vases, etc. M. H. 1834 et 1839.
3542	*Ducoudré.* Paris, r. Saint-Maur, 5 *bis.*	Prussiatte de potasse, bleu, engrais. M. H. 1834. Ⓑ 1839.
3543	*Ducray,* à Ivry (Seine).	Poudres à clarifier les vins.
3544	*Courtier.* Paris, r. de la Lune, 4 et 6 bis.	Instrument de musique dit Mélo-Courtier. C. F. 1839.
3545	*Dufossé et Revil.* Paris, r. Saint-Dominique-St-Germain, 13.	Oiseaux, animaux empaillés, imitations de la nature.
3546	*Dufour et Demolle.* Paris, r. Neuve-St-Augustin, 32.	Plomb coulé en table et en fils.
3547	*Duhamel* frères. Paris, r. des Deux-Boules, 11.	Nappes et serviettes ouvrées, linge de table damassé.

N° d'ord.	NOMS ET DEMEURES DES EXPOSANTS.	NATURE DES OBJETS EXPOSÉS.
3548	*Dujarrier*. Paris, faubourg St-Martin, 11.	Tableau d'enseigne en zinc, écussons en zinc et en cuivre, divers modèles de gravures.
3549	*Dumay*. Paris, r. Jean-Robert, 22.	Outils de différentes formes pour selliers.
3550	*Du Mény*. Paris, boulevard Poissonnière, 23.	Asphalte pour dallage, couverture de terrasse, etc. Ⓑ 1834, au comte de Sassenay. Ⓑ 1839, à Coigniet et compᵉ.
3551	*Dumont, Oriol et Rivolier*. Paris, r. de l'Orillon, 48.	Echarpes cachemire, tissus pour les bandes, gazes.
3552	*Dumont* et compᵉ. Paris, r. des Trois-Bornes, 26.	Lettres métalliques estampées.
3553	*Dumonthier et Chartron*, à Houdan, près Mantes.	Couteaux de chasse. C. F. 1839.
3554	*Gachin*. Paris, place Maubert, 6.	Cache-folies, perruques.
3555	*Dunet*. Paris, r. Thiroux, 4.	Vache de voiture et étuis à chapeaux couverts en cuir verni.
3556	*Dupont*. Paris, r. Neuve-Saint-Augustin, 3.	Lits en fer et fonte, lits pliants, meubles d'appartement et de jardin.
3557	*Dupont*. Paris, r. de Grenelle-Saint-Honoré, 55.	Pierres lithographiques Ⓐ 1839, sous la raison Auguste et Paul Dupont.
3558	*Duport*. Paris, r. des Francs-Bourgeois-Saint-Marcel, 14.	Peaux de vaches refendues, drap-feutre refendu, etc.
3559	*Dupré* (veuve). Paris, r. Montmorency, 1.	Éventails.
3560	*Dupré*, à la Roche-d'Arcueil (Seine).	Capsules en étain pour boucher les bouteilles, machine à fabriquer les capsules; machine pour découper les disques. M. H. 1834; Ⓐ 1839.
3561	*Dupuis* (Mᵐᵉ). Paris, r. du Faubourg-Poissonnière, 70.	Aiguilles.
3562	*Dupuis* (Mᵐᵉ). Paris, faubourg Poissonnière, 70.	Paraplongeons, appareils de sauvetage.
3563	*Duquesne* frères. Paris, r. des Marais-Saint-Martin, 35.	Objets en miroiterie d'ornement.
3564	*Durand*. Paris, r. Neuve-Popincourt, 17.	Poulies métalliques d'assemblage et de marine.

N° d'ord.	NOMS ET DEMEURES DES EXPOSANTS.	NATURE DES OBJETS EXPOSÉS.
3565	*Durand* (Guillaume). Paris, r. Marie-Stuart, 8.	Cuirs tannés à la jusée, buffles pour l'équipement militaire, veau tanné et corroyé, cuirs forts pour machines. Ⓐ 1834 et 1839.
3566	*Durand.* Paris, r. d'Angoulême-du-Temple, 28.	Papiers et étoffes gauffrées pour meubles et tentures. M. H. 1839.
3567	*Durand.* Paris, r. Mauconseil, 12.	Chocolats.
3568	*Durand Chancerel.* Paris, r, de l'Oursine, 9.	Cuirs forts tannés à la jusée, veau tannés et corroyés, paires de tiges blanches et noires. Ⓞ 1839.
3569	*Durant.* Paris, r. Neuve-Richelieu, 1.	Vernis siccatif pour la mise en couleur.
3570	*Durel.* Paris, pelouse de l'Étoile, 39, et r. des Vieux-Augustins, 6.	Cirages et vernis.
3571	*Durenne.* Paris, r. Saint-Nicolas-Saint-Antoine, 5.	Bronzes pour meubles, tapisserie et bâtiments.
3572	*Durenne.* Paris, r. des Amandiers-Popincourt, 9 et 11.	Caisse tender, chaudière de locomotive, coque de bateau. Ⓐ 1339.
3573	*Durier.* Paris, avenue Lamotte-Piquet, 23.	Bougies. Ⓑ 1839.
3574	*Durozier.* Paris, r. des Francs-Bourgeois-Saint-Michel, 18.	Diverses essences, vernis et produits chimiques.
3575	*Dussault.* Paris, passage Choiseul, 17.	Pendules à réveil, compas d'engrenage.
3576	*Dussauce.* Paris, r. des Petits-Augustins, 28.	Peinture à la cire.
3577	*Dutron fils.* Paris, r. Saint-Denis-345.	Rubans de soie. Ⓑ 1834; R. 1839.
3578	*Duval.* Paris, boulevard Beaumarchais, 57.	Produits chimiques, tannin, pourpre de Cassius, cantharidine, etc.
3579	*Duval.* Paris, r. Corbeau, 14.	Machines à vapeur, dont une deux colonnes, (nouvelle disposition), modèle au quart de cette dernière machine, modèle au 5° du métier mécanique à tisser le calicot.
3580	*Duvelleroy.* Paris, r. Hauteville, 49.	Éventails, filoir, coquelier.
3581	*Duvigneau.* Paris, r. Richelieu, 66.	Saponine.
3582	*Eck.* Paris, r. du Chantre-Saint-Honoré, 24.	Étoffes pour chaises, fabriqué par un nouveau système.

N° d'ord.	NOMS ET DEMEURES DES EXPOSANTS.	NATURE DES OBJETS EXPOSÉS.
		1823 , sous la raison Isot et Eck.
3583	*Eggly-Roux* et comp^e. Paris, r. de Cléry, 17.	Tissus divers. Ⓐ 1827; Ⓞ 1834; Ⓞ 1839.
3584	*Elie*, à Saint-Denis, (Seine).	Planches pour imprimer à la main les foulards.
3585	*François* jeune. Paris, r. des Poissonniers, 24.	Phare lenticulaire dioptrique de 1er ordre , feux fixes, feu de port, lentilles. Ⓐ 1834.
3586	*Emery*. Paris, fauboug Saint-Denis, 123.	Appareil tubulaire à évaporation continue pour la fabrication du sucre.
3587	*Enard*. Paris, r. Saint-Denis, 206.	Chenilles de soie.
3588	*Bezault*. Paris, r. des Vinaigriers, 18.	Manomètre.
3589	*Engelmann* et *Graf*. Paris, cité Bergère, 1.	Impressions lithographiques en couleurs. Ⓐ 1839.
3590	*Videcoq* et *Simon*, à Alençon (Orne).	Dentelles d'Alençon.
3591	*Etard*. Paris, r. du Petit-Reposoir, 6.	Divers articles de voyage. C. F. 1839.
3592	*Etard*. Paris, r. du Petit-Reposoir, 6.	Pièges pour les animaux nuisibles.
3593	*Evans*. Paris, quai Voltaire, 5.	Mammifères , oiseaux, poissons, reptiles et insectes empaillés.
3594	*Expert*. Paris, r. Saint-Martin, 86.	Plumeaux.
3595	*Fadié*. Paris, r. du Faubourg-Poissonnière, 128.	Modèles de serrurerie.
3596	*Fanon*. Paris, r. Montmartre, 170 et 172.	Malles, sacs de nuit, étuis à chapeau, etc. C. F. 1834 et 1839.
3597	*Farge*. Paris, passage des Panoramas.	Cannes-parapluies, fouets et cravaches.
3598	*Fasola*. Paris, r. Villedot, 5.	Couvre-pieds. M. H. 1839.
3599	*Fatoux*. Paris, r. du Cadran, 25.	Pendules.
3600	*Fancillon*. Paris, r. de Cléry, 21.	Châles.
3601	*Faur*. Paris, r. du Bac, 12.	Glaces gothiques, cheminée en glaces.
3602	*Fauler* frères. Paris, r. Mauconseil, 16.	Peaux de chèvres, veaux et moutons, apprêtées de diverses manières. Ⓞ an IX, an X, 1806, 1819, 1823, 1827 et 1834 ; nouvelle Ⓞ 1839.
3603	*Faure*. Paris, r. Coquenard, 5.	Mannequins, armatures, pièces détachées. M. H. 1839.

N° d'ord.	NOMS ET DEMEURES DES EXPOSANTS.	NATURE DES OBJETS EXPOSÉS.
3604	*Fauveau-Lorin*. Paris, r. Sainte-Marguerite-Saint-Germain, 5.	Vases en étain pour églises, bassins arsénévédriques, diverses pièces en étain, mesures.
3605	*Favre* et *Béchet*, Paris, r. des Petits-Hôtels, 23.	Coupons d'étoffes pour gilets.
3606	*Favrel*. Paris, r. du Caire, 27.	Échantillons d'or, de platine et d'argent, en feuilles, en poudre et en coquilles; machine à battre. (A) 1834; (A) 1839.
3607	*Fédu-Bechard*, à Passy, quai de Passy, 26.	Couleurs sur laine fine et cachemire, pièces de tissus de laine. M. H. 1834; (B) 1839.
3608	*Feldtrappe* frères. Paris, r. du Faubourg-Saint-Denis, 152.	Cylindres gravés à la mollette pour l'impression des étoffes, cadre avec échantillons. (A) 1834 et 1839.
3609	*Fenestre*. Paris, r. des Vieux-Augustins, 58.	Vernis et cirages pour chaussures et harnais.
3610	*Feragus*. Paris, r. de Bréda, 27.	Modèle de comble en fer, crémones françaises. M. H. 1834.
3611	*Ferrand*. Paris, r. Saint-Antoine, 124.	Fours de diverses formes.
3612	*Ferry*. Paris, r. de Beaune, 31.	Tableaux diaphanes en relief, garde-vue, veilleuses, lampes, porte montée sur chambranle avec vitrail.
3613	*Fessard*. Paris, r. des Cinq-Diamants, 2.	Modèles en ciré, pièces d'anatomie, arbre à fruits avec oiseaux.
3614	*Fessart*. Paris, boulevard Beaumarchais, 63.	Appareils de chauffage.
3615	*Feuillâtre*. Paris, r. Croix-des-Petits-Champs, 39.	Garderobes, toilette. (B) 1839.
3616	*Fèvre*. Paris, r. Saint-Honoré, 398.	Bi-carbonate de soude, muriate de chaux, poudre de Seltz.
3617	*Feyeux*. Paris, r. Taranne, 10.	Farine de marrons d'Inde, semoule, farine et vermicelle de châtaignes.
3618	*Fichet*. Paris, au coin des rues Louvois et Richelieu.	Coffres-forts, serrures et grilles de sûreté, divers échappements, nouvelle voiture. (B) 1834; R. (B) 1839.
3619	*Fichtenberg*. Paris, r. de la Vieille-Monnaie, 17.	Papiers gauffrés et imprimés en couleur. M. H. 1827, 1834 et 1839.

N° d'ord.	NOMS ET DEMEURES DES EXPOSANTS.	NATURE DES OBJETS EXPOSÉS.
3620	*Fitton* (Mme). Paris, r. de la Ville-l'Évêque, 10.	Vases et modèles en cire.
3621	*Flamet.* Paris, r. des Arcis, 25.	Bretelles, jarretières et bas élastiques. (B) 1834; (B) 1839.
3622	*Fléchel.* Paris, r. de Cléry, 2.	Chapeaux imperméables.
3623	*Fleschelle.* Paris, r. Richelieu, 95.	Chapeaux de paille.
3624	*Fleuret.* Paris, r. Pagevin, 8.	Nécessaire-embauchoir, embauchoirs simples.
3625	*Fleuret* (V^e) et fils. Paris, passage Saulnier, 4.	Modèle du comble en fer de la salle des fêtes à l'hôtel-de-ville de Paris, modèles de lits en fer, modèles de serrurerie. M. H. 1834, à Fleuret, et M. H. 1839, à veuve Fleuret et fils.
3626	*Fly*, Paris, r. Sainte-Anne, 27.	Conserves alimentaires.
3627	*Follet.* Paris, r. des Charbonniers-Saint Marcel, 16 et 18.	Lustres, vases et objets de diverses formes en terre cuite.
3628	*Folmer.* Paris, r. aux Fers, 20.	Tricot, bonneterie à jour brodée, coton, fil, soie.
3629	*Fonrouge.* Paris, impasse du Maine, 5.	Tuyaux de différents systèmes et autres objets en terre cuite pour le bâtiment. M. H. 1839.
3630	*Formentin* (Mlle). Paris, r. des Saints-Pères, 10.	Lavis et estompes, et crayons sur pierres.
3631	*Fortier.* Paris, r. Neuve-Saint-Eustache, 36.	Châles, écharpes et tapis. (O) 1839.
3632	*Fouché-Lepelletier*, à Javel, près de Paris.	Acides sulfurique, chlorhydrique, nitrique, sulfate de soude, soude, savons, engrais.
3633	*Fouché, Lepelletier* et *Laming*, à Javel, près Paris.	Sulfate d'ammoniaque, chlorhydrate d'ammoniaque, sel ammoniac sublimé, ammoniaque liquide brute.
3634	*Fouquet* aîné. Paris, r. des Fossés-Montmartre, 10.	Châles longs et carrés, indoux et cachemires, écharpes. (A) 1839.
3635	*Fourdinois* et *Fossey*. Paris, r. Amelot, 38.	Meubles divers sculptés.
3636	*Fourneret.* Paris, r. Bourbon-Villeneuve, 49.	Billards.
3637	*Fournier.* Paris, r. Saint-Jacques, 27.	Papiers-marbres et papiers chinés pour la dorure.

N° d'ord.	NOMS ET DEMEURES DES EXPOSANTS.	NATURE DES OBJETS EXPOSÉS.
3638	*France*. Paris, r. Beautreillis, 9.	Stores avec arabesques, fleurs, oiseaux, etc.
3639	*Frantz et André*. Paris, r. Censier, 6.	Chaire à prêcher, prie-dieu, objets divers sculptés sur bo[is]
3640	*Frappa* et *Boissard*. Paris, r. Bourbon-Villeneuve, 34.	Chapeaux de paille.
3641	*Fremendity*, *Gabalde-Baruton* et comp^e. Paris, r. de Choiseul, 3.	Préparation des filaments du [ba]nanier. M. H. 1839, à [M]May, prédécesseur.
3642	*Fressard*. Paris, r. Neuve-Saint-Eustache, 32.	Châles.
3643	*Frétille*. Paris, r. de Cléry, 6.	Châles cachemires et indopr[e].
3644	*Frick*. Paris, r. de la Paix, 9.	Teinture de cachemires de l'In[de], de, châle français, morcea[ux] de tapisserie et de soie. M. [H.] 1839.
3645	*Friloux*. Paris, r. du Sentier, 17.	Étoffes et coutils rayés.
3646	*Froid*. Paris, r. du Faubourg-Saint-Martin, 50.	Limes pour métaux et cristau[x], limes pour chirurgiens-den[tistes. M. H. 1834 et 1839.
3647	*Fromont*. Paris, r. Marbœuf, 27. Champs-Élysées.	Cirages et vernis. M. H. 18[39]
3648	*Frossard* et comp^e. Paris, r. Neuve-Saint-Denis, 9 bis.	Fourneaux, calorifères.
3649	*Fugère*. Paris, r. Amélot, 52.	Modèles d'estampage, un sal[on] en cuivre estampé.
3650	*Fusz*. Paris, r. des Deux-Portes-Saint-André-des-Arts, 4.	Voitures. C. F. 1839.
3651	*Garnier* et comp^e. Paris, r. des Trois-Bornes, 17.	Étoffes pour robes, gilets, me[u]bles.
3652	*Garnot*. Paris, r. du Temple, 98.	Échantillons de tabletterie.
3653	*Gascoin*. Paris, r. Neuve-Chabrol, 25.	Moulures en tôles pour vitrau[x], vitraux, châssis. C. F. 1839.
3654	*Gasnier*. Paris, Place-des-Victoires, 5.	Papier de toute nature. ◎ à [la] société anonyme d'Echarc[on] en 1834, R. ◎ 1839.
3655	*Boulanger* (Ch.) et comp^e. Paris, r. Hauteville, 35.	Draps, mousselines, soie et v[e]lours, imperméables.
3656	*Sivel, Caron* et comp^e. Paris, r. Neuve-Saint-Eustache, 25.	Châles, machine à diviser l[es] châles doubles. M. H. 183[9] sous la raison Sivel et Herb[i]

N° d'ord.	NOMS ET DEMEURES DES EXPOSANTS.	NATURE DES OBJETS EXPOSÉS.
3657	*Sœhnée frères.* Paris, r. des Vinaigriers, 17.	Flacons de vernis pour les métaux et les tableaux, lithographies, couleurs. Ⓐ 1839.
3658	*Sohn.* Paris, r. de la Madeleine, 2.	Statuettes, bénitier, imitations et applications industrielles.
3659	*Soisson.* Paris, r. de Lille, 20.	Serrures à soupapes. M. H. 1839.
3660	*Solon.* Paris, r. de Paradis-Poissonnière, 4.	Sculptures d'église en ciment romain et carton pierre.
3661	*Gastine-Renette.* Paris, rond-point des Champs-Elysées, 1.	Fusils et pistolets. Ⓐ 1839.
3662	*Abt.* Paris, r. du Caire, 5.	Chapeaux de paille.
3663	*Durand* (Constant) *Morbert*, à Maison-Rouge (Seine-et-Marne).	Toisons de laine.
3664	*Agard.* Paris, r. de l'Arcade, 26.	Jardinières en fonte, arrosoirs, pompes de jardin.
3665	*Agnellet* frères. Paris, r. du Caire, 7.	Galeries en cuivre estampé, patères, palmettes, couronnes de lits.
3666	*D'Aiguebelle.* Paris, r. des Bourguignons, 12.	Gravures et textes typographiques. Ⓐ 1834.
3667	*Stahl.* Paris, r. de Paradis, 14 (au Marais).	Gazelle moulée en plâtre.
3668	*Stoltz.* Paris, r. du Faubourg Saint-Denis, 58.	Ciseaux de tailleur.
3669	*Alan-Migout* et *Ray.* Paris, avenue des Champs-Elysées, 109.	Chapeaux imperméables. C. R. 1834. M. H. 1839.
3670	*Albert Jourdan* et compᵉ. Paris, r. Neuve-Saint-Eustache, 3.	Châles, cachemires indous, longs et carrés. R. Ⓞ 1839.
3671	*Alessandri.* Paris, r. Folie-Méricourt, 21.	Feuilles d'ivoire, divers objets de tabletterie en ivoire.
3672	*Contzen* (Alexandre). Paris, r. des Trois-Bornes, 14.	Cheminées, statues. Ⓑ en 1839, à Dutel, son prédécesseur.
3673	*Cremer.* Paris, r. Lacasse, 7 (au Marais).	Meubles en mosaïque et objets de fantaisie.
3674	*Boulanger.* Paris, r. du Bac, 73.	Cirage ordinaire et cirage verni.
3675	*Cretenant*, à Batignolles, boulevard de Courcelles, 54.	Essieu, rouillère à vapeur pour forge. C. F. 1839, pour outils de forge. M. H. Id. pour outils divers.
3676	*Boulanger* fils. Paris, quai Jemmapes, 160.	Pentures en fer forgé.
3677	*Gareau.* Paris, r. de Grenelle-Saint-Germain, 52.	Conques acoustiques. M. H. 1839.

N° d'ord.	NOMS ET DEMEURES DES EXPOSANTS.	NATURE DES OBJETS EXPOSÉS.
3678	*Boulland* et fils. Paris, faubourg Saint-Denis, 123.	Limes. C. F. 1839.
3679	*Croco.* Paris, r. Charonne, 165.	Tissus en laine et cachemire pour gilets, et étoffes brochées pour ameublement. Ⓐ 1834. R. 1839.
3680	*Gâteau* (Laurent), à Bercy, r. Fleury, 26.	Noria, nouveau système pour les irrigations et dessèchements.
3681	*Gaudin.* Paris, r. Montmartre, 76.	Appareils de daguerréotype.
3682	*Bourbon-Leblanc*, à Belleville, boulevard du Combat, 33.	Cage de pendule, statuettes, chaînes, cuillers, médailles, etc. en cuivre, médailles, instruments tranchants et fondants en fonte de fer française.
3683	*Gaultier de Claubry et J. Delanoue.* Paris, à l'École polytechnique.	Minerai de cobalt de France, oxyde, sels de cobalt, bleu de Thénard, etc. Ⓐ 1827, pour la fabrication de l'acier.
3684	*Gaussant.* Paris, r. du Temple, 57.	Bijoux dorés, principalement des chaînes. C. F. 1839.
3685	*Gaussen* jeune et *Maubernard.* Paris, r. Vide-Gousset, 2.	Châles cachemires. Ⓞ 1834. R. 1839.
3686	*Gaussen* aîné et compᵉ. Paris, passage des Petits-Pères, 1.	Châles cachemires. Ⓞ 1834. R. Ⓞ 1839.
3687	*Gouthier.* Paris, r. du Faubourg-Montmartre, 4.	Cuirs vernis. M. B. 1839.
3688	*Gautier et Morel.* Paris, r. de la Roquette, 46 bis.	Garniture de cheminée, imitations de marbres riches.
3689	*Gautier.* Paris, r. François-Miron, 6.	Outils pour le charronnage, la charpente et diverses autres professions. C. F. 1834.
3690	*Gavvain.* Paris, boulevard Mont-Parnasse, 47.	Fusils et pistolets.
3691	*Cotelle.* Paris, r. du Four-Saint-Germain, 47.	Cadres, pendules, galeries pour croisées en plastique; bois et pâte métallique.
3692	*Cattaert* jeune. Paris, Faubourg-St-Denis, 25.	Bronzes et cristaux. M. H. 1839.
3693	*Gavard.* Paris, r. du Marché-St-Honoré, 4.	Gravures diverses. Ⓐ 1834 et 1839.
3694	*Cottan*, à Passy, avenue de St-Cloud, 15.	Savons.
3695	*Cottin.* Paris, r. aux Ours, 26.	Ronds de serviette, hochets, etc. en argent ou argent doré.

N° d'ord.	NOMS ET DEMEURES DES EXPOSANTS.	NATURE DES OBJETS EXPOSÉS.
3696	*Couder.* Paris, r. Bleue, 19.	Dessins industriels. Modèles de vases sacrés et de tapis-châles. Ⓐ 1834 et 1839.
3697	*Cougny et Bussière.* Paris, r. de la Roquette, 57.	Cirage.
3698	*Cocheteux* (Florentin). Paris, r. du Mail, 9.	Toiles, laines, barèges, satins alpaga, laine et alpaga, damas laine et coton, lampas, virginie soie et fil de chèvre. Ⓐ 1839.
3699	*Cocu.* Paris. r. du Faubourg-du-Temple, 56.	Dessins de tissus pour bretelles. M. H. 1839.
3700	*Simon et Giroux.* Paris, r. Montmorency, 37.	Lorgnettes-jumelles, cannes à lorgnons. C. F. 1839.
3701	*Mirouffe.* Paris, r. du Faubourg-Saint-Antoine, 91.	Découpures d'ébénisterie.
3702	*Guilbert* fils. Paris, r. Neuve-St-Martin, 28.	Peignes et tabletterie. Ⓑ 1834.
3703	*Bonnet.* Paris, r. Grénetat, 16.	Mesures linéaires sur rubans, cubateurs.
3704	*Gaveaux.* Paris, r. Traverse-Saint-Germain, 5.	Presses pour l'impression en relief, à l'usage des aveugles. Machine dite presse mécanique pour l'imprimerie, etc. Ⓐ 1834; R. Ⓐ 1839.
3705	*Richebourg.* Paris, quai de l'Horloge, 69.	Télescope réfracteur, microscopes achromatique, vertical et horizontal, camera lucida, baromètres, appareils optiques, lunettes, fantasmagorie, cercle répétiteur, équerres, graphomètres, boussoles, éclymètres, machine pneumatique, thermomètres.
3706	*Profilet.* Paris, r. des Tournelles, 47.	Découpures de marqueterie.
3707	*Colcomb - Bourgeois.* Paris, quai de l'École, 18.	Couleurs fines. M. H. 1823 à Colcomb; M. H. 1839 à Colcomb-Bourgeois.
3708	*Sorel.* Paris, r. de Lancry, 6.	Calorifère, appareils de chauffage, appareils culinaires. M. H. 1834 et 1839.
3709	*Sorin* fils. Paris, r. des Fossés-Montmartre, 31.	Cordes, tapis, étoffes, casquettes, licols, hamacs, etc., en aloés.

N° d'ord.	NOMS ET DEMEURES DES EXPOSANTS.	NATURE DES OBJETS EXPOSÉS.
3710	*Soudan.* Paris, r. de la Verrerie, 97 *bis.*	Café-chicorée-moka.
3711	*Soudan.* Paris, r. de la Verrerie, 97 *bis.*	Fourneau économique concentrateur pour la torréfaction du café.
3712	*Souty.* Paris, place du Louvre, 18.	Cadres dorés.
3713	*Soyer.* Paris, r. Cadet, 11.	Cuirs vernis et corroierie. C. 1839.
3714	*Spinau.* Paris, r. Bayard, 17, aux Champs-Élysées.	Une voiture de fantaisie.
3715	*Amouroux.* Paris, r. du Pont-Louis-Philippe, 6.	Dessin d'un moulin à blé d'une machine.
3716	*André-Michaux.* Paris, r. des Fossés-Saint-Germain-l'Auxerrois.	Hydromètre.
3717	*André* (Louis) et comp^e. Paris, r. de Paradis, 46.	Porcelaines blanches et décorées
3718	*André.* Paris, r. des Blancs-Manteaux, 15.	Verre filé et maillons en verre
3719	*Andrieux.* Paris, r. Sainte-Anne, 11.	Volumes reliés.
3720	*Andriot.* Paris, r. Rochechouart, 23.	Espagnolettes et cheminées.
3721	*Andriveau-Goujon.* Paris, r. du Bac, 17.	Cartes de géographie. Ⓐ 183 et 1839.
3722	*Gavrel.* Paris, r. Saint-Merry, 48.	Peinture et décors sur bâtiment
3723	*Constant-Valès et Lelong.* Paris, r. Saint-Martin, 161.	Perles fausses. Ⓐ 1839.
3724	*Coqueret.* Paris, place Royale, 26.	Vis et autres articles cylindriques en fer, cuivre et acier M. H. 1839 à Pourchasse prédécesseur.
3725	*Geffrotin.* Paris, r. de Cléry, 13.	Robe, écharpes, châles, voile et pièces de dentelle.
3726	*Genevois* (V^e). Paris, r. Grenier, 5.	Galons en crin pour meuble étoffes en crin damassées. 1839.
3727	*Georgé,* à Montmartre, boulevard de la Barrière-Blanche, 36.	Tentes et guérites, divers genre d'habitations mobiles.
3728	*Contamine.* Paris, r. Geoffroy-l'Asnier, 18.	Fermetures de croisées. M. 1819 ; Ⓑ 1823.
3729	*Georgi.* Paris, r. Saint-Denis, 328.	Appareils en bronze pour le ga
3730	*Gérard.* Paris, r. Saint-Paul, 27.	Coffrets en verre filé.
3731	*Clouet,* r. des Mauvais-Garçons-Saint-Jean, 3.	Glu marine ; bois, toiles, fortes, etc., enduits de glu marine.

N° d'ord.	NOMS ET DEMEURES DES EXPOSANTS.	NATURE DES OBJETS EXPOSÉS.
3732	*Raoul* aîné. Paris, r. Popincourt, 12.	Limes. Ⓑ 1839.
3733	*Rattier et Guibal.* Paris, r. des Fossés-Montmartre, 4.	Caoutchouc; tissus élastiques et imperméables. R Ⓞ 1839.
3734	*Raybaud.* Paris, r. Saint-Denis, 125.	Savons. Ⓑ 1834 ; Ⓐ 1839.
3735	*Raymond*, route d'Orléans, 196, au Grand-Montrouge.	Roues et essieux.
3736	*Douchement.* Paris, r. de Tracy, 6.	Toiles métalliques.
3737	*Audry.* Paris, r. Rochechouart, 44.	Stores.
3738	*Augan* et compᵉ. Paris, r. Bellefond, 30.	Gommeline ou gomme facticc servant pour l'impression sur étoffes, étoffes imprimées.
3739	*Auzoux.* Paris, r. des Saints-Pères, 13.	Modèles complets anatomiques de l'homme, du cheval, du hanneton, du colimaçon; pièces détachées. Ⓞ 1834 ; R. Ⓞ 1839.
3740	*Cochery* (Mᵐᵉ Vᶜ). Paris, r. Dauphine, 12.	Brosses et pinceaux. M. H. 1834 et 1839.
3741	*Le Parmentier* et compᵉ. Paris, avenue de Breteuil, 44.	Bougies.
3742	*Le Paul.* Paris, r. de la Paix, 2.	Caisses en fer, serrures, crics, balanciers découpoirs, etc. Ⓑ 1827 ; R. Ⓑ 1834 ; Ⓑ 1839.
3743	*Lepaute* (Henri). Paris, r. Saint-Honoré, 247.	Horloges, régulateurs.
3744	*Lepaute* (Henri). Paris, r. Saint-Honoré, 247.	Phares lenticulaires, fanaux. R. Ⓐ 1834.
3745	*Leperdriel.* Paris, faubourg Montmartre, 78.	Bas et ceintures, pois, produits pharmaceutiques.
3746	*Muret de Bort* et compᵉ, à Châteauroux (Indre).	Draps divers Ⓐ 1823 ; R. Ⓐ 1827 ; Ⓞ 1839.
3747	*Yvernaud* frères, à Crozon (Indre).	Fer en barres.
3748	*Dupuis*, à Châteauroux (Indre).	Couverture en coton.
3749	*Leprince.* Paris, r. de Louvois, 12.	Garderobes et pompe.
3750	*Lerebours.* Paris, place du Pont-Neuf, 13.	Lunettes et instruments de physique. R. Ⓞ 1839.
3751	*Leroy.* Paris, r. Sainte-Hippolyte, 7.	Cuirs de bœufs, de veaux et de moutons.
3752	*Leroy* et compᵉ. Paris, r. Notre-Dame-de-Nazareth, 8.	Garde-robes, siéges inodores hydrauliques et lavabo.
3753	*Leroy.* Paris, quai Saint-Michel, 15.	Stores divers. M. H. 1839.

N° d'ord.	NOMS ET DEMEURES DES EXPOSANTS.	NATURE DES OBJETS EXPOSÉS.
3754	*Leroy.* Paris, Palais-Royal, 13 et 15, et galerie Montpensier.	Pendules portatives et montres. Ⓐ 1839.
3755	*Le Roy de Laferté* et compᵉ. Paris, r. Grange-aux-Belles, 43.	Cheminées en marbre, objets de bijouterie en marbre, etc.
3756	*Lesgent* jeune. Paris, r. Bourg-Labbé, 22.	Couverts en métal aciéré et tabatières estampées. C. F. 1839.
3757	*Lesguillier.* Paris, r. Mauconseil, 1.	Buiscuits, formes différentes.
3758	*Létho.* Paris, r. Contrescarpe-Saint-Marcel, 21.	Yeux en émail.
3759	*Leulliet.* Paris, r. Montmorency, 46.	Cuirs et pâtes à rasoirs.
3760	*Levasseur.* Paris, r. Haute-des-Ursins, 4.	Établi, tour allemand, outils d'affûtage. M. H. 1839.
3761	*Levasseur* frères. Paris, r. Saint-Victor, 116.	Couvertures, mérinos, laine fine et coton.
3762	*Leven.* Paris. r. Pascal, 25.	Cuirs tannés en croûte et cuirs corroyés.
3763	*Levent* et *Lamy.* Paris, r. Montmartre, 14.	Lanterne carrée, lampes.
3764	*Levêque.* Paris, r. Rousselet, 33.	Corbeilles, chaises, bancs, lampes, portique en treillage.
3765	*Levrien.* Paris, r. du Chaume, 19 et 21.	Tricots, canevas, tapis.
3766	*Lézé.* Paris, r. de la Paix, 19.	Régulateurs, pendules de voyage, montres et chronomètres.
3767	*Lhominy.* Paris, r. des Vignes-Saint-Marcel, 1 et 3.	Cordages de marine.
3 68	*Lhomme Bouglinval*, à Neuilly (Seine) r. de Villiers, 24.	Acide oxalique, oxalate de potasse, carmin d'orseille.
3769	*Lhotel.* Paris, r. Sainte-Foy, 8.	Tapis divers et châles imprimés. Ⓑ 1834 et 1839.
3770	*Liégard* frères Paris, r. du Val-Sainte-Catherine, 19.	Brides, selles, harnais. Ⓐ 1839.
3771	*Liévaux.* Paris, r. de Poitou, 16 (au Marais).	Application d'émail sur albâtre, sur marbre blanc et sur velours.
3772	*Liévaux.* Paris, r. de la Perle, 4.	Limes et outils de graveurs.
3773	*Liguière.* Paris, r. de Cléry, 13.	Châles.
3774	*Linard.* Paris, place des Victoires, 12.	Châles, crêpe brodé, tissus français.
3775	*Lion* frères et compᵉ. Paris, place des Petits-Pères, 9.	Châles cachemires et indoux.

N° d'ord.	NOMS ET DEMEURES DES EXPOSANTS.	NATURE DES OBJETS EXPOSÉS.
3776	*Liré.* Paris, r. de l'Arbre-Sec, 42.	Four à pâtisserie, gril, cafetières. C. F. 1834, à Morin, prédécesseur.
3777	*Lizé.* Paris, galerie Colbert, 19.	Descente de lit, garniture de cheminée, fauteuils, chaises, pupitre, boîtes à jeu, etc.
3778	*Loddé.* Paris, r. Bourg-l'Abbé, 52.	Plumeaux pour dames. C. F. 1839.
3779	*Petin* et *Gaudet*, à Rive-de-Gier (Loire).	Arbre formant coude pour paquebot à vapeur de 220 chevaux.
3780	*Lombard.* Paris, r. Thorigny, 5.	Sculptures, décors, cadres, meubles, candélabres, etc. C. F. 1839.
3781	*Lombardat* et comp^e. Paris, r. du Four-Saint-Jacques, 8.	Caractères de cuivre en page, épreuve en or et en imprimerie nouvelle, boîte en fonte de fer pour composer des fleurons mobiles et lettres mobiles. M. H. 1834 et 1839.
3782	*Longuet.* Paris, r. des Lombards, 1.	Feuille en carton-pâte pour l'apprêt des châles.
3783	*Longueville.* Paris, r. du Cherche-Midi, 39.	Voiture nacelle.
3784	*Lory.* Paris, r. de la Vieille-Draperie, 23.	Régulateurs. Ⓑ 1819; Ⓐ 1823.
3785	*Louet.* Paris, r. Royale-Saint-Martin, 18.	Chaînes à jalousies, jalousies montées.
3786	*Louradour.* Paris, r. de l'Ancienne-Comédie, 25.	Préparations ferrugineuses, lactate de fer dans une conserve.
3787	*Loysel* et *Hubin.* Paris, r. Saint-Louis, 9, (au Marais).	Tuyaux et tables de plomb.
3788	*Lubienski.* Paris, r. Saint-Joseph, 10.	Dessins pour foulards, mouchoirs et fichus, genre de Paris; dessins pour meubles sur étoffes diverses.
3789	*Lucy Sédillot.* Paris, r. des Jeûneurs, 10.	Rideaux et pièces de mousseline. M. H. 1839.
3790	*Lüer.* Paris, r. de l'École-de-Médecine, 12.	Instruments de chirurgie.
3791	*Luynes* (duc de). Paris, r. Saint-Dominique, 38.	Aciers damassés. C. F. 1839.

N° d'ord.	NOMS ET DEMEURES DES EXPOSANTS.	NATURE DES OBJETS EXPOSÉS.
3792	*Duvoir* (Leblanc). Paris, r. Notre-Dame-des-Champs, 24.	Appareil hydropyrotechnique. Ⓑ 1839.
3793	*Duvoir.* Paris, r. Neuve-Coquenard, 11.	Calorifères, appareils de cuisine et de blanchissage. Ⓐ 1839.
3794	*Palmié*, à Saint-Malo (Ille-et-Vilaine).	Biscuits de mer.
3795	*Lacordaire-Mention* et compᵉ, à Laroche (Yonne).	Auges, pavés en ciment romain de Vassy et de Pouilly.
3796	*Lund.* Paris, r. Saint-Pierre-Popincourt, 4.	Meubles.
3797	*Legras* et *Poitevin.* Paris, r. Rambuteau, 23.	Métier circulaire.
3798	*Kurtz.* Paris, r. des Gravilliers, 11 et 48.	Machine à moirer et à gaufrer, balancier-découpoir, laminoir de bijoutier.
3799	*Verdier.* Paris, r. Neuve-des-Petits-Champs, 36.	Bandages. Ⓑ 1834; M. H. 1839.
3800	*Desesserts.* Paris, passage des Panoramas, 38.	Loto géographique, couvertures illustrées.
3801	*Voizot.* Paris, r. Bourg-l'Abbé, 34.	Perles d'acier.
3802	*Sallier.* Paris, r. Rochechouart, 14.	Bibliothèque, table de salon, jardinière, chaises et fauteuils.
3803	*Royer* fils et *Charmois.* Paris, r. du Faubourg-Saint-Antoine, 23.	Armoire à glace, commode, lit, bureau, table, fauteuil, chaise.
3804	*Sintz.* Paris, r. des Tournelles, 47.	Chaises et tabourets.
3805	*Dutschhold.* Paris, r. Saint-Nicolas-Saint-Antoine, 24.	Bureau, prie-dieu, toilette et bureau.
3806	*Mickniewitz.* Paris, r. du Faubourg-Saint-Antoine, 75.	Tables.
3807	*Wassmus* jeune. Paris, r. du Fauconnier, 5.	Meubles, secrétaire.
3808	*Gocht.* Paris, r. des Marais, 12.	Lit, commode, bureau, toilette à jet d'eau.
3809	*Barthélemy.* Paris, Petite-rue-Saint-Pierre, 14.	Billard. M. H. 1839.
3810	*Colin.* Paris, r. d'Anjou, 10, au Marais.	Jouets.
3811	*Hühel.* Paris, r. du Faubourg-Saint-Antoine, 64.	Armoire à glace, commode, lit, table.
3812	*Jolly.* Paris, r. du Faubourg-Saint-Antoine, 38.	Lit, armoire et meubles de fantaisie. Ⓐ 1839.

N° d'ord.	NOMS ET DEMEURES DES EXPOSANTS.	NATURE DES OBJETS EXPOSÉS.
3813	*Girgois.* Paris, r. Saint-Louis, 20, au Marais.	Boîtes de pendules et de régulateurs.
3814	*Guilelouvette* et *Thomeret.* Paris, r. des Marais-Saint-Martin, 47.	Billard et table de billard en fonte de fer. M. H. 1839.
3815	*Durand* fils. Paris, r. du Harlay, 5, au Marais.	Ameublement de chambre à coucher, bibliothèque, buffet. C. F. 1827; Ⓑ 1834; Ⓐ 1839.
3816	*Gau.* Paris, r. Neuve-Saint-Jean, 11.	Fauteuils et canapé.
3817	*Grohé* frères. Paris, r. de Varennes, 30.	Prie-dieu, meubles, consoles, tables, lits. M. H. 1834; Ⓐ 1839.
3818	*Baudry.* Paris, avenue de Saint-Cloud, 10.	Lits doubles et divans. Ⓑ 1827; Ⓑ 1839.
3819	*Tranchand* (Mad.). Paris, r. Saint-Honoré, 347.	Corsets.
3820	*Lacoux* (de). Paris, r. de l'Oratoire-du-Roule, 9.	Harpes.
3821	*Guery.* Paris, r. du Faubourg-Saint-Antoine, 63.	Tables.
3822	*Winternitz.* Paris, r. Vieille-du-Temple, 72.	Tables.
3823	*Longuet.* Paris, r. Amelot, 60.	Canapé, chaise, fauteuil.
3824	*Balny* jeune. Paris, r. de Charenton, 32 et 37.	Fauteuils, chaises et canapés.
3825	*Allard.* Paris, r. du Faubourg-du-Temple, 95.	Fauteuils, écrans, prie-dieu, guéridon.
3826	*Genoux.* Paris, r. des Vignes-Saint-Marcel, 8.	Papiers peints.
3827	*Lefébure.* Paris, r. de Paradis-Poissonnière, 18.	Bottes, souliers et bottines vernis.
3828	*Ebert* et *Buffard.* Paris, r. du Faubourg-Saint-Antoine, 297.	Papiers peints.
3829	*Mehl-Dubuisson.* Paris, r. Sainte-Avoye, 57.	Bracelets et bagues, argenture mate pour bronze.
3830	*Hyon.* Paris, r. des Fontaines, 17.	Cuivre laminé.
3831	*Jassonaix.* Paris, r. du Temple, 35.	Pendule, candélabres et coupes.
3832	*Pieron.* Paris, r. des Enfants-Rouges, 13.	Ornements en bronze.
3833	*Hattule.* Paris, galerie Vivienne, 13.	Dents minérales. M. H. 1839.
3834	*Dobrowolsky.* Paris, r. Bourbon-Villeneuve, 45.	Dessins pour le papier peint. M. H. 1839, sous la raison Rypinski et comp.

N° d'ord.	NOMS ET DEMEURES DES EXPOSANTS.	NATURE DES OBJETS EXPOSÉS.
3835	*Dubos.* Paris, r. Sainte-Marguerite, 18.	Registres, portefeuilles et reliùres.
3836	*Signy.* Paris, r. de la Bourse, 9.	Brodequins. C. F. 1839.
3837	*Daniel.* Paris, r. de la Vieille-Bouclerie, 24.	Pianos.
3838	*Duquesnoy.* Paris, faubourg-Saint-Denis, 85.	Biberons.
3839	*George* père et fils. Paris, r. de l'Orme, 9.	Balances à bascule, bascules à réduction et instruments divers de pesage
3840	*Guérin.* Paris, r. d'Enghien 1.	Appareils pour pianos, pianographes, sténochyres et clefs, etc.
3841	*Dejardin.* Paris, r. des Mathurins-Saint-Jacques, 1.	Cadre, album, papiers satinés et gaufrés.
3842	*Dombrowski.* Paris, r. Saint-Honoré, 343.	Lampes de différents modèles. C. F. 1834, sous la raison Dombrowski et Gaiewski ; M. H. 1839, à Dombrowski *seul.*
3843	*Silvant.* Paris, r. Croix-des-Petits Champs, 43.	Lampes, trépieds sous les lampes, appareils de suspension. M. H. 1834, 1839.
3844	*Plé.* Paris, r. des Fontaines-du-Temple, 29.	Lampes et candélabres.
3845	*Zerr.* Paris, galerie Colbert, 8 et 10.	Étoffes de crins.
3846	*Hubert* fils. Paris, r. de Bondy, 70.	Lustres en zinc solidifié, candélabres porte-lampes, etc.
3847	*Gatten.* Paris, place des Victoires, 3.	Lampes diverses. Ⓑ 1839.
3848	*Robert.* Paris, r. Poissonnière, 18.	Lampe, veilleuse, bidon, flacons. Ⓞ 1834, pour armes à feu ; Ⓐ 1839.
3849	*Dehennault.* Paris, r. Neuve Vivienne, 30.	Lampes de divers modèles.
3850	*Hélyatte* et *Chweback.* Paris, r. de Bréda, 21.	Lampes.
3851	*Marie.* Paris, r. Bleue, 3 bis.	Lampes.
3852	*Zammaretti.* Paris, r. de Bondy, 88	Calorifères et cheminées.
3853	*Descruizilles.* Paris, boulevard Montmartre, 18.	Appareils de chauffage.
3854	*Gossin*, à la Villette, r. de Flandre.	Fourneaux, calorifères et cheminée-calorifère.
3855	*Duval.* Paris, boulevard Beaumarchais, 57.	Calorifères lumineux.

N° d'ord.	NOMS ET DEMEURES DES EXPOSANTS.	NATURE DES OBJETS EXPOSÉS.
3856	*Birckel.* Paris, r. Fontaine-au-Roi, 58.	Cheminée, calorifère, poêle.
3857	*Gannal.* Paris, r. de Seine-Saint-Germain.	Animaux conservés. (B) 1827. (A) 1839.
3858	*Deleuil.* Paris, r. du Pont-de-Lodi, 8.	Appareil distillatoire pour solidifier l'acide carbonique. Instrument pour extraire la gélatine des os de viande de boucherie. M H. 1827; (B) 1834; (A) 1839.
3859	*Pieron.* Paris, r. de la Croix, 17.	Calorifère, étuve de pâtissier.
3860	*Bénard.* Paris, r. des Marais-du-Temple, 2.	Cheminée mobile. C. F. 1839.
3861	*Tirmarche.* Paris, r. Saint-Honoré, 357 bis.	Garde-robes. M.H. 1827 et 1834, sous la raison Tirmarche et Morand.
3862	*Petit.* Paris, r. de Lille, 32.	Cylindres, lithographie.
3863	*Fortel* et *Larbre*, à Rheims (Marne).	Tissus en laine et coton, en laine et soie, tissus divers pour gilets et manteaux.
3864	*Simon.* Paris, rue Neuve-Saint-Martin, 18.	Télégraphe.
3865	*Simon.* Paris, r. Neuve-Saint-Martin, 18.	Mécanique à cambrer les tiges de bottes.
3866	*Hubert* fils. Paris, r. de Bondy, 70.	Poêles calorifères.
3867	*Communeau.* Paris, r. Saint-Benoît, 22.	Modèle de plan automoteur de chemin de fer.
3868	*Girault.* Paris, r. d'Ulm, 12.	Modèle d'un système de charpente rigide.
3869	*Rouche.* Paris, r. Sainte-Avoye, 63.	Lampes pour le gaz hydrogène.
3870	*Vincourt.* Paris, r. Rambuteau, 27.	Mèches pour lampes et quinquets.
3871	*Julliard.* Paris, r. Neuve-Saint-Victor, 9.	Têtes de cheminées en tôle, fumisterie.
3872	*Traxler* et *Huillier.* Paris, r. Sainte-Anne, 57.	Fers.
3873	*Gillet.* Paris, r. du Port-Mahon, 14.	Appareils pour glaces alimentaires, lampes.
3874	*Voitelain.* Paris, r. Bourbon-Villeneuve, 57.	Cheminées et calorifères. C. F. 1839.
3875	*Larivière, Legrand* et compe. Paris, r. Barbette, 14, au Marais.	Ressorts en acier pour meubles.

N° d'ord.	NOMS ET DEMEURES DES EXPOSANTS.	NATURE DES OBJETS EXPOSÉS.
3876	*Desbeaux*. Paris, galerie Delorme, 27 et 29.	Lampes.
3877	*Pernet*. Paris, r. des Filles-Saint-Thomas, 19.	Bandages.
3878	*Truc* et *Brismontier*. Paris, r. Porte-foin, 3.	Lampes et lanternes.
3879	*Joanne*. Paris, r. Sainte-Avoye, 63.	Lampes et suspension.
3880	*Lécuyer*. Paris, r. Montmartre, 63.	Lampes oléostatiques. M. H. 1839, sous la raison Thilorier.
3881	*Rigolet*. Paris, r. Richelieu, 74.	Un dessinateur pour prendre la mesure du pied. G. F. 1839.
3882	*Blondin*. Paris, r. Montmartre, 55.	Lits élastiques, fauteuils-lits, lits-buffets et sommiers élastiques.
3883	*Chabert*. Paris, r. de Charenton, 44.	Toilette, commode.
3884	*Roll*. Paris, r. du Faubourg-Saint-Antoine, 42.	Lit, armoire à glace et commode.
3885	*Osmont*. Paris, boulevard Beaumarchais, 65.	Lit, commode, chaise, jardinière, guéridon, porte d'appartement. Ⓑ 1839.
3886	*Bertaud* et *Lucquin*. Paris, r. Meslay, 57.	Parquets.
3887	*Pennéquin*. Paris, r. de Lesdiguière, 3.	Commode et lit en palissandre. C. F. 1839.
3888	*Pochard*. Paris, r. Amelot, 26.	Chaises, fauteuils et console.
3889	*Vedder*. Paris, r. du Pas-de-la-Mule, 1 bis.	Meubles, objets d'art, marqueterie et bronze.
3890	*Monchez*. Paris, r. de Charenton, 51.	Buffet, étagère.
3891	*Boutung*. Paris, r. du Faubourg-Saint-Antoine, 23.	Armoires.
3892	*Laher* et *Lefébure*. Paris, r. de Charenton, 85.	Cannelures pour ébénisterie.
3893	*Fouschard* (Gustave et Joseph), à Neuilly (Seine).	Gommes diverses.
3894	*Ladrey*, à La Fermeté (Nièvre).	Toisons de laine en suint.
3895	*Lavergne*, à Poitiers (Vienne).	Somatomètre brisé et somatomètre fixe à coulisse longue, destinés à mesurer la taille des hommes.
3896	*Renaudet-Cognac*, à Châtellerault (Vienne).	Aube, écharpes, voilettes, volants et autres objets en tulle brodé.

N° d'ord.	NOMS ET DEMEURES DES EXPOSANTS.	NATURE DES OBJETS EXPOSÉS.
3897	*Douaissé*. Paris, r. de Bondy, 76.	Machine à hacher la viande.
3898	*Limonaire*. Paris, r. Meslay, 53.	Piano droit.
3899	*Hintermayer*. Paris, r. Saint-Honoré, 414.	Piano.
3900	*Saron* frères, Paris, r. des Postes, 11.	Fourneaux et appareils de chauffage.
3901	*Luet*. Paris, faubourg Saint-Denis, 71.	Fauteuils, canapé et console.
3902	*Desvignes*. Paris, r. Sainte-Foi, 24.	Panier à bois pour appartement.
3903	*Lefèvre*. Paris, r. des Prouvaires, 36.	Papier de fantaisie orné.
3904	*Rimlin* frères. Paris, r. Neuve-Saint-Laurent, 16.	Armoire, lit, commode, buffet, écran.
3905	*Lecocq-Préville*. Paris, passage du Saumon, 50, 52, 54.	Gants de chevreau.
3906	*Ramachard*. Paris, r. Sainte-Anne, 59.	Garde-robes de différents genres.
3907	*Renault*. Paris, r. de la Roquette, 18.	Pied de table à moulures torses.
3908	*Benini*. Paris, passage Colbert, 18, 20 et 22.	Chapeaux de paille de France. M. H. 1839.
3909	*Geneste*. Paris, r. Boucherat, 4.	Nouvelle cheminée, calorifère.
3910	*Bernard, Chapuis* et *Molière*. Paris, r. du Cloître-Saint-Jacques, 3.	Chaussures diverses.
3911	*Rousseau*. Paris, passage des Petites-Écuries, 10.	Appareils de chauffage.
3912	*Neyre*. Paris, r. d'Argenteuil, 12.	Fauteuil et chaise.
3913	*Boigues*. Paris, r. Neuve-des-Mathurins, 27.	Baignoire avec appareil de chauffage et manomètre.
3914	*Simon*. Paris, boulevard du Temple, 42.	Porte-empreinte métallique.
3915	*Joly*. Paris, r. Saint-Denis, 381.	Broderies et tapisseries, canevas.
3916	*Wisnick, Domaire* et *Armonville*. Paris, r. Richelieu, 104.	Châles, écharpes et broderies.
3917	*Mullier*. Paris, r. de Tracy, 5.	Piano.
3918	*Barey*, à Missy (Calvados).	Échantillons de cartons de paille de colza.
3919	*Gariel* et *Hélie*, à Noyers (Yonne).	Marbres de différentes couleurs.

TABLE ALPHABÉTIQUE

DES NOMS DES EXPOSANTS.

(Les numéros de renvoi indiquent l'ordre d'inscription au présent catalogue.)

A

MM.	Numéros
Abauzit.	736
Abich. — Reliure.	441
Abric et comp. — Pierres lithographiques.	693
Abt. — Chapeaux de paille	3662
Accary (V^e) et fils. — Couvertures.	878
Adam (Eugène). — Machines-outils.	464
Adam (Théodore). — Magnanerie.	573
Adéodat-Lefèvre et comp. — Velours.	4811
Adler. — Instruments de musique.	4689
Administration des mines de Bouxwillers. — Produits chimiques.	268
Adolphe et Benner. — Tissus de soie et laine.	477
Aduy. — Cuirs et peaux.	449

MM.	Numéros
Agard. — Chaudronnerie.	3664
Agnellet frères. — Cuivre estampé.	3665
Aigoin-Delarbre. — Soies.	442
Aiguebelle (d') — Gravure.	3666
Aimé (Abraham). — Ganterie.	3048
Alan-Migout et Ray. — Chapellerie.	3669
Albert.	42
Albert Jourdan et comp. — Châles.	3670
Albessord. — Conserves alimentaires.	1129
Alcard et Budicom. — Chemins de fer (locomotives).	3147
Alessandri. — Tabletterie en ivoire.	3671
Alexandre père et fils. — Orgues.	4005
Algérie (gouvernement de l') — Cotons filés.	4065
Alix. — Armes à feu.	2145
Alkan, aîné. — Typographie.	4679

B

MM.	Numéros.
Bellomet-Varin. — Ferronnerie.	964
Bellois Gomand. — Confiserie.	1835
Belloy-Rodriguez. — Quincaillerie.	544
Belmas. — Bandages.	3222
Belnot.	2982
Belon. — Soie.	833
Belorgé. — Tissus pour bretelles.	3223
Belton et Jumeau. — Poupées.	3224
Belzacq.	2070
Bémy (de). — Cartonnage.	3225
Bénard. — Appareils de chauffage.	3860
Bénard. — Courroies.	654
Benard et comp. — Produits chimiques.	1779
Bénard frères. — Billards.	890
Bengel. — Nécessaires.	3226
Bénini. — Chapellerie.	3908
Benner.	477
Benoît (veuve).	1370
Benoîst. — Machines-outils.	3093
Benoit frères. — Machines.	103
Benoit et Fournier père et fils. — Soie.	815
Benoit et comp. — Horlogerie.	1094
Benoit-Langlassé. — Cuivre.	3227
Benoîst-Malot et comp. — Tissus.	1855
Bény-Agache. — Tissus.	1604
Béranger et comp. — Balances.	1451
Bérard et comp. — Fil.	673
Béraud. — Tapisserie.	1067
Berce. — Boutons.	3229
Bérendorf. — Machines et appareils.	4230
Béranger, Roussel et comp. — Cuirs.	3228

MM.	Numéros.
Bergaire aîné. — Étain.	202
Berger.	554
Berger-Walter. — Cristaux.	3230
Bergerat et Letellier. — Produits chimiques.	3231
Bergeron. — Orthopédie.	3232
Bergeron fils et Couput. — Produits chimiques.	3233
Béringer. — Armes à feu.	3234
Berjot. — Eaux gazeuses (appareils pour fabriquer les).	1785
Berly et comp. — Velours.	1804
Bernard. — Armes à feu.	3235
Bernard. — Armes à feu.	3236
Bernard. — Instruments d'horticulture	3238
Bernard. - Instruments d'optique.	1640
Bernard. — Machines.	3246
Bernard. — Marbrerie.	3039
Bernard, Chapuis et Molière. — Chaussures.	3910
Bernard-Lallier. — Cuirs et peaux.	619
Bernardel. — Instruments de musique.	1307
Bernardet. — Éclairage (appareils d').	2920
Bernauda. — Bijouterie.	3239
Berneuil. — Menuiserie.	2053
Bernhardt. — Pianos.	1010
Bernier aîné et frères. — Outils.	3240
Berny (de)	1984
Berrolla frères. — Horlogerie.	3241
Berrus fils et comp. — Dessins de fabrique.	3242
Bertaud et Lucquin. — Menuiserie.	3886
Bertauts. — Lithographie.	3243

MM.	Numéros.
Billaz-Maumené et comp. — Cristallerie.	1490
Billinge.	2401
Billon père et fils. — Toiles.	646
Billoret. — Literie.	3260
Billy. — Biscuits de Chine.	3261
Binder. — Machines-outils.	1224
Binet. — Poterie.	3262
Bir. — Boîtes à incubation.	3263
Birckel. — Appareils de chauffage.	3856
Biscomte. — Soie grége.	378
Bisson. — Serrurerie.	3265
Bisson. — Teinture.	1065
Bisson fils. — Daguerréotype (épreuves de).	3264
Bisson fils. — Soie (tissus de).	840
Bitterlin. — Outils.	3266
Bittner. — Pianos.	1030
Blache et Rodet. — Chapellerie.	1481
Blachier et Masseran. — Soieries.	772
Black. — Mécanique.	1156
Blain. — Magnanerie.	1046
Blaise. — Reliure.	3267
Blanc. — Cannes et parapluies.	3268
Blanc. — Tôles.	1083
Blanchart et Cabirol. — Caoutchouc.	3269
Blanchet.	1694
Blanchet. — Bijouterie.	3270
Blanchet et Kléber. — Papeterie.	3032
Blanchon. — Soie grége.	1
Blanchon et Boisbertrand. — Fers et fontes.	256
Blancq.	892
Blanpain frères. — Draperie.	956
Blary. — Rouleaux à émery.	2028

MM.	Numéros.
Blech frères. — Tissus de soie et de coton.	479
Blech-Steinbach et Mantz. — Tissus.	503
Bléry. — Géométrie (instruments de).	1741
Blérye. — Passementerie.	3271
Blerzy. — Machines.	3476
Blève. — Estampage.	3272
Blin.	1439
Blin. — Tissus (coton).	1252
Bloch. — Serrurerie, boulons.	1078
Blondeau. — Pantographes.	1654
Blondel. — Pianos.	998
Blondel (veuve) et Tripon. — chromolithographie.	537
Blondin. — Literie.	3882
Bluet. — Tissus de coton.	3205
Boas frères et comp. — Châles.	3273
Bobé.	3210
Bobée (veuve) et Lemire. — Produits chimiques.	3274
Bobierre.	2566
Bobillier. — Faux.	426
Bobœuf-Casaubon. — Fleurs artificielles.	3275
Boche. — Articles de chasse.	3276
Bocquet.	2654
Bocquet. — Bijouterie.	3277
Bocquet. — Encriers.	1897
Bocquet. — Horlogerie.	3278
Bodeur. — Instruments de précision.	3279
Bodin et comp. — Cafetières.	3280
Bodin. — Mécanique.	577
Bodson. — Marqueterie.	3318
Bœuf et Garandy. — Corail.	1401
Boffard.	3037
Bohin père et fils. — Layeterie.	853

MM.	Numéros.
Corlieu. — Poterie d'étain.	2100
Cormier. — Bois de placage.	2039
Cormouls. — Draperie.	446
Cornillard. — Étain.	2101
Cornilleau-Lefebvre et Chabrun. — Toiles d'emballage.	641
Cornillier aîné. — Conserves alimentaires.	791
Corniquel. — Cuirs et peaux.	1382
Cornu. — Chauffage (appareils de).	2924
Cornu. — Chemins de fer.	2923
Corriol. — Équipement militaire.	2102
Cosnuau. — Mécanique.	2103
Cosson. — Billards.	1728
Cotelle. — Sculpture en pâte métallique.	3691
Cottan. — Savons.	3694
Cottin. — Orfèvrerie.	3695
Cotton frères. — Machines.	61
Couder.	528
Couder. — Dessins industriels.	3696
Couder. — Pianos.	1999
Couderc (Antoine) et Soucaret fils. — Soie grége et tissus pour bluterie.	321
Coudray.	2370
Coudron. — Bijouterie.	823
Cougny et Bussière. — Cirage.	3697
Coulaux et comp. — Outils.	272
Coulet. — Tapis.	742
Coulomb.	720
Coulon. — Serrurerie.	2155
Coulon. — Sculpture sur bois.	1276
Coumert, Carreton et Chardonnaud. — Soieries et châles.	748
Couprée, Marcel et comp. — Draps.	3168
Couput.	3233

MM.	Numéros.
Couput. — Produits chimiques.	2457
Courcelle. — Bronzes.	2158
Courmont. — Filature du coton.	1497
Cournerie et comp. — Produits chimiques.	542
Coursier. — Machines-outils.	2159
Court et comp. — Papeterie.	3028
Courtépée.	2568
Courtey frères et Barret. — Tissus de laine.	261
Courtial. — Couleurs.	427
Courtier. — Instruments de musique.	3544
Courtois. — Pipes.	3120
Courtois frères. — Instruments de musique.	1312
Courtois (A) et J.-J. Courtois. — Terre cuite.	2160
Coutant. — Ébénisterie.	2085
Couturier et Simon. — Cirage.	2086
Couvreux.	621
Covillion. — Parquet-dalle.	609
Coward. — Pianos.	1994
Cox (Edmond) et comp. — Filature du coton.	1545
Creda. — Toiles métalliques.	2106
Cremer. — Marqueterie.	3673
Crépet aîné. — Fils.	3187
Crespin. — Tissus de fil.	1559
Crété. — Imprimerie.	1098
Cretenant. — Serrurerie.	3675
Crétenier. — Filature.	1838
Cretin. — Balance.	70
Croco (François). — Tissus brochés.	3679
Croisat. — Perruques.	2529
Crousse. — Fleurs artificielles.	2108
Crousse. — Outils de gaufrage.	2109

MM.	Numéros.
Dennebecq. — Tapis remis à neuf.	3489
Denoyel.	1434
Denoyelle frères. — Batistes.	1586
Denoyelle frères. — Tissus.	3490
Déon. — Conques acoustiques.	3491
Depierris.	1987
Deplanque et Deblock. — Tissus.	1595
Depoully et comp. — Impression sur étoffes.	3492
Depoully-Gonin. — Draperie.	3493
Deprats. — Fer.	380
Dequenne fils. — Aciers et limes.	977
Deraye. — Machines.	3494
Dérazey. — Instruments de musique.	246
Dericquehem. — Instruments de précision.	1211
Dericquehem. — Produits chimiques (cirages).	3495
Déroland. — Limes, outils.	3496
Derosne et Cail. — Machines.	1214
Deroy. — Dessins de broderies.	3497
Derrevaux-Delefortie. — Tissus.	1566
Derriey. — Imprimerie.	1681
Derussy. — Daguerréotypes.	3498
Dervaux. — Tissus divers.	1520
Desaulle jeune. — Machines.	1269
Desbassayns (comte de Richemont). — Appareils divers.	3499
Desbeaux. — Appareils d'éclairage.	3870
Desbordes. — Mécanique.	1197
Desbouchaud et Philippier. — Flûtres.	602
Descat (Théodore). — Apprêts.	3447
Deschamps. — Ganterie.	3500

MM.	Numéros.
Descoins. — Filature de la laine.	1760
Descos.	453
Descottes et comp. — Machines-outils.	227
Descroizilles. — Appareils de chauffage.	3853
Descesseris. — Typographie.	3800
Deseymeris.	933
Desfossé frères. — Porcelaines.	1363
Desfrièches.	1784
Deshayes. — Gravure.	3501
Deshays. — Tissus.	1263
Deshays. — Machines.	1264
Desloge.	44
Desmarchelier. — Toiles.	1547
Desmoutis, Morin et Chapuis. — Chimie (appareils pour).	1668
Desnyau. — Armes à feu.	3502
Desormes. — Ruches.	3503
Despierres et comp. — Parapluies.	3504
Despinoy. — Fumisterie.	2928
Desplanques jeune. — Machines.	826
Desprats. — Pattes de bretelles.	57
Despréaux (A.-A). — Cuirs et peaux.	1068
Despréaux (A.-A). — Soie.	1068
Despréaux et Chapsal. — Machines, outils.	1222
Despret. — Aciers.	1548
Desprez.	2570
Desprez. — Chandelles et bougies.	3505
Desprez. — Porcelaines.	1323
Desprez-Guyot. — Crayons.	1898
Desroches. — Saboterie.	3072
Desrosiers. — Typographie.	837
Desserres et comp. — Aciers et faux.	87

MM.	Numéros.
Duhamel frères. — Linge de table.	3547
Duhamel-Housez. — Tissus.	1512
Dubault et Renault. —Fonderie de caractères d'imprimerie.	1986
Dujarrier. — Gravure sur métaux.	3548
Dujet et Josselin. — Machine à filer.	49
Dulché. — Mécanique.	1249
Dumaine. — Soie grège.	2
Dumas (Joseph). — Peinture.	1471
Dumas.	702
Dumay. — Outils.	3549
Du Mény. — Asphalte.	3550
Dumergue.	596
Dumont et comp.—Estampage.	3552
Dumonthier et Chartron. — Coutellerie.	3553
Dumonthier frères. — Instruments aratoires.	1088
Dumont-Oriol et Rivolier. — Tissus (pour gazes).	3551
Dumont-Parisot. — Orgue.	2084
Dumor-Masson. — Draps.	3150
Dumoulin. — Armes.	3106
Dumoulin (mad.). — Corsets.	2326
Dunet. — Layeterie.	3555
Dupas Koël — Dentelles.	211
Dupasseur. — Chanvre (filature du).	3104
Dupisre. — Tissus.	1505
Dupont (Auguste). —Lithographie.	1990
Dupont (Auguste). —Lithographie.	262
Dupont. — Lits en fer.	3556
Dupont. (Louis). — Nouveautés.	2005

MM.	Numéros.
Dupont. — Pierres lithographiques.	3557
Dupontrué.	1826
Duport. — Cuirs et peaux.	3558
Dupré. —Étain.	3560
Dupré. — Sulfate de fer.	3128
Dupré (madame veuve). — Éventails.	3559
Dupré et Chaise-Martin jeune. —Coton.	510
Duprey, Duvorsent et comp. — Typographie.	1991
Dupuis (madame). —Aiguilles.	3561
Dupuis (madame). — Appareils de sauvetage.	3562
Dupuis.— Couvertures.	3748
Dupuy-Lagrandrive. — Féculerie.	1414
Dupuy-Lagrandrive. — Papeterie.	1413
Duquesne (frères). — Miroiterie.	3563
Duquesnoy. — Biberons.	3838
Durand.	522
Durand. — Cuirs et peaux.	1778
Durand fils. — Meubles.	3845
Durand. — Mécanique.	1163
Durand. — Orfèvrerie.	1345
Durand. — Chocolats.	3567
Durand. — Laines.	3663
Durand (Nicolas). —Papiers de décors.	1915
Durand fils aîné. — Appareils hydrauliques.	1170
Durand. — Gauffrages.	3566
Durand. — Poulies.	3564
Durand. — Tannerie.	3565
Durant. — Vernis siccatif.	3569
Duranton. — Machines-outils.	3084

G

I

J

MM.	Numéros.
Jaillet (jeune). — Châles, cachemire.	1479
Jalabert-Lamotte aîné. — Armes à feu.	156
James-Hall.	3305
Jamet et Charrat aîné. — Rubans.	435
Jaminet. — Filtrage.	2628
Janin. — Serrurerie.	2629
Janin.	1423
Jannet. — Produits chimiques.	2630
Jannin. — Porcelaines.	2631
Japuis frères. — Impression sur étoffes.	816
Japy. — Fer battu.	413
Japy frères. — Quincaillerie.	463
Jardin. — Croisée.	24
Jarrin et Trotton. — Châles.	1475
Jassonaix. — Bronzes.	3831
Jaud. — Mécanique à dévider la soie.	1653
Javal et comp. — Armes à feu.	2632
Javal et May. — Draps.	3152
Javard.	3043
Jeanne. — Cadres dorés.	2633
Jeannin. — Tabletterie.	2634
Jeanningros père et fils. — Coutellerie.	415
Jeanray.	1723
Jéhanno. — Horlogerie.	1383
Jelmini. — Pianos.	2635
Jessé (G.).	2578
Joanne. — Éclairage.	3879
Joannès. — Machines.	690
Johannot. — Verrerie.	3027
Joffrin. — Précision (instruments de.)	1378
John-Hall, Powell et Scott. — Machines.	3141
Johnston et comp. — Poterie.	931

MM.	Numéros.
Joliet. — Tabletterie (tabatières).	2636
Joliot. — Tours.	1229
Joly. — Ébénisterie.	3812
Joly. — Porte-plumes.	2637
Joly. — Machines et sondes.	1076
Joly. — Peignes pour la soie.	466
Joly. — Tapisseries.	3915
Joly aîné. — Ustensiles pour la pêche.	235
Jolypt. — Pompes.	32
Jomeau (Louis). — Serrurerie.	2638
Josselin.	49
Jouanneau. — Cuirs et peaux.	2639
Joubert, Bonnaire et comp. — Toiles.	905
Jouhaud fils et comp. — Chapellerie.	531
Joulin. — Gants.	2640
Jourdan. — Tissus de crin et soie végétale.	2642
Jourdan (Claude) et fils. — Soieries.	754
Jourdan-Defontaine. — Tissus.	1544
Jourdain. — Fruits conservés.	2641
Jourdain et fils. — Draps.	2027
Jourdain (Xavier). — Tissus de coton.	470
Journet.	727
Journet (D.). — Bonneterie.	728
Jourjon. — Armes à feu.	237
Jouvet-Pardinel. — Dentelles.	1131
Jouvin et comp. — Ganterie.	3061
Jovinet.	3007
Joyeux. — Bonneterie.	747
Joyeux fils aîné. — Bonneterie.	721
Jugier. — Serrurerie.	2643
Juglar.	171
Jubel-Desmares. — Draps.	1773
Julien. — Fleurs artificielles.	2645

M

MM.	Numéros.
Middleton.	1184
Midy.—Instruments aratoires.	2510
Mieg (Mathieu) et fils. — Draperie.	501
Miélot aîné.—Limes.	343
Migeon et fils.—Quincaillerie.	462
Mignard, Billinge et fils.—Tréfilerie.	2401
Migné.—Lithographie.	903
Mignon-Fromentin.—Peignes.	2402
Milius.—Couleurs.	1397
Miller-Thiry.—Marbrerie.	860
Millet.—Décorations.	2403
Millet et Robinet.—Magnanerie.	620
Milliant.	464
Milliet.	366
Milliet.	2942
Milliet-Choquet.—Corderie.	834
Millioz.—Voitures.	3036
Millochau. — Huile pour horlogerie.	2404
Millot.—Corsets.	2466
Millot fils.—Tissus pour meubles.	2406
Milly (de). — Produits chimiques.	2407
Milori.—Couleurs.	2408
Mimard.—Cuirs et peaux.	1906
Minich.—Chauffage (appareils de).	2409
Minier.—Machines-outils.	3485
Mintén.—Moulures.	2410
Mirabal (G.) et Moreau.—Couleurs.	2411
Mirault.	489
Miroude.—Cardes.	3133
Mirouffe.—Ébénisterie (découpures d').	3704
Mistiviers et Hamoir. — Batiste.	1555

MM.	Numéros
Mirabaud et comp.—Châles.	699
Mittelette.—Machines.	293
Mohler.—Tissus de coton.	285
Moisson.—Engrais.	2416
Moisson.—Herboristerie.	2415
Moisson et Polonceau. — Lave artificielle.	2412
Mojon.—Bijouterie.	2414
Moléon.	895
Molière.	3910
Mollard. — Machines.	3069
Mollet-Warmé frères. —Tissus de laine et de soie.	1808
Molteni et comp.—Instruments de mathématiques.	2173
Monborgne fils et Leroy.—Draperie.	369
Mond'her.—Couleurs.	1940
Monestès.—Serrurerie.	2417
Mongin.—Taillanderie.	2418
Monginot. — Dessins de machines.	2419
Monier.	2112
Monmouceau.—Limes.	408
Monmory aîné et Raphanel.—Couleurs.	2413
Monnet.	1483
Monnier.—Chapellerie.	824
Monniot.—Pianos.	1019
Monnot-Leroy.—Laines.	309
Monnot et Vitu.—Mosaïques.	629
Monpelas.—Savons.	2420
Montagnac. — Toiles métalliques.	2421
Montagnac (de).—Draperie.	960
Montaigut.	1191
Montal.—Pianos.	1704
Mortaudon frères. — Horlogerie.	2422
Montangcrand.—Quincaillerie.	1905

N

O

P

Q

R

S

T

MM.	Numéros.
Tabard aîné. — Tapis.	3078
Taborin. — Limes.	2726
Tachet. — Instruments de précision.	1711
Tachy. — Ébénisterie.	2727
Tachy. — Bijouterie.	2803
Tachy. — Mercerie et tapisserie.	2804
Tagot.	805
Talbot fils. — Draperie.	674
Taillandier. — Coutils.	2010
Talmours (de) et Hurel. — Porcelaines.	1360
Tamizier. — Machines.	1187
Tammassia. — Sparterie.	2805
Tangre (Constant). — Toiles métalliques.	2806
Tangre aîné. — Toiles métalliques.	2807
Tantenstein et Cordel. — Impression de musique.	1977
Tard. — Objets d'art.	2808
Tard. — Appareils divers.	2809
Tardif.	1130
Tarin. — Ganterie.	2810
Tarpin-Brénial. — Balances.	1405
Tarride fils et comp. — Marbrerie.	381
Tassart. — Chocolat.	2517
Taulet.	3299
Taveau. — Savons.	2811
Taverna. — Appareils de chauffage.	985
Tavernier. — Cuirs et peaux.	854
Tavernier. — Instruments de physique.	1622
Taya (baron du). — Toiles.	45
Taysse. — Parapluies.	2812

MM.	Numéros.
Teillard. — Soieries.	1454
Teissier. — Soies gréges.	709
Telhiard et comp. — Coutils.	2009
Tenet.	2055
Ternynck frères. — Tissus.	1515
Terrasson de Montleau. — Laines pour la carde.	607
Tesse-Petit. — Filature du coton.	1535
Tesson. — Poterie.	2814
Tesson. — Produits chimiques.	2813
Testé. — Musique (Impression pour la)	787
Teliot aîné.	224
Tettelin-Montagne. — Tissus de laine.	1527
Texier. — Sculpture.	2815
Teyler aîné et comp. — Rubans.	141
Teytut aîné. — Chaussures.	547
Thébaud frères. — Pâtes et farines.	788
Thénard. — Barrage.	946
Théret. — Mosaïque sur meubles.	2176
Théry. — Peaux.	53
Thévenard, Thiébaud et Germain. — Indigo (bleu et carmin).	40
Thibaudet. — Gravure.	2817
Thibault (Charles). — Cire à cacheter.	1965
Thibault frères. — Bougies et chandelles.	804
Thibert. — Histoire naturelle.	2818
Thibert.	566
Thibout. — Instruments de musique.	1306
Thibout et comp. — Pianos	170$_8$

U

V

MM.	Numéros.
Visquesnel. — Tissus de coton.	3215
Vitalis frères. — Draperie.	94
Vitasse. — Ferronnerie.	948
Vitu.	629
Vivaux frères. — Fonte.	685
Vogt. — Chauffage (appareils de).	2905
Voinnet. — Horlogerie.	437
Voisin. — Gravure.	2906
Voitelain. — Appareils de chauffage.	3874
Voizot. — Bijouterie fausse.	3801
Volff. — Ebénisterie.	2907
Volkert. — Découpures en marqueterie.	2908
Voruz. — Fonte et cuivre.	798
Voyer. — Pianos.	1024
Vuaillat. — Machines-outils.	83
Vucher, Reynier et Perrier. — Soieries.	1123
Vuillaume. — Musique (instruments de).	1303
Vuillaume. — Instruments de musique.	2334
Vuillier. — Cheminée.	84
Vulliamy. — Laine (filature de la).	2043
Vygen. — Pianos.	2725

W

MM.	Numéros.
Wagner. — Horlogerie.	2909
Wagner.	822
Wagner.	2262
Wagner (Bernard-Henri). — Horlogerie.	2910
Waidèle. — Voitures.	2911
Wallet-Huber. — Sculpture.	2912
Wallet. — Instruments scientifiques.	1614
Walter aîné (madame veuve). — Peluche.	562
Warée. — Bourses.	2913
Wasse. — Instruments aratoires.	1814
Wassmus jeune. — Ebénisterie.	3807
Wattel et comp. — Tissus.	1564
Wattier-Castel. — Linge de table.	1584
Wattine. — Tissus divers.	1511
Weber. — Pianos.	1027
Weber (veuve Laurent) et comp. — Tissus.	495
Wehrlin. — Féculerie.	873
Wehrlin. — Cardes.	872
Weiler. — Miroiterie.	2914
Wellaeys (madame). — Papiers de fantaisie.	1966
Wernet père et fils. — Bougies.	2915
Wetzels. — Pianos.	2002
Wibeaux-Florin. — Tissus.	1565
Wickham. — Bandages.	2884
Williot-Lheureux. — Vannerie.	813
Willocquet. — Instruments aratoires.	1498
Winckelmann. — Instruments de physique.	1623
Winnen. — Musique (instruments de).	1649
Winnerl. — Horlogerie.	2916
Winternitz. — Ébénisterie.	3822
Wisnick, Domaire et Armonville. — Châles.	3916
Wissocq. — Machines.	1196
Witz. — Coton filé.	468
Wolf. — Tabletterie.	3433
Wölfel et Laurent. — Pianos.	1647
Wotouski et Maufus (Mmes). — Broderies.	3080
Wuy et Butet. — Produits chimiques.	2917

LISTE ALPHABÉTIQUE

DES EXPOSANS,

PAR ORDRE DE MATIÈRES.

ACIERS.

Dequenne fils.	977
Despret.	1548
Desserres et comp.	87
Falatieu et Chavane.	196
Fimbel.	1075
Gourju.	3052
Granjou et comp.	1412
Grasset.	973
Jackson frères.	146
Larivière, Legrand et comp.	3875
Lasné du Colombier.	974
Lemoine.	976
Legoux.	848
Luynes (duc de).	3791
Paignon (Charles).	975
Ruaud.	2506
Ruffié.	88
Schmidborn et comp.	559
Tournier et comp.	3065

ACOUSTIQUE (Appareils d').

Déon.	3491
Gateau.	3677
Marloye.	2057
Passerieux.	2649

AIGUILLES.

Dupuis (mad.).	3561
Massun et fils.	556
Vantillard.	847

AIGUILLES DE MONTRES.

Bassely.	2999

ALBATRE.

Lemesle.	2791

AMORCES (Capsules).

Gaupillat et comp.	1081
Gevelot (veuve).	2311

APPAREILS CULINAIRES.

Budy.	2041
Grouvelle.	2264
Méynial.	2395
Pauchet.	2926
Pottier-Jouvenel.	2933
Preney et Ballard.	80

APPAREILS DIVERS.

Bir.	3263
Boland.	2553
Buisson.	3070
Charles et comp.	3384
Desmoutis, Morin et Chapuis.	1668
Fichet.	1633
Lehodey.	2968
Lemaire-Daimé.	1219
Petit.	2719
Place et Letalec.	2751
Tard.	2809
Villeneuve et Pagnerre.	1664
Trousseau.	285

ARDOISES.

Ardoisières d'Angers (Société des).	2004

Ardoisières de Rimogne (Société des). 952
Debry. 938

ARMES A FEU.

Alix. 2115
Baucheron. 3006
Béringer. 3285
Bernard. 3234
Bernard. 3236
Bertonnet. 363
Camille Jubé. 3342
Caron. 3351
Chapouen. 1750
Chaudun. 3395
Claudin. 3423
Cordouan fils. 2078
Delaire. 3470
Delermoy fils et Lamouroux. 154
Delvigne. 3483
Desnyau. 3502
Devisme. 3506
Dumoulin. 3106
Flachert. 455
Gastine Renette. 3661
Gauvain. 3690
Girard (le chevalier Philippe de). 2802
Goddet. 2302
Gosse. 2243
Guérin. 1786
Hilaire. 940
Houllier-Blanchard. 2293
Jalabert-Lamotte aîné. 156
Javal (J.) et comp. 2632
Jourjon. 237
Lefaure. 2964
Lepage-Moutier. 2797
Loron. 1085
Murgue et Lauge. 3082
Nouvelle. 526
Perin-Lepage. 2708
Pidaut. 2740
Porquet. 1086
Prélat. 2777
Schmitt. 1860
Tignères-Géraud. 124
Viette. 2888

ARMES BLANCHES.

Delacour. 3464

BALANCES.

Béranger et comp. 1451
Cretin. 70
Donnay Baicry. 937
Dutreix. 524
Garat aîné. 1782
Garcin. 2191
George père et fils. 3839
Junot. 2460
Mars. 2350
Ousty et Durand. 522
Tarpin-Brémal. 1405
Viard. 3124

BANDAGES.

Belmas. 3222
Lafond. 2469
Poulet. 2773
Pernet. 3877
Verdier. 3799
Wickham. 2884

BATEAUX.

Hédouin. 2229

BIBERONS.

Bertin. 3249
Breton (mad.). 3330
Darbo. 3443
Duquesnoy. 3838
Pâque. 403

BIJOUTERIE.

Barbaroux de Mégy. 2989
Bernauda. 3239
Blanchet. 3270
Bocquet. 3277
Bon. 3284
Bon et Pirlot. 3285
Bourguignon fils. 2088
Bureau. 1349
Charles. 3383
Coudron. 823
Dafrique. 3437
Froment-Meurice. 1846
Gaussant. 3684
Granger. 2203
Guyon aîné. 2215
Houdaille. 2290

Rondeau.	1371	Draps et Goudenove.	3530
Rouvière, Cabane et comp.	777	Dreuille.	3531
Ruel (veuve) et fils et Dumas.	702	Hanset-Jandel.	865
Scot et Delacour.	1793	Horrer (mad.)	869
Seigneurgens.	2617	Le Frotter-Dangecour (mad.)	238
Trotry-Latouche.	2852	Lescure.	858
Valentin.	692	Létourneur-Dubreuil.	870
Valentin-Feau-Béchard.	412	Renaudet-Cognac.	3896
Vautier fils.	1789	Wotouski et Maufus (mesd.).	3080

BOUGIES.

Belhommet.	8
Berce.	3229
Boisset et Gaillard.	3282
Brunnarius, Boillot et comp.	2172
Delaunay et Leroy.	802
Desprez.	3505
Durier.	3573
Droux et comp.	3532
Dubois.	3535
Gombert fils.	2288
Herbin.	1840
Héron et comp.	3114
Lafontaine-Benoist.	1839
Leparmentier et comp.	3741
Legrand frères.	398
Liénard (Claude) et comp.	1438
Petit et Lemoult.	2723
Prunier, Poinsot et comp.	2788
Thibault frères.	801
Wernet père et fils.	2915

BRONZES.

Basnier.	3000
Bavozet.	3014
Boyer.	2431
de Braux d'Anglure.	3324
Breul.	3327
Cattaert.	3692
Courcelle.	2458
Denière.	1333
Durenne.	3571
Eck-Durand.	1385
Gillebert.	2315
Grignon.	2255
Havé.	2226
Jassonnaix.	3834
Kouner.	2450
Kreisser.	2455
Lacarrière.	2463
Marquis.	2349
Paillard.	2687
Pauwels et comp.	1757
Piéron.	3832
Plé.	3844
Pompon.	2763
Quesnel et comp.	4340
Raingo frères.	2426
Rödel.	2548
Rozier.	1456
Serrurot.	2621
Serrurot.	2090
Soyer.	1331
Tard.	2808
Thomire et comp.	1330
Villemsens.	1334

BOUTONS.

Larrivé.	2496
Trélon et Langlois-Sauer.	2843
Truchy.	2855
Vasserot.	2867

BRIQUES.

Dussouchet.	645
Gillet.	1387
Roudier.	2564

BRODERIES.

Aubry.	1662
Beauvais (mademoiselle) et comp.	3018
Beuque et sœur.	1462
Bucher.	2034

BROSSERIE.

Cherrier.	3317
Coignard et comp. (J.-F.).	789
Delbosque-Mélo.	578
Guanteliat.	2266
Laurençot.	2038

Paillette.	2688	Rattier et Guibal.	3733
Racine.	2123	Vacheron.	2858
Rennes.	2525		

CARDES.

		Dyonnet.	1054
		Espinasse.	387

BROSSES ET PINCEAUX POUR PEINTRES.

		Foucher.	3123
Bullier (mad.).	1939	Fumière.	3135
Cochery (veuve).	3740	Hache-Bourgeois.	2024
Dagneau.	1963	Malmazet aîné.	1494
Drains.	3529	Miroude.	3133
Fontana (mad.).	1962	Schlumberger (Nicolas) et comp.	2501
Garde.	1928	Scrive frères.	1579
Pitet aîné.	2749	Schet.	108
Presbourg.	2778	Perot et Poitevin.	354
Saunier (mad.)	1919	Wehrlin.	872
Saunier.	2604		

CAFETIÈRES.

CARRELAGE.

Boden et comp.	3280	Mothereau.	2432
Dausse.	3448	Thierry.	2822
Penant.	2703		
Thuvien.	1669		
Veyron.	2880		

CARTONNAGE.

		Barey.	3918
		Bémy (de).	3225
		Bouillard.	2201

CANNES ET PARAPLUIES.

		Cambray.	3340
Bicheron.	3257	Gamel.	3054
Blanc.	3268	Gentil.	3035
Cayol (mad.).	3360	Hardy.	2220
Cazal.	3361	Lainé.	2486
Connerat.	2060	Longuet.	3782
Decou.	3457	Piques frères.	718
Despierres et comp.	3504	Renault.	1884
Farge.	3597	Valluet.	429
Gibus.	2343		
Lemaire-Dainé.	2975		
Mangin.	2338		

CARTON-PIERRE.

Mercier.	2385	Burette.	2048
Taysse.	2812	Daliot.	3439
		Heiligenthal et comp.	291
		Romagnesi aîné.	2554
		Solon.	3660

CAOUTCHOUC.

		Tirrart.	2834
		Wallet-Huber.	2912
Blanchart et Cabirol.	3269		
Brioude, Saurefus et comp.	3336		
Flamet.	3621		

CÉRUSE.

Gagin.	2134		
Galibert.	2161		
Grossmann et Wagner	2262	Ameline et comp.	2187
Guérin jeune et comp.	2271	Faure (Louis).	1501
Ledoux.	409	Lefebvre (Théodore) et comp.	1549

CHALES.

Albert Jourdan et comp.	3670
Arnould.	2098
Audemard et Brès fils.	740
Barbé-Proyart et Bosquet.	1661
Barouille.	2994
Barrier.	2997
Bertrand et Pradal.	762
Besson et comp.	750
Boas frères et comp.	3273
Bonfils, Michel et comp.	3288
Bouet.	732
Bournhonet.	2089
Bousquet.	733
Boutard, Vignon et comp.	2107
Brunet.	2154
Chambellan.	3370
L. Champion et Ch. Gérard.	3375
Fortier.	3631
Chinard fils et comp.	3413
Colondre et Gevaudan.	749
Constant et fils.	758
Curnier et comp.	773
Dachès et Duverger.	3436
Debras et comp.	3454
Devèze fils et comp.	759
Duché aîné et comp.	3538
Fabre-Bosquillon.	3296
Fabre et Bigot.	768
Faucillon.	3600
Fouquet aîné.	3634
Fressard.	3642
Frétille.	3643
Gagnon et Culhat.	2137
Gaussen aîné et comp.	3686
Gaussen jeune et Maubernard.	3685
Gavanon fils.	778
Germain Thibaut et Chabert.	2308
Godemard et Meynier.	2305
Goujon (J.-M.).	1419
Gouré jeune et Grandjean.	2246
Grillet aîné.	1452
Gustelle et Monnet.	1483
Hébert.	2227
Heuzey et Marcel.	2284
Hyppolite Junot et comp.	2175
Jaillet jeune.	1479
Jarrin et Trotton.	1475
Levat frères.	780
Lignière.	3773
Linard.	3774
Lion frères et comp.	3775

Lombard jeune.	700
Malhian aîné.	753
Mirabaud et comp.	699
Pagès, Blin et comp.	1439
Person.	2717
Ponge (Claude) et fils.	734
Prade Foulc.	698
Quiblier.	760
Reynaud père et fils.	761
Ricaux fils et comp.	2532
Rosset.	2558
Sabran (Van) et G. Jessé.	2578
Serres.	774
Simon et Nourtier.	2420
Sivel, Caron et comp.	3656
Veyrun (veuve).	694
Wisnick, Domaire et Arnonville.	3910

CHAPELLERIE.

Abt.	3662
Alan-Migout et Ray.	3669
Allié.	2143
Astic.	1751
Bailly aîné et Belnot.	2982
Benini.	3908
Blache et Rodet.	1484
Bourret.	1213
Brettnacker.	571
Duchène aîné.	3539
Feuillet.	725
Fléchel.	3622
Frappa et Boizard.	3640
Gandriau aîné.	664
Fleschelle.	3623
Gibus.	2312
Hervé.	2281
Guiguet.	1398
Jouhaud fils et comp.	531
Labourez.	1480
Laville et Poumaroux.	2937
Legras.	2967
Lejeune.	2969
Malard.	2333
Monnier.	824
Paisant.	2690
Pillard (Julien).	1484
Poinsot.	2756

CHARRONNAGE.

Raymond.	3735

Corbin. 2447

CHAUDRONNERIE

Agard. 3664
Delataille. 3477
Durenne. 3572
Émery. 3586
Lemaitre. 4488
Maugin. 244
Peyre et Rocher. 792

CHAUFFAGE (appareils de).

Audot. 2181
Barbeau aîné. 2990
Bénard. 3860
Bizekel. 3856
Boigues. 3913
Bousseroux. 2569
Cerbelaud. 3363
Chevalier. 3407
Chevalier Curt. 3409
Chevalier Curt. 3440
Cornu. 2924
Darche. 3444
Descroizilles. 3853
Duval. 3855
Duvoir. 3793
Duvoir (Leblanc). 3792
Fenouil. 4100
Fessart. 3614
Forcy. 2927
Fournet et comp. 4408
Frossard et comp. 3643
Galland. 608
Geneste. 3909
Gervais. 4189
Godin-Lemaire. 294
Gossin. 3854
Graux. 2251
Grenier. 2253
Guglielmi dit Guillaume. 2272
Guillemin. 346
Guyon frères. 72
Hoyos. 2296
Hubert fils. 3866
Kopczynski. 2452
Laury. 2507
Lecocq et comp. 2955
Lenud. 2931
Leplant. 336
Ménétrier. 78

Minich. 2409
Ogier. 33
Perreve (chevalier de). 2712
Petit. 2720
Pieron. 3859
Poliot. 2762
Rogeat frères. 4406
Rousseau. 3911
Saron frères. 3900
Sorel. 3708
Soudan. 3711
Souliac-Boileau. 297
Taverna. 985
Vallier. 1099
Villard. 1407
Vogt. 3905
Voitelain. 3874
Vuillier. 84
Zammaretti. 3852

CHAUSSURES.

Bernard, Chapuis et Molière. 3910
Boulard. 1071
Chollet. 1072
Fleuret. 3624
Lamorlière. 532
Lebreton. 825
Lefèvre et Bost. 518
Lefébure. 3827
Mallet (Louis). 516
Maublanc. 490
Ménétrel. 350
Nancey fils. 1769
Pathier. 2771
Penot. 2704
Siguy. 3836
Suser. 808
Teytut aîné. 517

CHEMINS DE FER (locomotives, etc.).

Alcard et Budicom. 3147
Chameroy et comp. 4459
Chesneaux. 3406
Communeau. 3867
Cornu. 2923
Fouard. 902
Geoffroy (Bertrand). 473
Laignel. 4144
Moussard. 4492
Nozéda. 631
Serreille aîné. 4193

CHEVALETS POUR PEINTRES.

Bonhomme. 3320

CHIRURGIE (instruments de).

Arrault. 2099
Charrière. 3389
Daran. 3442
Lüer. 3790
Petit-Colin. 2722
Samson. 2593
Sandoz. 2595

CHOCOLATS.

Chomeau. 3415
Cuillier. 2111
Durand. 3567
Fourché. 404
Gaillet et comp. 1127
Giroux. 2671
Guérin-Boutron. 2270
Magnol-Dumas. 536
Menier et comp. 2381
Prévost jeune. 2782
Roger-Jamet. 405
Tassart. 2517
Saintoin frères. 397

CIMENT.

Carrière. 3047
Lacordaire, Mention et comp. 3795
Savoye. 2606
Vilcoq frères. 2891

CIRAGES ET VERNIS.

Bazin. 1450
Boudier (mad.) et comp. 2190
Boulanger. 3674
Cougny et Bussière. 3697
Couturier et Simon. 2086
Durel. 3570
Fenestre. 3609
Fromont. 3647
Jacquand père et fils. 1465
Larmoyer, 2492
Mauge. 2369
Montfort. 2424
Piaud et comp. 169

Pigeault. 2742
Rouland. 2597

CIRE A CACHETER.

Gilbert et comp. 946
Herbin. 1896
Masson. 2361
Thibault (Charles). 1965
Zegelaar. 1893

CIRE (modèles en).

Fitton (mad.). 3620

CISELURE.

Bellenot et comp. 3221
Prévost. 2780
Thomas. 2824

CLOUTERIE.

Douillet. 52
Gangloff. 561
Guimbal Lhéritier. 1118
Pareau et comp. 449
Poulot. 34
Sirot père. 1556

COLLE-FORTE.

Bureau. 2046
Denison. 3488
Estivant Donau. 936
Estivant fils aîné. 942
Firmenich. 581
Franc-Magnan. 407
Lefébure. 2959
Planchon. 705
Signoret. 4400
Tesson. 2813

CONFISERIE.

Bellois Gomand. 1835
Magné (Célestin). 3203

CONSERVES ET SUBSTANCES ALIMEN-
TAIRES.

Albessard. 1129

Annat et Chabassier. 1128
Aubert et Noël. 2478
Billy. 3264
Boudin. 2192
Charrier-Barbette frères. 247
Cornillier aîné. 791
Dezobry. 3509
Duchemin. 679
Fly. 3626
Gillet. 1388
Houyet aîné et comp. 1504
Huet-Besnier. 664
Jourdain. 2644
Lesguillier. 3757
Macquet et Ramel. 2327
Palmié. 3794
Pellier frères. 660
Poncheron. 623
Prieur-Appert. 2784
Ramirez. 2127
Richelme. 1391
Robine. 2546
Rousseau. 2565
Soudan. 3710
Villeneuve (de). 2892

CONSTRUCTION.

Amaud. 2186
Boulinot. 2113
Chibon fils. 3412
Gilardoni frères. 453
Leblond. 2947
Noël père et fils. 2656

CORAIL.

Barbaroux de Mégy. 1402
Bœuf et Garandy. 1401

CORDERIE.

Bouchard. 990
David. 3178
Lebœuf. 2948
Lefèvre. 2962
Lejuif. 3113
Lhominy. 3767
Lucas. 1063
Merlié-Lefebvre. 3179
Milliet-Choquet. 834

Pivert jeune. 2750
Sorin fils. 3709
Vegni et comp. 3398

CORSETS.

Bourgogne (mad.). 2883
Collet (mad.). 2674
Dumoulin (mad.). 2326
Fousseret (mad.). 2704
Gobert. 1468
Huret. 2512
Millot. 2466
Nivel (mad.). 2876
Nolet. 2438
Poisson (mad.). 3345
Robert-Werly et comp. 682
Senu (mad. veuve). 2904
Tranchand (mad.) 3849

COTON.

Barrois. 1609
Bertin. 782
Bonnet. 258
Bourdeau. 1759
Bureau jeune. 784
Courmont. 1497
Cox (Edmond) et comp. 1545
Delamare-Deboutteville. 3091
Dupré et Chaisemartin jeune. 510
Fouquet-Lemaître. 3107
Feray et comp. 1062
Fessard. 3087
Forel frères. 204
Gouvernement de l'Algérie. 1665
Herzog. 466
Hofer et comp. 467
Kœchlin-Dollfus et frères. 483
Lalizel. 3095
Gervais. 1787
Lalizel aîné. 3096
Laumailler et Froidot. 365
Lecomte. 357
Léveillé. 3192
Lussagnet et comp. 897
Masson aîné. 159
Neveu et Marion. 3126
Picquot-Deschamps. 3417
Ponyer Hellouin. 3403
Pouyer-Quertier et Palier. 2048
Raflin père et fils. 160

Bonvoisin.	1339
Compagnie des cristalleries de Baccarat.	864
Compagnie des verreries de Saint-Louis.	553
Corderant.	1343
Jacquel.	1336
Maës.	2328

CUIRS ET PEAUX.

Aduy.	449
Bataille.	3002
Baudouin frères.	3009
Bérenger, Roussel et comp.	3228
Bernard Lallier.	619
Bourjat.	3053
Bouyon.	4125
Boyer (Martial).	529
Brisou fils aîné.	234
Budin.	2035
Camus.	648
Camus-Laflèche.	852
Carré et Barrandre.	3355
Chevallier-Ausselineau.	187
Chicoineau aîné.	26
Chicoineau jeune.	27
Cibot et Couder.	528
Corniquel.	4382
Dalican.	3438
Darsy fils.	3446
Deaddé (Louis).	3450
Debeyne.	3452
Delbut et comp.	1069
Delys.	233
Despréaux (A.-A.).	4068
Dezaux-Lacour.	300
Dietz jeune.	3513
Douaud.	803
Duport.	3558
Durand.	3565
Durand.	4778
Durand-Chancerel.	3568
Emmerich et Georger fils.	284
Estivant et Bidou fils.	943
Fauler frères.	3602
Fieux fils aîné.	377
Gauthier.	3687
Gervais.	3090
Harmois frères.	2222
Heulte.	2283
Houette aîné.	2292
Hovelacque frères.	2295

Hutin-Delatouche.	3295
Izarn frères.	417
Jouanneau.	2639
Landron frères.	394
Lanzenberg et comp.	283
Larguèze aîné.	415
Le Bailly.	4777
Lechevalier-Hamon.	2954
Lecorgne.	234
Le Leurch.	4385
Leroux.	232
Le Roy.	4070
Leroy.	3754
Leven.	3762
Lognon.	3125
Marsille frères.	4390
Martin.	2358
Massemin.	2360
Mellier.	2379
Merlant jeune.	804
Merlant jeune et Tagot.	805
Michau aîné.	4389
Michel.	22
Mimard.	4906
Montazaud.	610
Neveue.	2662
Nys et comp.	2673
Ogereau.	2678
Ozouf.	2684
Paul.	2696
Peltereau frères.	4765
Péan et Leconte.	51
Plummer.	2030
Poncy, Demesse et comp.	2765
Prin et comp.	806
Quévrain.	3430
Reulos.	2526
Rigaud jeune.	530
Robert aîné.	448
Roques.	409
Rouet et comp.	4914
Roussel (veuve A.) et Courtépée.	2568
Roussel (L.) et Desprez.	2570
Sales.	420
Sauvegrain.	1907
Sorrel, Berthelet et comp.	835
Soyer.	3743
Suser.	807
Tavernier.	854
Théry.	53
Thiry fils.	944
Tracol.	5
Trempé jeune, oncle et neveu.	2844

Tropel.	46	Dudouet.	845
Vauquelin.	2870	Dupas-Koël.	211
Vidal.	124	Falcon (Théodore).	54
Villeneuve.	2893	Fleury (mad.).	3134
Vincent.	2900	Geffrotin.	3725
		Hulot.	2068
CUIVRE.		Jouvet-Pardinel.	1131
		Le Boulanger.	1800
Benoît-Langlassé.	3227	Leboulanger.	1546
Boisset.	850	Lefebure et sœur et Petit.	1799
Bourbon-Leblanc.	3682	Lœuillet (mademoiselle).	871
Bouvier.	2129	Marie Hottot (mad.) et comp.	2345
Carlieu.	2100	Mercier (le baron).	844
Dekemel.	364	Mulot.	1796
Fonderies de Romilly.	1960	Richard (Alphonse).	55
Frèrejean.	3033	Roque père et fils.	1427
Garnier.	2197	Seguin (Georges).	56
Grondard.	2260	Torcapel.	1601
Hyon.	3830	Vaudon (mademoiselle).	1795
Lacointa jeune et comp.	2465	Victor (mad. Constance).	2885
Mather et comp.	379	Videcoq et Simon.	3590
Reveilhac fils et comp.	2527	Villain (mesdemoiselles).	1798
Sanders.	2594	Violard.	1797
Vinken.	2841		
		DENTS ARTIFICIELLES.	
DAGUERRÉOTYPIE.			
		Clerc.	2054
Belfield Lefèvre.	3026	Didier.	3541
Bisson fils.	3264	Hattute.	3883
Bourquin.	2404	Hettier et Dorigny.	2282
Claudet.	3422	Simon.	3914
D'Artois.	440		
Derussy.	3498	**DESSINS INDUSTRIELS.**	
Gaudin.	3684		
Michel.	2398	Amouroux.	3715
Morin.	2429	Armengaud aîné.	2096
Plumier.	2755	Aubry.	2179
Reine.	2519	Barbedienne.	1937
Sabatier-Blot.	2577	Berrus fils et comp.	3242
Schiertz.	2609	Bonnet.	3289
		Boucher.	2465
DENTELLES.		Bourdeloy de Bourdan.	2080
		Cagniard.	3306
Aubry frères.	210	Chebeaux.	3404
Aubry-Febvrel.	212	Cocu.	3699
Champailler fils aîné.	338	Couder.	3696
Chauve (mademoiselle).	1132	Godon.	2287
Clérambault.	841	Guichard.	2275
Dablaing et Sombret.	3435	Henry.	2238
D'Ocagne.	843	Hübner.	2297
Doguin fils.	1429	Jaeglin et Fuchs.	2627
Dubout et comp.	339	Julienne.	2458
		Langlade.	253

Langlade.	3079	Boudou jeune.	259
Laroche.	2493	Bourguignon, Schmidt et Schwe-bel.	290
Lebert et Muller.	2941		
Leblanc.	2945	Briche van Bavinchove.	326
Lubienski (César).	3788	Brisson.	3174
Lundy.	1925	Carcenac frères.	1141
Martin.	2354	Caussin frères.	1840
Mantois (mad.).	2340	Charvet.	3158
Monginot.	2419	Cheforne et Chauvreulx.	3155
Naze.	2647	Chennevière-Delphis.	2049
Parguez.	2692	Cormouls.	446
Petit-Colin.	1480	Couprée, Marcel et comp.	3168
Robert.	2539	Cunin-Gridaine et fils.	957
Robinet.	2545	Dannet frères et comp.	2025
De Roy.	3497	Daydé-Gary.	178
Rypinski.	2575	Decaux.	3172
Sajou.	2580	Delarue (Augustin).	3454
Sallandrouze (J.).	3076	Depoully-Gonin.	3493
Thénard.	916	Doux jeune.	184
Tronquoy.	2851	Dumor-Masson.	3150
		Durécu (A.) et comp.	3453

DISTILLATION (appareils de)

Deleuil.	3858	Flamant.	3148
Egrot.	1667	Flavigny (Charles).	3166
		Flavigny (Louis).	3170
		Fourcade frères.	95
		Fouré.	3169

DORURE ET ARGENTURE.

		Frédéric Bacot et fils.	954
		Fromentault.	1143
Bailly.	2983	Gabarron et ses fils.	175
Boisseaux, Detot et comp.	3281	Gabert frères.	3049
Christofle et comp.	3417	Garrisson oncle et neveu.	324
Hulot.	2067	Gaudchaux-Picard fils.	865
Jeanne.	2633	Goulden et comp.	287
Mora.	2426	Hazard père.	411
Pérès père.	2706	Houlès père et fils.	445
Rosselet.	2557	Javal et May.	3152
Souty.	3712	Jourdain et fils.	2027
Tousseux.	10	Juhel-Desmares.	1773
		Kunzer.	288
		Lagny-Pastor.	958
		Lenormand.	1774

DRAPERIE.

		Leroy-Picard.	959
Aroux.	3163	Lignières (Pascal).	485
Baden et Lambert.	3066	Maniguet.	3069
Barbe père.	177	Marcel (Louis).	2026
Barbier (V.).	3165	Marius-Paret.	961
Barthés (Sylvestre).	97	Mieg (Mathieu) et fils.	501
Beer-Morel.	3173	Monborgne fils et Leroy.	369
Bertèche-Boujeau et Chesnon.	955	Montagnac (de)	960
Berthaud et Pertus frères.	3054	Morin et comp.	4052
Beuck et comp.	489	Mouisse et comp.	180
Blanpain frères.	956	Muret de Bort et comp.	3746
Bois-Guillaume.	3164	Osmond et Boismard.	3149

Patouliad.	3057	Carpentier.	1618
Paul Bacot et fils.	953	Chabert.	3883
Poitevin (Henry et Charles) frères.	2020	Clavel.	1274
Pouchon, fils aîné.	3058	Contamin et comp.	1275
Raudoing.	2446	Contant.	2085
Rastier fils.	3162	Durand fils.	3815
Regnault et Pellier.	3164	Dutzschhold.	3805
Renard (Adolphe).	962	Faure.	1277
Ribouleau.	2023	Fischer père et fils.	1278
Rigal.	3050	Gau.	3816
Roger (Bernard) aîné.	183	Gerbier.	1097
Rousselet.	963	Girgois.	3813
Ruef et Bicard.	289	Gocht.	3808
Sevaistre aîné et Legris.	3157	Goebel.	1617
Schmalzer-Weiss.	497	Grohé.	3817
Sompairac aîné.	181	Guéry.	3821
Talbot fils.	674	Hanier et comp.	2052
Thillard.	3160	Henkel.	2283
Thiolier.	3059	Hübel.	3811
Touzé.	3151	Hoefer.	1279
Urbain (Roch).	182	Houssaye.	2294
Vallier.	2864	Jacob Desmalter.	1280
Vernazobres jeune et comp.	96	Jolly.	3812
Vimont frères.	3159	Klein.	2405
Vitalis frères.	94	Laher et Lefébure.	3892
		Leblanc.	3816
		Le Gost fils.	1281
DROGUERIE.		Lemarchand.	1282
		Longuet.	3823
Delnef.	3481	Luet.	3901
Fouschard (Gustave et Joseph).	3893	Lund.	3796
		Mainfroy.	2072
		Marrier de Bois-d'Hyver.	813
EAUX ET VINS GAZEUX.		Masson.	1096
		Marsoudet.	1283
Berjot.	1785	Menchez.	3890
Brict.	3335	Mercier.	1286
Cordier.	2073	Meynard et fils aîné.	1284
Guiraud.	2214	Michniewitz.	3806
Savaresse.	1663	Miroufle.	3704
		Morel.	1287
		Nègre.	3912
ÉBÉNISTERIE.		Osmont.	3885
		Pennequin.	3887
Allard.	3825	Picot.	3315
Balny.	3824	Pochard.	3888
Baudry.	3818	Proeschel.	1291
Befort.	1271	Runlin frères.	3904
Bellangé.	1272	Ringuet-Leprince.	1290
Berthet et Peret.	3245	Roll.	3884
Bonnemain.	1273	Royer et fils.	4289
Bouché.	2152	Royer fils et Charmois.	3805
Boutung.	3891	Saint-Ubéry.	1306
Camaret.	3313		

Savary. 1735
Sell er. 3802
Siméon. 2075
Sintz. 3804
Tachy. 2727
Thirion-Guidon. 2823
Vedder. 3889
Wassmus jeune. 3807
Winternitz. 3822

ÉCLAIRAGE (appareils d').

Apolis. 105
Bernardet. 2920
Breuzin. 3332
Cabeu. 3298
Chabrié et Neuburger. 3366
Chatel jeune. 2921
Decourt. 1332
Dehennault. 3849
Desbeaux. 3876
Dombrowski. 3842
Dubrulle. 4594
Ferry. 3612
François jeune. 3585
Gagneau frères. 2435
Gotten. 3847
Grison. 2258
Helyotte et Chwebach. 3850
Hubert. 3846
Joanne. 3879
Lepaute (Henri). 3744
Lécuyer. 3880
Levent et Lamy. 3763
Marie. 3851
Mathieu. 2366
Nicolle. 2664
Robert. 3848
Röckel. 582
Rouche. 3869
Rouen. 2560
Saget. 2579
Silvant. 3843
Truc et Brismontier. 3878
Valson. 2929
Zier veuve et fils. 2919

ÉCRITURE.

Brasseur. 4900
Deupès. 4886
Foucault. 4931

ÉMAIL.

Bédier-Dotin. 3022
Chappée. 3379
Charlot. 3385
Gineston. 2319
Hachette. 1148
Lievaux. 3772
Paris. 2694

ENCRE.

Beaulès frères. 3016
Bézanger. 3255
Doré et comp. 4942

ENCRIERS.

Bocquet. 4897
Boquet. 3290
Chaulin. 1883
Gobert et comp. 1101
Robin. 2544
Saglier. 4887

ÉQUIPEMENT MILITAIRE ET OBJETS DE CAMPEMENT.

Corriol. 2402
Georgé. 3727
Gilbert. 2314

ESSENCES.

Gayrard. 450
Gisclard. 449
Isnard, Maubert et Alphonse Pinard. 2622
Mero. 28
Mulot. 2441
Seguin. 451

ESTAMPAGE.

Agnellet frères. 3665
Blève. 3272
Bordeaux. 3292
Dumont et comp. 3552
Fugère. 3649
Lecocq et comp. 2956
Marsaux. 2851
Petitpas. 2724

Pilland, 2744
Thoumin et Corblère, 2828
Tournier, 2840
Varlet, 2866

ÉVENTAILS,

Cabanes et Marine-Heit, 3297
Dupré (veuve), 3559

FAÏENCE,

Gabry, 830
Lebœuf, Milliet et comp, 1755
Pavée de Vendeuvre (baron de), 1374
Pichenot, 2736
Senly père, 996
De Siuceny et Guyon, 320

FER ET FONTE,

Andelarre (d') et de Lisa, 688
André, 348
Balland, 2985
Barbazan, 92
Baudrit, 3011
Baudry, 1074
Bellomet-Varin, 964
Besquent et comp, 1379
Blanchon et Boisbertrand, 256
Boigues et comp, 969
Bongueret, Couvreux, Landel et comp, 621
Bouillon jeune et fils et comp, 525
Bourgeois et comp, 2508
Brisou fils aîné, 228
Cabrol, 3300
Calla, 3310
Camion-Pierron, 965
Capitain, 3348
Capitain et comp, 691
Charrière, 3044
Chauffriat et Barou, 149
Combes, 923
Compagnie des houillères et fonderies de l'Aveyron, 590
Delaforge, 3465
Demimuid, 686
Deprats, 380
Dietrich (veuve de) et fils, 271
Doë frères et comp, 3548
Dubouché, 527

Ducel fils, 3537
Dupont, 3550
Elliot et Saint-Paul, 2825
Elmereing, 2021
Falatieu jeune, 36
Falatieu et comp, 194
Falatieu, 195
Festugières frères, 263
Forges (les) de Paimpont, 226
Fusellier, 980
Gandillot et comp, 2185
Geoffroy (Bertrand), 172
Gignoux et comp, 539
Gillet, 3873
Girardot, 35
Grenouillet, Luzarches, Desvoyes, 90
Guérin et comp, 85
Hector Ledru et comp, 2228
Hey, 274
Hildebrand, 199
Japy, 413
Lacombe, 448
Lallemand, 198
Lamarque et comp, 89
Lenoir neveu, 910
Léonard, 2800
Lepet-Desuède, 1593
Malespine, 450
Marsal fils, 604
Martin (Émile) et comp, 974
Morel frères, 954
Paillard, 2686
Petin et Gaudet, 3779
Pierrot-Grisard, 945
Pinard frères, 325
Poli et comp, 2764
Pot-de-Fer, 1706
Prévot aîné, 266
Raffin (de) et comp, 972
Ribeyrol, 267
Richard-Dorival, 950
Robert-Thomas, 947
Seriel, Lelièvre et comp, 1553
Simon-Vernay et comp, 148
Thiébaut, 1673
Sirodot, Mouchet et comp, 900
Thomas (Louis), 981
Vinoy (de), 2902
Vilasse, 948
Vivaux frères, 685
Voruz, 798
Yvernaud frères, 3747

FILS.

Bérard et comp.	673
Bresson.	3329
Crépet aîné.	3187
Fievet-Mahieux.	308
Malivoire et comp.	362
Ménage et comp.	3471
Savreux (mad. veuve).	2607

FILATURE.

Crétenier.	1838
Gimbert.	2318
Gombert père et fils.	2289
Lachapelle et Levarlet.	1943
Langevin et comp	1061
Léon Vallès et Bouchard.	2798
Prévost.	2781
Tillancourt (de).	2831
Schlumberger (Nicolas) et comp.	500

FLEURS ARTIFICIELLES.

Boboeuf-Casaubon.	3275
Chagot frères.	3367
Constantin.	2061
Grousse.	2108
Julien.	2645
Larocque.	2494
Lecharpentier.	2953
Lefort frères.	2963
Maire.	2332
Perrot.	2713
Pétard.	2718
Prévost Wenzel	2783

FONTAINES ET FILTRES.

Carré.	260
Ducommun.	3541
Jaminet.	2628
Lelage.	2973

FOURS.

Baudin.	3008
Dobignard.	3540
Ferrand.	3611

FOURRURES.

Cavy jeune et comp.	992

Gon.	2241

FUMISTERIE.

Bordon.	3293
Clément-Lechien.	1904
Despinoy.	2928
Hurez.	2168
Julliard.	3871
Lecerf.	2925
Maratuch.	2341
Quibel.	3098

GAINERIE.

Batault.	3004
Hennequin.	2235
Obré.	2675

GALVANOPLASTIQUE.

Boquillon.	3291
Villeroi.	2895

GANTERIE.

Aimé (Abraham).	3048
Allemand.	2142
Brie aîné.	3334
Brochier.	3068
Deschamps.	3500
Herr (Isidore).	2280
Joulin.	2640
Jouvin et comp.	3061
Lecocq-Préville.	3905
Matton.	3045
Morize aîné.	2430
Perrucat.	3055
Philippe.	2731
Reynier.	3064
Tarin.	2810

GARDEROBES.

Bélicard et Chesneaux.	3220
Bourg.	1164
Dieudonné.	3515
Feuillâtre.	3645
Guinier.	2213
Havard et neveu.	2224
Lamotte.	2477
Leprince.	3749

13*

IMPRESSIONS SUR ÉTOFFES.

Broquette et Le Comte.	3388
Caron-Langlois.	358
Chaumouillé et Céas.	1050
Colombe (A.) et H. Lalan.	2044
Debieux.	3453
De la Morinière , Gonin et Michelet.	3472
Depoully et comp.	3492
Douillet.	4460
Élie.	3584
Godefroy.	2304
Godefroy.	2303
Gras.	2250
Guignes et comp.	2274
Japuis frères.	816
Rouget-Delisle.	3480
Paul aîné.	1049

IMPRIMERIE.

Auner.	43
Besoinb.	1988
Béthune et Plon.	1972
Biesta, Laboulaye et comp.	1973
Bouchard-Huzard(mad. veuve).	1967
Chaix.	1974
Colson.	1126
Constantin aîné.	867
Crété.	1098
Derriey.	1681
D'Orbigny.	2679
Duhault et Renault.	1986
Engelmann père et fils.	465
Gallay et Grignon.	1981
Lacrampe et comp.	1976
Lambert.	1992
Laplace et comp.	927
Laurent et de Berny.	1984
Legrand (Marcellin).	2965
Lombardat et comp.	3781
Meyer.	2393
Michel.	1969
Petitbon.	2721
Rignoux.	1979
Robinet.	1978
Salomon.	2591
Schneider et Langrand.	1968
Silbermann.	280
Suwerinck.	921
Tantenstein et Cordel.	1977

Thorey et Virey.	1917
Trénel et Cayon-Liebaut.	874
Verronnais.	576

INSTRUMENTS ARATOIRES.

Allier.	44
André (Jean).	918
Baillet.	1815
Bailly.	393
Béléguic.	23
Boutet.	492
Brigaudeau et Guénin.	622
Calland et Pasquier.	827
Chabrolle.	494
Charpentier.	372
Colombel.	2047d
Converset.	630
Cyr-Maumené.	1822
Davenne.	2189
Denis.	298
Doynel de Quincey.	543
Ducrot.	987
Dumonthier frères.	1088
École d'agriculture de Rennes.	229
Estampes.	386
François.	1079
Godefroy et Souchières.	1393 d
Godin.	373
Gratien-Desavoye.	374
Hubert.	1910
Hugues.	919
Lacaze.	743
Le Bachellé.	2939
Lébert.	243
Lemaire.	328
Lentilhac aîné (de).	264
Leroy (André).	2032
Lianta Saturnin.	129
Mansson-Michelson.	2389
Marail (Thomas).	988
Maurin.	606
Midy.	2510
Mothes frères et comp.	924
Paris et Bocquet.	2654
Perrault.	402
Piret.	1087
Quentin Durand.	2198
Rivaud (G.).	605
Rey.	633
Savoye père.	1544
Trochu.	1410
Turck.	876

Valla. 726
Wasse. 1814
Willocquet. 1498

JOUETS.

Belton et Jumeau. 3224
Brouillet. 2149
Colin. 3810
François. 3373
Guérin. 2269
Guillard. 2205
Kopp. 2448
Sanrey et Ulysse. 2598
Silhormayères. 2095

LAINE.

Arnaud cadet. 715
Aubanel-Delpon. 717
Aubergé. 2299
Beauvais. 2734
Bertherand-Sutaine et comp. 1853
Biétry. 1059
Bouchu. 347
Burgade père et fils. 1364
Callandre. 43
Camu fils et T. Croutelle. 1845
Carlos Florin. 1530
Caulliez-Pétillon. 1607
Chéguillaume et comp. 668
Daniel. 1850
Descoins. 1760
Dobler et fils. 881
Dubois. 2045
Duffour-Bazin. 193
Durand-Morbert. 3663
Duvillier frères. 1606
Ehrmann et comp. 286
Ernoult-Bayard. 1523
Franc père et fils et Martelin. 882
Gaigneau frères. 1057
Gaillet Baronnet. 1863
Godin. 2541
Goffinet-Salle. 2001
Graux. 310
Guchebaut. 1692
Henriot fils et Drien. 1842
Henriot frères et sœur et comp. 1851
Laborde, Deseymeris et Lafond. 933
Ladrey. 3894
Laroque frères et Jacquemet. 932

Leblan. 1592
Lejeune et comp. 1597
Le Parquois. 551
Lequin. 249
Lucas. 1847
Maitre (Joseph). 2515
Marescaux. 333
Monnot-Leroy. 309
Oriolle fils. 943
Parpaite aîné. 939
Planque et comp. 891
Péquin. 667
Plet Largeais. 2011
Pluchet. 3321
Portal de Moux. 176
Risler, Schwartz et comp. 494
Roger frères. 355
Rousseau. 1058
Sourd frères. 880
Terrasson de Montleau. 607
Thuyau et Turpault. 662
Tranchart-Froment. 935
Vendran. 356
Vincent. 60
Vulliamy. 2013

LAYETERIE ET EMBALLAGE.

Bohin père et fils. 853
Duniel. 3555
Etard. 3591
Fanon. 3596
Gallotti. 2182
Machéteau. 2325
Morand. 2427
Tiné. 2832

LIBRAIRIE.

Ardant frères. 513
Barbou frères. 514
Bourdin. 2084
Curmer. 2114
Dubochet. 3534
Guilbert. 2276
Lavigne. 2936
Mathias. 2365

LIN ET CHANVRE.

Cherot (A.) aîné et comp. 786
Caillé, Cateruault, Mareau et
  Marignon frères. 664

Fumey.	73	Bollée.	655
Gargan.	1225	Cavaillier.	1395
Gourdin.	652	Chagot.	3368
Granad fils.	179	Chamouton.	3372
Granger.	3137	Chomeau et Champion.	3416
Grenier (veuve).	2254	Cornillard.	2101
Jaud.	1653	Dupré.	3560
Lamy-Joz.	77	Estivant frères.	949
Laneuville.	1656	Gallois.	2164
Mayout.	521	Gaubert-Boucher.	851
Medinger.	2377	Kent-Pécron.	837
Montet.	388	Lafon.	2468
Neumann.	2664	Lagoutte et fils.	2471
Niot.	2659	Robert et comp.	1082
Pardoux-Dupont.	3474	Robert (A.) et comp.	2542
Peugeot (Constant) et comp.	418	Roger.	2550
Pougeois.	2772	Rousseau et Poisson.	2567
Richard-Félix.	1403	Traxler et Huillier.	3872
Robert.	6		
Séguin (mad.).	2615		
Simon.	3865	**MEULES.**	
Tranchat.	1913		
Trésel.	292	Defis.	3458
Vandelle.	2865	Malbec et Perrot.	617
		Naylies et comp.	2646
		Perrot et Malbec.	2716

MENUISERIE.

Berneuil.	2053	**MIROITERIE.**	
Bertaud et Lucquin.	3886		
Delalande.	909	Duquesne frères.	3563
Jardin.	24	Fauh.	3601
Leroy (Louis).	2012	Marinet.	2930
Louet.	3785	Weiler.	2914
Martel.	2169		
Melzessard.	2380	**MONTURES DE LUNETTES.**	
Mérouze.	1783		
Noyon.	1737	Jacquemin frères et Baud.	75
Sampson.	2592	Lamy et Lacroix.	76
Vincent.	2898		
Volff.	2907	**MOSAÏQUE.**	

MERCERIE.		Ciuli.	3420
		Marcelin.	2342
Bourgoin.	611	Monnot et Vitu.	629
Gaillard et Simon.	165	Théret.	2176
Guérin.	730		
Jury fils et Tardif.	1130	**MOULURES.**	
Michelez fils aîné.	2399		
Tachy.	2804	Junod.	2459
		Maria.	1739
MÉTAUX.		Minten.	2440
		Morizot.	1285
Baraban frères.	868	Niclaus et Garnier.	1735

MUSIQUE (instruments de).

Adler.	1689
Amelot.	1386
Bernardel.	1307
Besson.	1995
Breton.	1302
Brown.	1652
Buffet.	1310
Buffet-Crampon.	1315
Cabillet.	1710
Challiot.	2003
Chanot.	1295
Clément père et fils.	3426
Coeffet.	370
Cœur.	1316
Courtier.	3544
Courtois frères.	1312
Darche.	1008
Derazey.	216
Duchène.	1691
Finck.	279
Girard (le chevalier Philippe de).	2804
Godfroy aîné.	1308
Goudot jeune.	1296
Guichard aîné.	1702
Halary.	1651
Henry.	1699
Hérouard frères.	2006
Jean-Pierre.	215
Kretzschmann.	278
Labbaye.	1688
Lacote.	1300
Lacoux (de).	3820
Laprévotte.	1864
Laurent.	1301
Laurencin (mad.).	1686
Lefèvre père.	1311
Lépée.	425
Leroux aîné.	1313
Leroy.	575
Maire-Contal.	3250
Martin frères.	1881
Maucotel.	1299
Michaud.	1318
Peccatte.	1685
Pellerin.	1314
Périnet.	1997
Poirot.	1698
Rambaux.	1304
Raoux.	1687
Rémy.	2521
Roth.	277
Sanguinède.	1684
Savaresse.	1309
Savaresse fils.	1683
Savaresse (Martin).	989
Sax et comp.	1648
Simon.	1298
Suret.	1877
Sylvestre frères.	1413
Testé.	787
Thibout.	1306
Thibouville.	2034
Triebert.	1305
Tulou.	1998
Vuillaume.	2334
Vuillaume.	1303
Winnen.	1649

NÉCESSAIRES.

Année.	2092
Aucoc.	1357
Bengel.	3226
Laurent et Ferry.	2504
Fenoux.	3431
Roudin.	889
Vervelle.	2879

OBJETS TOURNÉS.

Fazon.	1659
Ory.	2680
Polliard.	3180

OPTIQUE (instruments d').

Bernard.	1640
Beyerlé.	1643
Bourgogne.	1644
Brunner.	1645
Buron.	1646
Chevalier (Charles).	1641
Lebrun.	1615
Lerebours.	3750
Nachet.	1639
Plagniol.	1642
Richebourg.	3705
Roux.	1638
Simon et Giroux.	3700
Soleil.	1613
Vaillat.	2859
Vila-Kœnig.	2390

OR ET ARGENT EN FEUILLES.

Delahaye et comp. 3468
Favrel. 3606
Ozier. 3046

ORDRES, DÉCORATIONS.

Millet. 2403

ORFÈVRERIE.

Aucoc. 4357
Cahier. 3307
Cottin. 3695
Durand. 4345
Froment-Meurice. 4346
Le Brun. 4344
Lenglet et Turquet. 4347
Lesgent jeune. 3756
Mayer. 2373
Moussier-Fièvre. 4354
Odiot. 4356
Rudolphi. 4358
Roze. 2574
Thouret. 4350
Trioullier. 4353
Veyrat et fils. 4355

ORGUES.

Alexandre père et fils. 1005
Cavaillé-Coll. 1006
Debain. 1004
Dubus. 1003
Dumont-Parisot. 2084
Duvernoy. 4700
Fourneaux. 1009
Issaurat, Leroux et comp. 1014
Loigre. 4876
Martin. 4756
Mayer-Marix. 4038
Müller. 1007
Girard et comp. 4865

ORNEMENTS D'ÉGLISE.

Biais. 3256

ORTHOPÉDIE.

Bergeron. 3252

Béchard. 3019
Valérius. 2860

OUATES.

Sicurin (veuve). 2074

OUTILS.

Bernier aîné et frères. 3240
Bitterlin. 3266
Célis. 3362
Chéret. 4242
Chevallier. 3411
Coulaux et comp. 272
Crousse. 2409
Dassonville-Bonte. 4561
Delahaye. 3469
Dumay. 3549
Gérard. 2307
Goldenberg et comp. 273
Granger (Auguste). 151
Havé. 2225
Hulin. 2470
Klein. 2445
Koehler. 461
Lacarnoy. 4240
Larenoncule. 2491
Lavaux. 2935
Lenseigne. 2796
Levasseur. 3760
Liévaux. 3771
Renard. 2523
Schmitt. 2610
Tollay et Martin. 2836

OUVRAGES EN CHEVEUX.

Lemonnier. 2794

PAPETERIE.

Société de Ste-Marie, directeur
  Charles Delatouche. 4768
Andrieux, Vallée père et fils. 45
Bard et Charrelier. 4894
Bauchet-Verlinde. 4496
Becoulet (veuve) et Vaissier. 414
Berthault fils. 904
Brtou. 4914
Blanchet et Kléber. 3032
Bollé. 593

Guillemot frères. 2209
Laurent. 2500
Mercier (Joseph) et comp. 457
Mornieux. 2431
Pancera, Duchavany et comp. 8071
Puzin. 2790
Vaugeois. 2868

PATES ET FARINES.

Bardenat. 534
Boucharlat aîné. 1837
Boudet-Drelon. 1120
Bransoulié fils. 540
Chatillon. 2394
Defontaine (Édouard et Fran-çois). 1596
Dupuy-Lagrandrive. 1114
Feyeux. 5617
Groult. 2263
Languereau. 2485
Le Bléis et Paisant fils. 24
Lefébure et comp. 864
Lequin (Frédérick). 220
Leroux d'Arcet. 624
Magnin. 1119
Martin. 2357
Parant. 533
Séjourniet fils. 1121
Sohet Thibaut (Jean-Baptiste et Bernard). 535
Thébaut frères. 788
Wehrlin. 873

PATINS-NAGEOIRES.

Delatour. 3478

PAVAGE.

Badon et comp. 1767
Devicque et comp. 2202
Duval. 1182

PÊCHE ET CHASSE.

Boche. 3276
Delage-Montignac. 3466
Joly aîné. 235
Lebatard. 2940
Montels. 2423
Oger. 2676
Regnault. 2516

Savouré. 2605

PEIGNES.

Cauvard. 2037
Claudé. 3421
Koch. 2446
Massue. 2364
Mignon-Fromentin. 2402

PEIGNES POUR TISSAGE.

Chatelard et Perrin. 1442
Debergue (Ch.), Desfrieches et Gillotin. 1784
Harding-Cocker. 1545
Joly. 166
Lesage. 1258

PEINTURE.

Bignon. 3259
Buxmann. 3434
Compan. 3344
Dumas (Joseph). 4471
Dussauce. 3576
Gavrel. 3722
Hughes. 2171
Hussenot. 574
Lecœur. 2957
Maurin. 2374
Metfrederque. 2392

PEINTURE SUR VERRE.

Audoynaud. 930
Châtel et Fialcix. 656
Drouet. 658
Karl-Hauder et André. 2443
Lapied et Martinet. 2488
Laurent et comp. 2503
Lemaire. 2976
Lusson. 657
Veissière 4902

PELUCHE.

Barthe et Plichon. 565
Brisson fils et comp. 1420
Donat, Achard et comp. 1110
Gaillard. 1441
Gaillard et comp. 2138
Martin (J.-B. et Pus.) 1477
Massing frères, Huber et comp. 563

Nanot et comp. 564
Ravier. 567
Schmaltz et Thibert. 566
Serpolet. 2620
Walter aîné (mad. veuve). 562

PERLES.

Constant-Valès et Lelong. 3723
Gréer. 2252
Halberg. 2216
Husson. 1758
Truchy. 2856

PERRUQUES.

Champeaux. 2586
Croisat. 2529
Emery. 2556
Gachin. 3554
Majesté. 3471
Martin. 2355
Normandin frères. 2785
Paris. 2618
Régnier. 2242
Silva. 3167

PESAGE (instruments de).

Meurs (Benoît). 1554
Saguier (Louis) et comp. 101

PHARMACIES PORTATIVES.

Girard. 2320

PHYSIQUE (instruments de).

Biet. 3258
Bourbouze. 1637
Bunten. 1625
Chevalier. 3408
Deleuil. 1621
Desbassayns (comte de Riche-
mont. 3499
Girard (le chevalier de). 1634
Grosse. 1626
Froment. 1620
Lanier. 794
Leydecker. 1624
Loiseau. 1722

Ruhmkorff. 2174
Schweig. 2613
Sédille. 1628
Tavernier. 1622
Winckelmann. 1628

PIANOS.

Aucher. 1702
Barthélemy. 1031
Bautz. 1037
Bell père et fils. 1025
Bernhardt. 1010
Bidéller. 1912
Bittner. 1030
Blondel. 998
Boisselot et fils. 1399
Bord. 1015
Brasil. 3183
Bruni. 1707
Busson. 1036
Caspers. 1868
Colin. 1650
Couder. 1999
Coward. 1994
Daniel. 3837
Domény. 999
Dussaux. 1029
Érard. 1749
Eslänger. 1747
Faure et Roger. 1292
Flammant père et fils. 1879
Frank. 1022
Gaidon. 1701
Gibaut. 1023
Giroud. 1317
Grus. 1697
Guérin. 3840
Guion. 1021
Hatzenbühler. 1745
Herce père et fils. 1871
Herman et Systermans. 2277
Herz (Henri). 1682
Herz (Jacques). 1746
Hesselbein. 1011
Hintermayer. 3899
Jacqmin père et fils. 1035
Jelmini. 2635
Kleinjasper. 1293
Knéringer. 1034
Koska. 1026
Kriegelstein et Ch. Plantade. 1748
Leblanc. 1882

Liégaut.	1867	Roger fils.	1755
Limonaire.	3898		
Limonaire (Antoine).	1869	**PIPES.**	
Magnié (Isidore).	1020		
Mercier.	1032	Courtois.	3120
Martin.	1033	Duval.	17
Mermet.	1866	Fiolet.	331
Monniot.	1019		
Montal.	1704	**PLAQUÉ.**	
Moullé.	1001		
Mullier.	3917	Balaine.	2984
Mussard et fils.	1870	Gandais.	2184
Niderreither.	1705	Griset.	2257
Pape.	1017	Parquin.	2652
Paturel-Bailly.	1690		
Périchon.	1696	**PLOMB.**	
Périchon aîné.	1709		
Pleyel et comp.	2754	Dufour et Demalle.	3546
Ricchetti.	1000	Loysel et Hubin.	3787
Richer.	1695	Mabire.	3438
Rinaldi.	1016	Pallu et comp.	1434
Richter.	1013	Poulet.	2774
Rogez.	1294	Simon et comp.	2118
Roller et Blanchet.	1694		
Rosellen.	1028	**PLUMEAUX**	
Roz.	1878		
Schmidt.	1012	Expert.	3594
Schœn.	1002	Loddé.	3778
Schultz.	1392		
Soufléto.	1693	**PLUMES MÉTALLIQUES.**	
Thibout et comp.	1708		
Thomas et Avisseau aîné.	1297	Jolly.	2637
Vandeventer.	1018	Mallat.	1885
Vérany.	1138		
Voyer.	1024	**POIDS ET MESURES.**	
Vygen.	2725		
Weber.	1027	Bardonnaud.	523
Wetzels.	2002	Bertrand fils.	1743
Wölfel et Laurent.	1647	Bonnet.	3703
		Jacquemin père et fils.	74
PIERRES LITHOGRAPHIQUES.		Parent.	1742
		Pétrement.	1744
Abric et comp.	693		
Le comte d'Assas.	707	**POMPES.**	
Bertrand et Guy.	749		
Donnadieu.	716	André-Lavoy.	945
Dupont	3557	Boursault.	1404
		Budan aîné.	676
PIERRES MEULIÈRES.		Caillez.	1859
		Camuzat.	982
Gueuvin, Bouchon et comp.	1752	Debaussaux fils.	1846
Naylies et comp.	1754	Durand fils aîné.	1470

Estinbaum et comp. — 1167
Féquant. — 349
Fland et Bonnefin. — 2087
Gentet et Godefroy. — 3111
Gérin. — 1411
Guérin et comp. — 1166
Hussenet. — 1169
Jacomy, Rigal et comp. — 1165
Jolyot. — 82
Kress. — 481
Massue. — 2363
Perrin. — 444
Ropert et comp. — 1380
Stoltz et comp. — 1254
Thirion. — 1162
Turquois. — 82

PONTS.

Girault. — 3868
Mort. — 2433
Néville et comp. — 2663
Prévault. — 2779

PORCELAINES ET FAÏENCES.

Alluaud aîné. — 504
Alvier et Brouhaut. — 1048
Barré-Russin. — 67
Bougon et Chabot. — 3195
Chapelle-Maillard. — 1342
Chataignet. — 3391
Clausse. — 3424
Corbin. — 2148
Decaen frères. — 1414
Desfossé frères. — 1363
Desprez. — 1328
Discry. — 1327
Du Tremblay. — 1319
Du Tremblay. — 1772
Fouque-Arnoux et comp. — 383
Gallier. — 2141
Gille. — 1322
Gorsas et Périer. — 507
Gosse. — 2244
Guyon de Boulen et comp. — 396
Halot père et fils. — 1320
Honoré. — 1326
Jannin. — 2631
Jullienne. — 1325
Lahoche. — 1324
Langlois et comp. — 1361

Langlois (Frédéric) et comp. — 1791
Launay, Hautin et comp. — 1341
Lebeuf et Milliet. — 366
Lebeuf-Millet et comp. — 2942
Lecavelier-Langlois (veuve). — 2699
Lebourg. — 2950
Louis André et comp. — 3717
Mayer et comp. — 2374
Michel et Valin. — 505
Michel et Valin. — 1321
Neppel fils et Bonnot. — 997
Perrenot-Gonord. — 2710
Péry et Rousse. — 1328
Révol père et fils. — 1043
Rousseau. — 1329
Ruaud. — 506
Talmours (de) et Hurel. — 1360
Tinet. — 2833

POTERIE ET GRÈS.

Berteau. — 3244
Bertrand (F.) et A. Feydeau. — 790
Binet. — 3262
Bozonnet. — 885
Bruyère. — 1384
Chriten. — 3448
David Johnston et comp. — 931
Decomps, Galli et Petit. — 385
Delahubaudière (J. et A.). — 19
Éloury et Porquier. — 20
Fattelay. — 443
Guenaut. — 2267
Lambert. — 3089
Leleu. — 1362
Leger. — 314
Mansard. — 368
Marmet. — 1770
Noualhier et Boquet. — 1093
Pittié jeune. — 995
Salmon. — 2590
Vignal aîné. — 1056
Virehent frères. — 384
Utzschneider et comp. — 555

POTERIE D'ÉTAIN.

Bargés. — 2993
Bergaire aîné. — 202
Brouillet. — 3339
Charbonnier. — 3380
Chaventré. — 3899
Claude-Aulon. — 201

Fauveau-Lorin. 3604
Lecouvey. 2958
Mathey Humbert. 200
Ouvrier. 2683
Pieren. 2741
Rousseville. 2574
Vaulot. 2869

PRÉCISION (instruments de).

Allevy frères. 1725
André-Michaux. 3716
Bardin. 1727
Berthoud. 1092
Bléry. 1741
Blondeau. 1634
Bodeur. 3279
Breton. 3331
Cicchanski. 3419
Collardeau. 2074
Delamarche. 1726
Dericquehem. 1241
Gambey. 2183
Gavard fils (Adrien). 1717
Girard. 2322
Gravet. 1636
Guénet. 1713
Hamann et Hempel. 1720
Joffrin. 1378
Lecoëntre. 1712
Lecomte et Bianki. 1748
Legey. 2685
Leroy. 1627
Maillier. 922
Martel. 332
Mauduit. 2367
Molteni et comp. 2173
Neuber. 1714
Neumann. 2669
Pascal. 91
Poitrat. 1745
Poquet. 299
Redier. 2514
Reymondon Martin. 1749
Rigolet. 3881
Roth. 1716
Rouvet. 1630
Salleron et Wagner. 822
Schwartz. 1629
Saulcy (de). 842
Tachet. 1711
Vande et Jeanray. 1723
Wallet. 1014

PRESSES TYPOGRAPHIQUES
ET LITHOGRAPHIQUES.

Bouyonnet-Dupuy. 2130
Brisset père. 1678
Brisset fils. 1677
Dutartre. 1676
Giroudot fils. 1675
Kocher. 1674
Pierron. 1671
Thuvien. 2830

PRESSOIRS.

Gottlob et Douillard. 255
Martin-Perret et Delacroix Du-
voisin. 392

PRODUITS CHIMIQUES.

Administration des mines de
Bouxwiller. 268
Aurès aîné. 2093
Arnoux. 1950
Aubergier fils. 1133
Augan et comp. 3738
Bail et Boffard. 3037
Baillot. 2981
Balard. 106
Barre. 713
Bec. 3023
Bernard et comp. 1779
Bergerat et Letellier. 3231
Bergeron fils et Couput. 3233
Berthe frères. 1780
Berthemot et Ponsar. 3246
Berville. 1941
Bobée (veuve) et Lemire. 3274
Boitel. 2922
Bouniceau-Villars et Durepaire. 612
Boyenval-Lavigne. 1539
Boyveau et Pelletier. 2132
Brisou. 236
Cambacérès. 3314
Cartier fils et comp. 799
Cartier fils et Grieu. 3357
Cerceuil. 3364
Chevallier (Balthazar). 1428
Clouet. 3731
Collet. 2042
Cottan. 3694
Couput. 2157

Cournerie et comp.	542	Michel.	2396
Damême.	3440	Millochau.	2404
Darcel.	3088	De Milly.	2407
Delacretaz.	3102	Moisson.	2416
Delacretaz, Fourcade et comp.	3462	Monpelas.	2420
Delafont.	3464	Mutel (de).	2442
Delaunay et comp.	675	Oger.	2677
Delondre (Auguste).	3482	Panay père.	1913
Dericquehem.	3495	Pesquet.	1946
Dompierre père.	580	Peyroulx.	632
Droux et comp.	3533	Pinaud.	2746
Ducoudré.	3542	Pitat et Evrard.	1610
Dupré.	3128	Pitoux.	1935
Duroziez.	3574	Poisat oncle et comp.	2758
Duval.	3578	Porcher.	406
Duvignau.	3581	Prevel.	1926
Pierre Faure et Escoffier.	585	Raybaud.	3734
Fèvre.	3646	Regnier.	2518
Figuier.	407	Reiss.	856
Fouché-Lepelletier.	3632	Ringaud jeune.	2536
Fouché, Lepelletier et Laming.	3633	Roard de Clichy et comp.	2537
Gallet.	3121	Robert de Massy.	346
Gaultier de Claubry.	3683	L. Robin.	614
Gobert (mad.).	2300	Rojon.	2552
Guichard.	800	Rousseau, Bobierre et comp.	2566
Guillemette.	2210	Roussille frères.	899
Guillier.	2211	Saisse fils et comp.	1395
Hédouin.	2230	Salomon.	2208
Houzeau et Velly.	1841	Schellinck.	2608
Huillard aîné.	2066	Serpinet.	2619
Jannet.	2630	Sichel-Javal.	2091
Kestner père et fils.	452	Simonin.	866
L. Krafft et comp.	2454	Steverlynck.	1540
Kuhlmann frères.	1603	Taveau.	2811
Labarraque et Lecanu.	2456	Tresca.	2815
Labiche et Tugot.	2461	Tricotel et Chapuis.	2846
Laming et comp.	2475	Viel.	678
Landiny.	3042	Vin.	1367
Lefebvre Chabert.	2961	Violet.	2903
Legrand.	2966	Wuy et Butet.	2917
Leperdriel.	3745	Le comte de Yumury.	855
Leroux.	1858		
Lhomme Bouglinval.	3768		
Louradour.	3786		
Maire.	269		
Maletra et fils.	3084		
Mallet et comp.	2337		
Martin et Badin.	1445		
Maugenet et Coudray.	2370		
Mauros.	2372		
Mayet.	2376		
Meissonnier.	2378		
Ménier et comp.	2382		

PULVÉRISATION DES MATIÈRES VÉGÉTALES
ET ANIMALES.

Allain.	2146

PYROTECHNIE.

Charoy.	3387

QUINCAILLERIE.

Belloy-Rodriguez.	544

Bertier.	1084
Bottollier.	2439
Boulland et fils.	3678
Coqueret.	3724
Coulon.	2155
Déroland.	3496
Froid.	3646
Gérard.	342
Gonord-Rosse.	2029
Gourjon fils.	979
Guyard.	1077
Herbommez.	2240
Hildebrand.	2285
Japy frères.	463
Lebas.	849
Leblanc.	2944
Miélot aîné.	343
Migeon et fils.	462
Monmouceau.	408
Montangerand.	1905
Montrozier.	3034
Paiuchaut et Le Tessier.	7
Peugeot aîné et Jackson frères.	417
Pichot.	2737
Pupil.	2789
Raoul aîné.	3732
Roitin.	2551
Rowcliffe frères.	3140
Salin.	416
Schmidt.	2611
Sibille et comp.	353
Somborn et comp.	557
Soyer.	978
Taborin.	2726

RAMPES.

Feron.	2049

RELIURE.

Abich.	441
Audrieux.	3719
Blaise.	3267
Fournier.	3637
Gruel.	2265
Kœhler.	2447
Lardière (Jean).	2490
Lebrun.	2952
Niédrée.	2665
Ottman-Duplanil.	2684
Simier.	2076

RESTAURATION DE VIEUX HABITS.

Dier.	3512

ROBINETS.

Marbach.	1194
Parisot et comp.	1195

ROUETS.

Pavie.	245

RUBANS.

Balay.	131
Barallon.	130
Conel, Chapelon et comp.	132
Carrière-Vignat.	133
Faure (Étienne).	134
Grangier frères.	144
Jamet et Charrat aîné.	135
Martin et comp.	136
Mesnager frères.	145
Passerat.	137
Renodier père et fils.	142
Renodier.	152
Richond et comp.	138
Robichon et comp.	139
Roche.	148
Teyter aîné et comp.	141
Vignat-Chovet.	143

RUCHES.

Desormes.	3503

SABOTERIE.

Aubert et comp.	2177
Brunhes.	886
Desroches.	3072
Gounot.	993
Guillat.	515
Lausser (François).	888
Lausser jeune.	887
Pequet (Louis).	410

SAUVETAGE.

Dupuis (mad.)	3562

Lebrun.	2951
Poret.	545
Valat.	634

SAVONS.

Belhommet.	12
Bourbonne-Fillion (mad.)	2069
Duvellier.	3116
Demarson et comp,	3484
Mailly.	2331
Menotti.	2384
Mesny et Javard.	3043
Messier et Amavet-Piver.	2391
Moisson.	2415

SCIERIE MÉCANIQUE.

Charpentier.	3386

SCULPTURE.

Collas et Barbedienne.	2194
Contzen (Alexandre).	3672
Cotelle.	3691
Fénéon et Chevolot.	254
Garnerey.	2196
Gossin.	2245
Guillaume.	2206
Lamy fils.	2479
Lombard.	3780
Moreau.	2428
Renault.	3907
Sauvage.	2602
Seguin.	2614
Texier.	2815
Vincent.	2899

SCULPTURE SUR BOIS.

Coulon.	1276
Delabroize.	2062
Dieu aîné.	3514
Fourdinois et Fossey.	3635
Frantz et André.	3639
Hardouin.	2218
Perrotin.	3038
Stahl.	3667
Trouvé.	2854

SELLERIE ET BOURRELERIE.

Allier.	2144
Amiard.	2188
Bozon.	677
Camusat-Guyon.	1901
D'Hennin.	3510
Ferrer.	122
Gallois.	2163
Godillot père et fils.	2286
Hermet.	1774
Hermet.	2278
Lepron.	994
Liégard frères.	3770
Maldant.	2335
Marmin.	2347
Niepce et Etoffe.	2660
Paturel.	2901
Pellier.	2702
Plottet frères.	2753
Roux-Duremère.	2572
Touzet.	613

SERRURERIE.

Andriot.	3720
Barbou.	2992
Barré.	2996
Bainée.	1239
Bertaille.	3003
Bisson.	3265
Bloch.	1078
Boulanger fils.	3676
Bournet.	820
Boutté.	2419
Boutté fils.	1848
Bricard et Gauthier aîné.	3833
Briest.	849
Chapon.	3378
Charbonnier.	3381
Contamine.	3728
Cretenant.	3675
Cudrue.	2410
Dechany.	3456
Delagrange.	3467
Doré.	3521
Dorval.	3525
Doyen.	3528
Etard.	3592
Fadié.	3595
Fleuret (veuve) et fils.	3625
Fichet.	3618

D'Audemard. 724
Barrot. 1251
Belon. 833
Benoit et Fournier, père et fils. 815
Biscomte. 378
Blanchon (Louis). 1
Bresson. 920
Bruguière et Boucoiran. 731
Brunel. 588
Buisson, Juglar et E. Robert. 171
Carrière. 746
Chambon. 703
Champoiseau. 1764
De Chassiron. 3390
David et Milliant. 164
Delacour. 3460
Delacour et fils. 1042
Despréaux (A.-A.). 1068
Dumaine. 2
Duval (Achille). 468
Farge. 1430
Faure. 1039
Gérin fils et Rosset. 1054
Gibelin et fils. 701
Guigon. 1044
Hamelin. 2008
Jourdan. 2642
De Lapeyrouse de Tessan. 744
Lapierre père et fils. 706
Lauret frères. 113
Légat. 1053
Meynard fils. 584
Noyer frères. 1055
Périchon. 1288
Perrin Dugrivel. 632
Perris (Édouard). 174
Perrottet. 1241
Ratier. 814
Reidon. 710
Roussy (Casimir). 111
Rouvière frères. 771
Ruas et comp. 708
Sidney de Meynard. 352
Soubeyrand. 779
Teissier-Ducros. 709
Torné. 364
Troupel et comp. 788

SONDAGE.

Degousée. 1158
Mulot père et fils. 1223

SOUFFLETS.

Doremus et Enfer. 3523
Lemaire et Chiffarat. 1208
Leriche-Meurant. 967
Maigne fils. 2330
Pailliette. 2689

STORES ET ÉCRANS.

Audry. 3737
Bach-Pérès. 2980
Doderet (veuve). 3517
France. 3638
Gozola. 2204
Girard. 2324
Hankin. 2217
Haltat (Antoine). 2223
Lalande. 2474
Leroy. 3753
Messager. 2390
Savary. 2604
Zacharie. 2918

STUC-MARBRE.

Bidremann. 1455
Lahaye. 2473

SUCRE.

Bertin (E.) et comp. 928
Cannichel. 3030
Harly-Perraud. 2221
Numa Gratz et comp. 1550

SUIF (fonderie de).

Beteille-Acquier (mad.). 1140
Cabouret aîné et Leroy frères et Taulet. 3299

TABLETTERIE.

Alessandri. 3671
Beaumont. 3017
Chiquet. 3414
Colletta-Lefebvre. 3303
Commoy. 71
Donninger. 3519
Duvelleroy. 3580
Gallet (veuve). 2462
Guilbert fils. 3702

Joliet. 2636
Lesgent jeune. 3756
Garnot. 3652
Noël fils aîné. 2050
Pinson. 2748
Poisson. 2759
Quennessen. 2193
Simon. 2077
Torcy et Gérard. 2837
Truffaut. 2857
Vidron. 2886
Vincent aîné. 2897
Wolf. 3433

TAILLANDERIE.

Bainée. 1239
Batelot (mad. veuve). 862
Bobillier. 426
Camus. 3343
Camus. 3346
Cuyaubère. 901
Dombre (L.) et comp. 884
Gautier. 3689
Massenet-Gerin et Jackson frères. 147
Mercier-Blanchard. 2386
Mongin. 2418
Pelletier. 422
Philippe. 2730
Pourchet frères. 423

TAPIS.

Barbaza et comp. 1805
Bellanger père et comp. 1763
Bellat aîné. 250
Bellat aîné. 3077
Carré. 3354
Castel. 3075
Coulet. 742
Demy-Doineau et comp. 249
Demy-Doineau et comp. 3074
Demy-Doineau et comp. 3487
Dennebecq. 3489
Flaissier frères. 744
Gaussinel. 99
Laurent (Henri) et fils. 1803
Lecun et comp. 770
Lhotel. 3769
Paris frères. 2655

Rédarès frères. 757
Rheins. 2531
Roussel, Réquillart et Chocquel. 1502
Sallandrouze (Alexis). 251
Sallandrouze (Jean-Jacques). 252
Sallandrouze-Lamornay. 2587
Sallandrouze. 2588
Tabard aîné. 3078
Vayson et comp. 2063

TAPISSERIE.

Béraud. 1067
Chanson (madem.) et comp. 3376
Gérard (mesdem. Charlotte et Julie). 2366
Joly. 3915
Helbronner. 2231
Helbronner. 2232
Lizé. 3777
Perillieux-Michelez. 2707
Vayson, Poret et comp. 2873

TEINTURE DE TISSUS.

Bisson. 1065
Boussu. 3056
Boussut (Benoît). 1467
Boutarel frères, Chalamel et Monier. 2112
Frick. 3644
Guinon. 1472
Picot. 2738
Vidalin. 1446

TÉLÉGRAPHIE.

Simon. 3864

TERRE CUITE.

Beaufay. 3015
Bex (veuve). 3254
Boissimon (de) et comp. 684
Courtois (A. et J.-J.). 2160
Demont. 3486
Doré. 3522
Follet. 3627
Fonrouge. 3629
Gaspard-Gilbert. 395

Patinot et comp.	2648	Mohler.	285
Tesson.	2814	Montier-Huet.	3118
		Pellouin et Bobé.	3240
		Pimont aîné.	3191
TISSUS DE COTON.		Poitevin.	2760
		Provensal.	206
Antoine Collin et comp.	207	Quesnel-Massif.	3212
Barbet (Henri).	3200	Rousée.	3122
Bataille.	3211	Speiser.	3213
Blin.	1252	Stackler.	3198
Bluet.	3205	Vautier.	3110
Boismard.	3189	Vincourt.	3870
Bourdeau.	2079	Visquesnel.	3215
Caignard.	3214		
Carlier.	301		
Chapron.	785	**TISSUS DE CRIN.**	
Chatain fils.	3101		
Chenvière aîné.	817	Genevois (veuve).	3726
Cliquet (Florimond).	1567	Oudinot-Lutel.	2682
Daliphard et Dessaint.	2033	Zerr.	3845
Debu père et fils.	3092		
Dechancé.	3199	**TISSUS DIVERS.**	
Dechelette frères et Lapoire.	464		
Defrennes-Duplouy.	1500	Adolphe et Benner.	477
Destors.	1066	Baumier et comp.	3013
Dollfus-Mieg et comp.	498	Bayart (Julien).	1568
Douine.	1375	Bayard-Lefebvre fils et comp.	1577
Duforestel-Lefebvre.	3085	Beine (de).	3024
Fauquet.	3204	Belorgé.	3223
Ferguson.	38	Benoist-Malot et comp.	1855
Fernand, Deloyse, Pelletier et		Beny-Agache.	1601
comp.	3086	Blech frères.	479
Feugé-Fessard.	1369	Blech, Steinbach et Mantz.	503
Folliot (Auguste) et Knight.	1524	Bonin.	666
Fries et Callias.	484	Brun frères, fils et Dénoyel.	1434
Girard et comp.	3208	Bulteau frères.	1507
Glatigny (veuve).	3099	Caillet-Franqueville.	1844
Gouet.	3217	Capron fils aîné.	3197
Hartmann et fils.	496	Castel frères et sœur.	1571
Hazard frères.	3206	Chaffner-Guyotin.	1861
Hemet et comp.	3202	Charvin (André) et Fevez.	1594
Hofer (Josué).	485	Charvet (Henri).	1598
Jacquin.	1377	Chauvin-Georget.	30
Jourdain (Xavier).	470	Chedeaux et comp.	3402
Kœchlin.	3207	Chennevière.	3156
Kœnig (Napoléon).	482	Chrétien fils.	601
Kœttinger et fils.	3188	Claro.	1583
Lasnier-Paris.	1372	Collineau.	671
Leblon-Dansette.	1611	Collineau (René).	1762
Lecomte.	208	Cordounier (mad. veuve).	1563
Legrand.	3109	Crespin.	1559
Lemonnier.	3119	Cuyru-Bulteau.	1599
Lombré et fils aîné.	898	Daudré.	304

Lelièvre et comp. 1557
Lemaître-Demeestere. 1589
Scrive frères. 1580

TOILE MÉTALLIQUE.

Créda. 2106
Delâtre et Laroche puîné. 599
Douchement. 3736
Gaillard fils. 2140
Kons. 2451
Montagnac. 2421
Roswag et fils. 2559
Roswag (Augustin) et fils. 275
Saint-Paul (veuve) et fils. 2585
Stammler. 276
Tangre (Constant). 2806
Tangre aîné. 2807
Trousset fils, Catala et comp. 598

TOILES.

Bachemallet, Barnicaud et Dietz. 1135
Bance. 839
Beaulieux. 222
Bégué. 896
Billon père et fils. 646
Bonavion. 587
Boulard. 907
Caron (Charles-Louis). 359
Cocheteux, Florentin. 3698
Cohin frères. 642
Colson. 1927
Cornilleau - Lefebvre et Chabrun. 641
Demoiseau. 3485
Desmarchelier. 1547
Duchemin aîné. 50
Du Taya (baron). 45
Geslin (François). 647
Geslin (Nicolas). 644
Goupille et Verdier. 630
Harouard et Laya. 638
Homon et Desloge. 44
Joubert, Bonnaire et comp. 905
Le Roux. 16
Limon Duparcmeur. 48
Livache. 645
Mahieu-Delangre. 1602
Malo-Dickson et comp. 1542
Mary. 360

Niou. 3127
Pellerin. 908
Porteu fils aîné. 241
Renard. 643
Renout fils. 648
Rousseau père et fils. 649
Saint-Marc (mad. veuve), Porten et Tetiot aîné. 221
Trudelle frères et Leclerc frères. 906
Vetillart. 640
Villion. 2896

TOILE CIRÉE.

Cerf-Mayer. 9
Clercx et Tenet. 2055
Labey et Lemaire. 2457
Langlois. 2483
Larroumets. 2497
Micoud. 2400
Rivot de Bazeuil. 344
Seib. 282

TÔLE.

Beaume et Bourguignon. 1409
Blanc. 1033
Buyer (de). 37
Framont (compagnie des forges de). 197
Gascoin. 3653
Gelin. 2932
Métairie. 970
Pinard. 2745

TONNELLERIE.

Baudrimont. 3010
Rouillard. 2563

TOURS.

Britz. 1226
Darbo. 1228
Joliot. 1229
Lemarchand. 1227
Margoz. 1231

TRÉFILERIE.

Becquet. 3021

Boucher. 2166
Labbé et Legendre. 558
Mignard , Billinge et fils. 2401
Neuss (H.-J.) 1457
Palmer. 2691
Parot. 1080

TROUSSE DE POMPIER.

Kermarec. 11

TUILES.

Bonnefond. 1122
Buzofinières (de). 188
Champion. 1094
Maudru. 214
Poirson. 213

TULLES.

Dethel et Degabriel. 1418
Herbelot fils et Genet-Dufay. 335
Pearson. 340

TURBINES.

Fontaine. 246
Mellet frères et Sarrus. 100
Passot. 1168
Tofflin, Martho et fils. 1560

TUYAUX.

Pompon. 2764
Reichenecker et comp. 454
Touze. 1064

TYPOGRAPHIE.

Alkan aîné. 1679
Aubanel. 586
Balivet et Fabre. 712
Curmer (Alph.-Alex.). 1982
Delcombre. 1971
Desesserts. 3800
Desroziers. 837
Duprey, Duvorsent et comp. 1994
Duverger. 1993
Friry. 1975
Lacoste aîné. 1985

Lœulliet. 1980
Royol et Depierris. 1987

USTENSILES DE MÉNAGE.

Lemare (veuve). 2917
Liré. 3776
Pechenard-Nanquette. 941

VANNERIE.

Bouchet et Marchand. 63
Desvignes. 3902
Williot-Lheureux. 313

VELOURS.

Adéodat-Lefèvre et comp. 1811
Berly et comp. 1804
Debuigny. 1823
Dufau et Dupontricé. 1826
Fornier, Janin et Falsan. 1425
Girard neveu. 1449
Gittard-Sainneville. 1812
Lafabrègue et fils et Vincent. 1417
Poreaux et comp. 2767
Tourel. 2839

VERNIS.

Bealay et Favereau. 821
Durant. 3569
Goyon. 2248
Le Bordais. 2949
Léon. 2799
Sœhnée frères. 3657
Tripier-Deveaux. 2848

VERRE FILÉ.

André. 3718
Gérard. 3730

VERRERIE.

Bontemps , Lemoyne et comp. 1338
Burguin, Valter, Berger et comp. 554
Casadavent. 3358
Chamblant. 3371

Compagnie des manufactures de St.-Quirin, Cirey et Monthermé. 2583
Guinand. 2242
Hilpert, houillières et verreries de la Vendée. 669
Hutter et comp. 467
Johannot. 3027
Klinglin (le baron de). 857
Nocus. 1337
Pochet-Deroche. 186
Poilly (de). 317
Radiguet. 2124
Roullier. 1142
Rozan père et fils. 1394
Van Leempoel, de Colnet et comp. 318
Varanguen de Villepin. 1558
Violaine (de) frères. 319

VIDANGES.

Huguin, Domange et comp. 2065

VINS.

Constant. 1123
Ducray. 3543
Jullien (veuve André). 1666
Lesourd-Delisle. 912
Pineau et comp. 911

VITRERIE.

Roche. 991

VOITURES.

Callier-Dervaux 390
Dameron. 3441
Fusz. 3650
Lelieure de l'Aubépin. 2499
Longueville. 3783
Millioz. 3036
Paquin. 1834
Perret. 2711
Spinau. 3744
Waidèle. 2911

ZINC.

Beissière. 3025
Besset. 3251
Carpentier. 3353
Chauviteau et comp. 3397
Cheret jeune. 3404
Gilliard et Gros. 2316
Lamy. 2478
Larrabure. 2495
Perrot. 2715

Paris, typographie de Cosson, rue du Four-Saint-Germain, 47.

www.ingramcontent.com/pod-product-compliance
Lightning Source LLC
LaVergne TN
LVHW020611060726
842526LV00003B/690